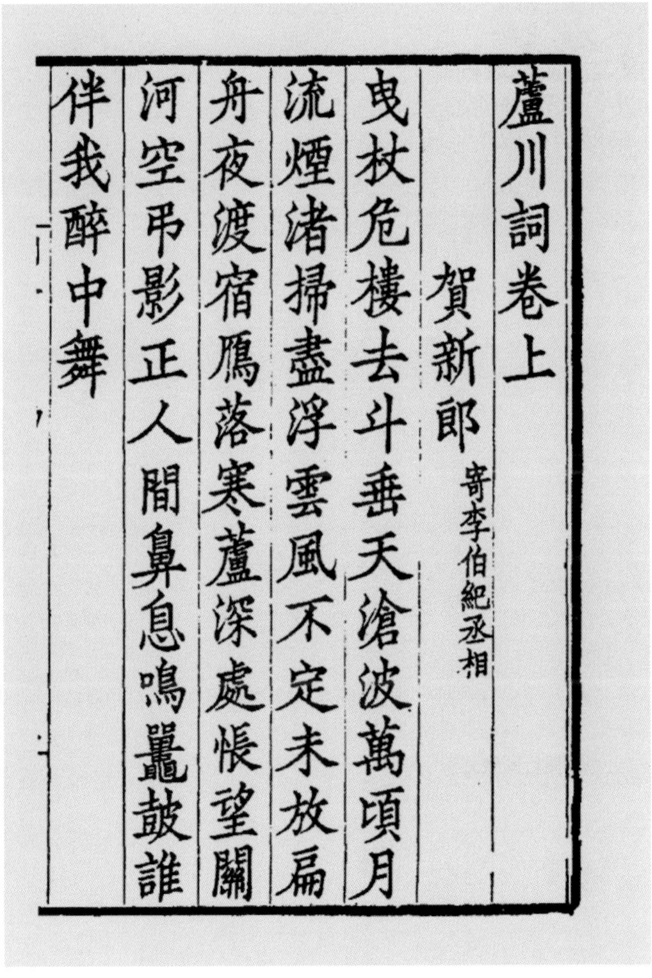

蘆川詞卷上

賀新郎　寄李伯紀丞相

曳杖危樓去斗垂天滄波萬頃月流煙渚掃盡浮雲風不定未放扁舟夜渡宿鴈落寒蘆深處悵望關河空弔影正人間鼻息鳴鼉鼓誰伴我醉中舞

吴昌綬雙照樓景宋本《蘆川詞》書影

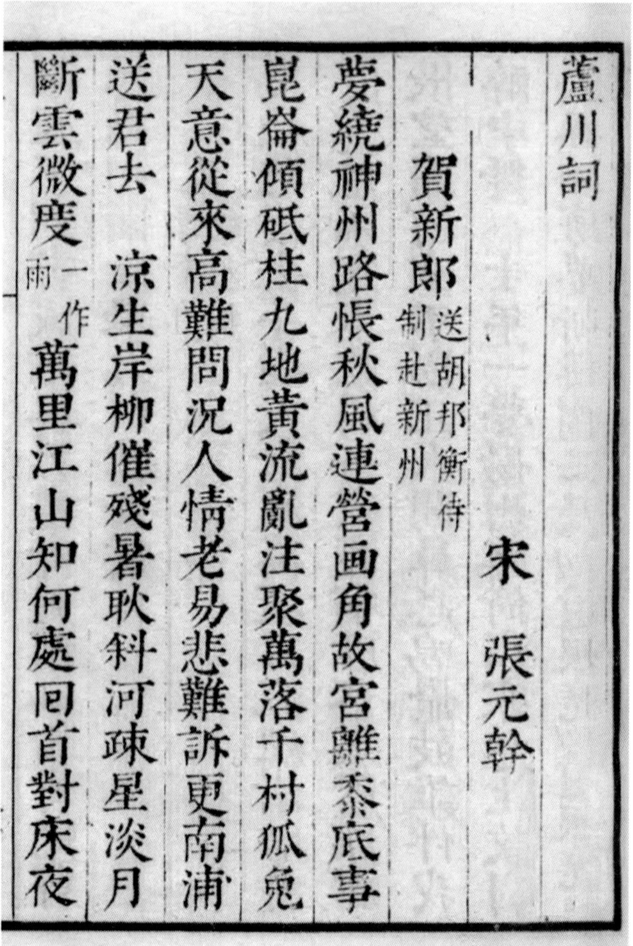

蘆川詞

宋　張元幹

賀新郎　送胡邦衡待制赴新州

夢繞神州路悵秋風連營画角故宮離黍底事崑崙傾砥柱九地黄流亂注聚萬落千村狐兎天意從來高難問況人情老易悲難訴更南浦送君去　凉生岸柳催殘暑耿斜河疎星淡月斷雲微度一作雨萬里江山知何處回首對床夜

明毛晉《宋六十名家詞》本《蘆川詞》書影

前言

張元幹（一〇九一——一一六一），字仲宗，自號真隱山人、蘆川居士，福建永福縣（今永泰縣）人[一]，出身於世代官宦的家庭。祖父張肩孟，字醇叟，宋皇祐五年進士。伯父張勵，字深道；張勔，字臻道；張勸，字閎道，相繼登進士第而知名當時[二]，可惜宋史都没有爲他們列傳。父張安道，進士出身，徽宗崇寧間曾出仕於鄴（今河北臨漳）[三]。張元幹因早歲喪母，十四五歲即隨父至河北官廨。後入爲太學上舍生[四]。他從小有志於學，「少年時，壯懷誰與重論？……奏公車、治安秘計，樂油幕、談笑從軍。」（隴頭泉）是一位有壯志抱負的少年。政和年間入仕途。宣和七年任陳留縣丞。這時他的詩詞創作才華開始顯露並受到人們的贊賞。周必大稱他「在政和、宣和間，已有能樂府聲」（益公題跋卷二），是比較客觀的。

徽宗宣和七年冬，金統治者出兵分道大舉侵宋，不久，圍攻汴京。靖康元年正月，主戰將領李綱任東京留守兼親征行營使[五]，張元幹爲李綱的僚屬（胡仔苕溪漁隱叢話後集引詩説雋永）。在民族危機深重的時刻，張元幹積極投身於抗金斗爭。由於欽宗聽信奸臣讒言，李綱被免職，元幹也因此而獲罪。稍後，京都淪陷，徽、欽二帝被擄北去，張元幹也避難到江南。高宗建炎年間，他在臨安、湖州等地避亂，又遭流言，故一再表示欲歸故山。其時，沈與求作詩勸勉説：

相逢無日不懷歸，又是春山聽子規。休嘆豺狼迷道路，似聞貔虎仆旍旗。（龜溪集卷三）

不過，張元幹並没有接受他的規勸。這是由於「我輩避讒過避賊」（蘆川歸來集次韻奉送李季言四首），所以，他「不屑與奸佞同朝，飄然挂冠」（毛晉蘆川詞跋）。在紹興元年，以將作監丞致仕〔六〕。

張元幹雖休官還鄉，但仍然關心國事，不忘恢復之意。當然，他也常常外出遊山玩水，寫下了不少寄情山水景物的詩詞。同時受到談禪説佛的思想影響，在作品中流露出一些消極的情緒。儘管如此，詞作的主流還是積極的。充滿愛國激情的賀新郎二首（寄李伯紀丞相、送胡邦衡赴新州），就是這個時期的代表作品。後來因此而遭到秦檜的迫害，於紹興二十一年被削籍下獄〔七〕。秦檜死後，張元幹又來到臨安，羈寓西湖之上，並重遊吴興等地。後客死異鄉。寧宗嘉定十二年（一二一九），其孫欽臣謂元幹已歸葬於閩之螺山。所著有蘆川歸來集十卷。

張元幹的蘆川詞，今存詞作一百八十餘首，題材比較廣泛，風格多樣，而以愛國豪放的詞風爲主。他早期的詞作，因身處官宦之家的優裕環境，内容不脱「綺羅香澤」之態，如風流子（飛觀插雕梁）、菩薩蠻政和壬辰東都作等。但是，隨着金兵南侵，北宋王朝的覆滅，尖鋭激烈的民族鬥争，使他的詞風發生了根本的變化。在南宋前期詞壇上，張元幹面對民族壓迫的殘酷現實，較早地運用詞的形式來反映現實政治鬥争，並對南宋小朝廷屈膝求和進行有力的譴責。其中最著名的是前已提及並被認爲其壓卷之作的賀新郎詞二首。一首送給主戰名將李綱：

曳杖危樓去。斗垂天、滄波萬頃，月流煙渚。掃盡浮雲風不定，未放扁舟夜渡。宿雁落、寒蘆深處。悵望關河空吊影，正人間、鼻息鳴鼉鼓。誰伴我，醉中舞？　十年一夢揚州路。倚高寒、愁生故國，氣吞驕虜。要斬樓蘭三尺劍，遺恨琵琶舊語。謾暗澀、銅華塵土。唤取謫仙平章看，過苕溪、尚許垂綸否？風浩蕩，欲飛舉。

紹興八年，在南宋向金屈辱求和已成定局的情勢下，李綱仍然反對議和，後罷居福建長樂。張元幹爲李綱的主戰精神所感動，揮筆寫下了這首慷慨悲壯的詞作，以示聲援。當年，樞密院編修官胡銓也因上書請斬主和權奸秦檜等三人以謝天下，遭到秦檜迫害。四年後又被送新州（今廣東新興縣）編管。張元幹激於義憤，不顧政治風險，寫下了另一首千古傳誦的賀新郎詞送行：

夢繞神州路。悵秋風、連營畫角，故宫離黍。底事崑崙傾砥柱，九地黄流亂注？聚萬落、千村狐兔。天意從來高難問，況人情、老易悲如許。更南浦，送君去。　涼生岸柳催殘暑。耿斜河、疏星淡月，斷雲微度。萬里江山知何處？回首對牀夜語。雁不到、書成誰與？目盡青天懷今古，肯兒曹、恩怨相爾汝！舉大白，聽金縷。

胡銓遭貶時，「一時士大夫畏罪箝舌，莫敢與立談」(岳珂桯史)，甚至「平生親黨，避嫌畏禍，唯恐去之不速」，而張元幹獨作「長短句送之」(蔡戡蘆川居士詞序)。這充分表現了他的人品和膽識。詞中既寓寄着祖國山河横遭敵人踐踏的滿腔悲憤，又反映了作者對胡銓堅持抗金鬥爭精神的有力支持，同時表達了他對朝廷投降派的無比痛恨。「天意從來高難問」，則是巧妙地借用杜甫「天意高難問，人情老易悲」的詩句〔八〕，把筆鋒指向決策議和的南宋皇帝，流露出極大的不滿。雖然後來被秦檜「以它事追赴大理削籍」(王明清揮麈録後録卷十)，但他的剛風勁節，正如劉熙載在藝概中所説：「身雖黜而義不可没也。」

這兩首風格豪邁悲壯的愛國詞作，獨樹一幟，超越前人，廣被傳頌。如楊冠卿秋日過垂虹時，聽到溪童歌唱張元幹賀新郎詞，音韻洪暢，慨然用原韻和作一首(客亭類稿卷十四)。後來韓淲因聞張元幹送李綱詞極爲悲壯，亦用其韻和作。可見張元幹這兩首詞震撼詞壇，激勵人心。四庫全書提要稱蘆川詞「慷慨悲凉，數百年後尚想其抑塞磊落之氣」，今讀之猶然。

張元幹詞中的愛國主題，有一些是通過自己避亂飄泊的生活，直接抒發祖國山河殘破的沉痛心情。如石州慢己酉秋吴興舟中作：

雨急雲飛，驚散暮鴉，微弄凉月。誰家疏柳低迷，幾點流螢明滅。夜帆風駛，滿湖煙水蒼茫，菰蒲零亂秋聲咽。夢斷酒醒時，倚危檣清絶。心折。長庚光怒，群盜縱横，逆胡猖獗。欲挽天河，一洗中原膏血。兩宫何處？塞垣祇隔長江，唾壺空擊悲歌缺。萬里想龍沙，泣孤臣吴越。

這首詞作於建炎三年秋，金兵正大舉南侵。在國家危急之際，元幹感慨萬千，滿腔悲憤，噴薄而出。上片由景及情，抒寫在秋風急雨、煙水迷茫的湖面上夜航的愁緒。下片點出金兵猖狂南侵，内憂外患嚴重。詞人大聲疾呼：「欲挽天河，一洗中原膏血。」充分表現了作者欲擊退金兵，收復中原的壯志豪情。

張元幹還對一些主張恢復大業的朋友，在過從酬唱中，表露出關懷國事的熱切情意。如水調歌頭送吕居仁召赴行在所，詞的上片説：

戎虜亂中夏，星歷一周天。干戈未定，悲咤河洛尚腥膻。萬里兩宫無路，政仰君王神武，願數中興年。吾道尊洙泗，何暇議伊川。

自從宣和七年冬金兵進犯以來，到紹興六年，已將近十二個年頭，而金兵依然肆無忌憚地蹂躪着中原人民。這怎能不激起詞人的無比憤慨？因此，他對未忘恢復的吕本中入朝，寄予了殷切的期望。

在張元幹愛國詞的不同題材中，有的則通過一些詞句流露出作者的故國之思和懷念中原人民的心意，感情真摯深切。如水調歌頭「夢中原，揮老淚，遍南州」，「老來長是清夢，宛在舊神州」。又如虞美人：「西窗一夜蕭蕭雨，夢繞中原去。」還有十月桃：「中原舊遊何在？頻入夢，老眼空潸。」這些「長於悲憤」的詞作，具有鮮明的時代特徵和愛國精神。他那直抒胸臆的雄健筆力，慷慨悲凉的詞作格調，上承蘇軾，下啓辛棄疾，在豪放派詞的發展史上産生積極而深遠的影響。

蘆川詞中還有一些風格清麗婉約的作品，毛晉蘆川詞跋謂「極嫵秀之致，真堪與片玉、白石並垂不朽」。四庫全書總目提要亦稱其「清麗婉轉，與秦觀、周邦彦可以肩隨」。這些評價都是符合元幹詞作實際的。如蘭陵王(春恨)：

卷珠箔。朝雨輕陰乍閣。闌干外，煙柳弄晴，芳草侵階映紅藥。東風妒花惡，吹落梢頭嫩萼。屏山掩，沉水倦熏，中酒心情怕杯勺。　尋思舊京洛。正少年疏狂，歌笑迷著。障泥油壁催梳掠。曾馳道同載，上林携手，燈夜初過早共約。又争信飄泊？　寂寞，念行樂。甚粉淡衣襟，音斷弦索。瓊枝璧月春如昨。悵别後華表，那回雙鶴。相思除是，向醉裏、暫忘却。

這首詞的特點是善於用形象的語言，宛轉地表達懷念故國的深沉情思，筆力細膩，尤長於鋪叙，所以膾炙人口。至於蘭陵王(綺霞散)、石州慢(寒水依痕)等詞作，更明顯地受到周邦彦詞作的影響。

張元幹還有一些寫景抒情的小詞，風格極似秦觀詞的清麗流暢，俊逸嫵秀。如浣溪沙武林送李似表：

燕掠風檣款款飛，艷桃穠李鬧長堤。騎鯨人去曉鶯啼。　可意湖山留我住，斷腸煙水送君歸。三春不是别離時。

又如卜算子：

風露濕行雲，沙水迷歸艇。卧看明河月滿空，斗挂蒼山頂。　萬古只青天，多事悲人境。起舞聞雞酒未醒，潮落秋江冷。

此外，如漁家傲「樓外天寒山欲暮，溪邊雪後藏雲樹」，清平樂「亂山深處，雪擁溪橋路」，浣溪沙「山繞平湖波撼城，湖光倒影浸山青。水晶樓下欲三更」等，都寫得婉約清麗，富有詩情畫意。這種有剛有柔、多種多樣的表達手法，構成張元幹以豪邁悲壯的愛國詞風爲主而兼有清麗柔婉之長的藝術特色。

總觀張元幹的詞作，并不是没有缺點的。有些詞作内容夾雜着消極頹唐的思想，而且官場庸俗應酬的壽詞亦較多。當然，與同時代詞人比較，這點小疵無損於他作爲愛國詞人的突出成就和藝術光彩。

張元幹的蘆川詞，宋陳振孫直齋書録解題著録有長沙本一卷，宋史藝文志著録二卷。今傳有明吴訥唐宋名賢百家詞本、毛晉宋六十名家詞本、雙照樓景宋本蘆川詞二卷。景宋本、毛晉刻本以及藏於南京圖書館的明、清鈔本均有誤收宋、元人詞。唐圭璋先生全宋詞以景宋本爲底本，進行校訂補正，較爲完備。本書即用全宋詞作底本，以上述各本作校，並參校宋人選本黄昇花庵詞選、趙聞禮陽春白雪，元刊本草堂詩餘和清詞綜及詞律、詞譜和歷代詩餘等。

蘆川詞向無注本，而宋人文獻所載張元幹生平傳記資料甚少，故首創箋注。次序按全宋詞本排列，分上下兩卷，共收詞一百八十五首。傳記序跋、書目提要以及年譜簡編、諸家唱酬等作爲附録。由於學識有限，在校勘、箋注和交遊考證等方面，一定會有不少疏漏差謬之處，敬請讀者批評指正。

對於張元幹的研究，在業師唐圭璋教授指導下，從六十年代初期即着手進行，由於種種原因，時斷時續，近年來始悉心於詞集箋注工作。在編注過程中，又承段熙仲、孫望兩位教授熱心幫助，上海古籍出版社陳振鵬同志細心審校，提出不少寶貴意見，謹在此一併致謝！

曹濟平
一九八三年九月初稿
一九八四年九月修改于南京

拙著作爲上海古籍出版社宋詞别集叢刊之一種，於一九九一年初版，二〇一〇年有幸再版，收入上海古籍出版社中國古典文學叢書。此次新版重排，作了若干增補和修訂，疏漏之處，仍未能免，祈請讀者指正，以匡不逮。

二〇二四年十一月補記

曹濟平

注

〔一〕宋人稱張元幹之籍貫，有云長樂者，有稱三山人，或謂閩人，説法不一。考其祖籍實爲永福縣人。詳見拙文關於張元幹的籍貫問題，載文學評論一九八〇年第二期。

〔二〕宋梁克家淳熙三山志卷二十六。

〔三〕張元幹蘆川歸來集卷十宣政間名賢題跋歐陽懋跋。

〔四〕宋詩鈔蘆川歸來集鈔小傳。

〔五〕三朝北盟會編卷二十七靖康中帙。

〔六〕蘆川歸來集曾噩原序、卷二上張丞相十首詩。

〔七〕詳見拙文張元幹生平事迹考略，載南京師院學報一九八〇年第二期。

〔八〕杜甫暮春江陵送馬大卿公恩命追赴闕下詩。

蘆川詞箋注目録

蘆川詞箋注卷下

蘆川詞箋注卷上

賀新郎　寄李伯紀丞相〔一〕

曳杖危樓去。斗垂天、滄波萬頃，月流煙渚。掃盡浮雲風不定，未放扁舟夜渡。宿雁落、寒蘆深處。悵望關河空吊影，正人間、鼻息鳴鼉鼓〔二〕。誰伴我，醉中舞〔三〕？　十年一夢揚州路〔四〕。倚高寒、愁生故國〔五〕，氣吞驕虜。要斬樓蘭三尺劍〔六〕，遺恨琵琶舊語〔七〕。謾暗澀、銅華塵土〔八〕。喚取謫仙平章看〔九〕，過苕溪、尚許垂綸否〔一〇〕？風浩蕩，欲飛舉。

【校】

〔宿雁〕宋趙聞禮陽春白雪作「一雁」。

〔暗澀〕明吴訥唐宋名賢百家詞（以下簡稱百家詞）作「暗拭」。

〔飛舉〕宋黄昇花庵詞選（以下簡稱花庵）作「輕舉」。

【箋注】

〔一〕李伯紀：即李綱（一〇八三—一一四〇），字伯紀，福建邵武人。宋史卷三百五十八有傳。宋南渡後，建炎元年，李綱任宰相，不久罷爲觀文殿大學士。紹興二年，除觀文殿學士、湖廣宣撫使兼知潭州。紹興八年，宋向金屈膝議和已成定局，李綱上書反對，後罷居福建長樂。元榦在福州作此詞以寄。

〔二〕鼉鼓：鼉，水生動物，即揚子鱷，又名猪婆龍。皮堅，可以冒鼓。詩經大雅靈臺：「鼉鼓逢逢。」宋陸佃埤雅卷二釋魚：「先儒以爲鼉皮堅厚，取以冒鼓，故曰鼉鼓。蓋鼉鼓非特有取於皮，亦其鼓聲逢逢然，象鼉之鳴，故謂之鼉鼓也。」

〔三〕「誰伴我」二句：晉書祖逖傳：「逖與司空劉琨俱爲司州主簿，情好綢繆，共被同寢。中夜，聞荒鷄鳴，蹴琨覺曰：『此非惡聲也。』因起舞。」此用其意，以示作者思念李綱這樣堅定抗金的摯友。

〔四〕「十年一夢」句：唐杜牧遣懷詩：「十年一覺揚州夢，赢得青樓薄倖名。」此借指十年前，即宋高宗建炎元年，金兵南侵，高宗趙構逃至揚州，後至杭州。十年後，宋與金和議已成，抗金事業便成了夢想。揚州路，宋王存等撰元豐九域志卷五：「淮南路東路……大都督府，揚州廣陵郡。」

〔五〕故國：孟子梁惠王下：「所謂故國者，非謂有喬木之謂也，有世臣之謂也。」此指被金兵侵佔之中原地區。

〔六〕「要斬樓蘭」句：樓蘭，漢西域城國。在今新疆羅布泊西。漢武帝時，曾派使者通大宛，樓蘭當道，常攻擊漢使。漢昭帝遣傅介子出使西域，傅用計斬其王，後改名鄯善。事見漢書傅介子傳。唐李白塞下曲詩：「願將腰下劍，直爲斬樓蘭。」

〔七〕「遺恨」句：唐杜甫詠懷古迹詩：「千載琵琶作胡語，分明怨恨曲中論。」此借漢王昭君出塞和親故事，寫南宋向金統治者屈辱求和而不顧中原失地之遺恨。

〔八〕「謾暗澀」句：指寶劍棄置不用，生了銅銹，失去光澤。

〔九〕謫仙：唐李白對酒憶賀監二首詩序：「太子賓客賀公於長安紫極宫一見余，呼余爲謫仙人。」此借指李綱。蘆川歸來集（以下簡稱歸來集）卷三遊東山二詠次李丞相韻詩之一：「谷口榴花解迎客，騎鯨端爲謫仙人。」

〔一〇〕苕溪：水名。在浙江省，源出天目山，流經吴興入太湖。宋樂史太平寰宇記卷九十四：「湖州……烏程縣……苕溪在縣南五十步，大溪西從浮玉山，東至興國寺，以其兩岸多生蘆葦，故名苕溪。」李綱梁谿全集卷二十一：「余既居梁谿，有田園可樂。又生平愛錢塘湖山之勝，常欲治書室湖上……往來苕、霅間。」

【附録】

宋韓淲賀新郎（坐上有舉昔人賀新郎一詞，極壯，酒半，用其韻）詞：萬事佯休去。漫棲遲、靈山起霧，玉溪流渚。擊楫淒凉千古意，悵怏衣冠南渡。淚暗灑、神州沉處。多少胸中經濟略，氣□□、鬱鬱愁金鼓。空自笑，聽雞舞。　天關九虎尋無路。嘆都把、生民膏血，尚交胡虜。吳蜀江山元自好，形勢何能盡語。但目盡、東南風土。赤壁樓船應似舊，問子瑜、公瑾今安否？割舍了，對君舉。

【彙評】

宋周必大平園續稿卷七跋張仲宗送胡邦衡詞：長樂張元幹……今傳於世號蘆川集，凡百六十篇，而以賀新郎二篇爲首，其前遺李伯紀丞相，其後即此詞。

明楊慎詞品卷三：張仲宗，三山人，以送胡澹庵及寄李綱詞得罪，忠義流也。

明吳訥百家詞蘆川詞：張元幹……紹興中坐胡銓及寄李綱詞除名。

歷代詩餘卷一百十七：張元幹以送胡銓及寄李綱詞坐罪，皆金縷曲也。元幹以此得名。

清張宗橚詞林紀事卷十引蒿廬師云：仲宗坐送胡邦衡及寄李伯紀詞除名，其品節可知矣。

四庫全書簡明目録卷下蘆川詞：元幹以作詞送胡銓除名，此集即冠以是篇，而次以寄李綱一篇，並慷慨悲歌，聲動簡外。

清葉申薌本事詞卷下：張元幹仲宗，善詞翰。以送胡邦衡、贈李伯紀兩詞除名，其剛風勁節，人所共仰。

前調 送胡邦衡謫新州〔一〕

夢繞神州路。悵秋風、連營畫角，故宫離黍〔二〕。底事崑崙傾砥柱〔三〕，九地黄流亂注〔四〕？聚萬落、千村狐兔〔五〕。天意從來高難問，況人情、老易悲如許〔六〕。更南浦，送君去〔七〕。涼生岸柳催殘暑。耿斜河、疏星淡月，斷雲微度。萬里江山知何處？回首對牀夜語〔八〕。雁不到、書成誰與〔九〕？目盡青天懷今古，肯兒曹、恩怨相爾汝〔一〇〕！舉大白〔一一〕，聽金縷〔一二〕。

【校】

〔題〕此詞張元幹手迹宋拓本（以下簡稱宋拓本）無題。陽春白雪、明毛晉宋六十名家詞（以下簡稱毛本）作「送胡邦衡待制赴新州」。案胡銓任寶謨閣待制在孝宗乾道七年（一一七一），題内「待制」爲家刻本所加。

〔連營畫角〕宋拓本作「畫角連營」。

〔九地〕宋拓本作「九折」，宋王明清揮麈録後録作「九陌」。

〔人情老易〕揮麈録後録作「人生易老」。

〔如許〕毛本作「難訴」。

〔催殘暑〕宋拓本作「吹殘暑」,花庵作「銷殘暑」。
〔疏星淡月斷雲微度〕宋拓本作「疏星澹月斷雲微雨」。
〔聽金縷〕陽春白雪、花庵作「唱金縷」。

【箋注】

〔一〕本詞紹興十二年(一一四二)秋作於福州。胡邦衡,即胡銓(一一〇二—一一八〇),字邦衡,號澹庵,廬陵(今江西吉安縣)人。高宗建炎二年進士。紹興五年,任樞密院編修官。紹興八年十一月,上書反對議和,請斬主和投降者王倫、秦檜、孫近三人以謝天下。宋史胡銓傳:「書既上,檜以銓狂妄凶悖,鼓衆劫持,詔除名,編管昭州(今廣西平樂縣),仍降詔播告中外。給、舍、臺諫及朝臣多救之者,檜迫於公論,乃以銓監廣州鹽倉。明年,改簽書威武軍(今福州)判官。十二年,諫官羅汝楫劾銓飾非橫議,詔除名,編管新州。」秦檜死後,移衡州(今湖南衡陽市)。孝宗時回朝,乾道七年,除寶文閣待制,留經筵。後以資政殿學士致仕。卒謚忠簡。新州:今廣東新興縣。元豐九域志卷九:「廣南路,東路……下,新州新興郡。」

〔二〕離黍:詩經王風黍離:「彼黍離離。」毛詩序:「閔宗周也。周大夫行役至於宗周,過故宗廟宮室,盡爲禾黍,閔周室之顛覆,彷徨不忍去而作是詩也。」後以此表示故國之思。

〔三〕崑崙:山名。神異經:「崑崙之山,有銅柱焉。其高入天,所謂天柱也。」淮南子卷三天文訓：「昔日共工與顓頊争爲帝，怒而觸不周之山，天柱折，地維絶。」砥柱：水經注卷四河水：「砥柱，山名也。昔禹治洪水，山陵當水者鑿之，故破山以通河。河水分流，包山而過，山見水中若柱然，故曰砥柱也。」

〔四〕黄流：宋蘇軾次韻張昌言喜雨詩：「千里黄流失故居。」

〔五〕狐兔：梁范雲渡黄河詩：「不睹行人迹，但見狐兔興。」

〔六〕「天意」二句：唐杜甫暮春江陵送馬大卿公恩命追赴闕下詩：「天意高難問，人情老易悲」。

〔七〕「更南浦」二句：楚辭九歌河伯：「送美人兮南浦。」梁江淹别賦：「送君南浦，傷如之何！」

〔八〕「回首」句：唐白居易招張司業詩：「能來同宿否？聽雨對牀眠。」

〔九〕雁不到：古代傳説雁能傳書，見漢書蘇武傳。但雁至衡陽（今湖南）即不再南飛。胡銓貶所在新州，雁飛不到。此借指别後書信難通。

〔一〇〕「肯兒曹」句：唐韓愈聽穎師彈琴詩：「昵昵兒女語，恩怨相爾汝。」爾汝，指彼此親昵，不拘形迹。唐杜甫醉時歌詩：「忘形到爾汝，痛飲真吾師。」

〔一一〕大白：酒杯。漢劉向説苑善説：「飲不釂者，浮以大白。」

〔一二〕金縷：即金縷曲，賀新郎詞調之異名。

【附録】

宋楊冠卿賀新郎（秋日乘風過垂虹時，與一羽士俱，因泛言弱水、蓬萊之勝。旁有溪童，具能歌張仲宗「目盡青天」等句，音韻洪暢，聽之慨然。戲用仲宗韻呈張君量府判)詞：薄暮垂虹去。正江天、殘霞冠日，亂鴻遠渚。萬頃雲濤風浩蕩，笑整羽輪飛渡。問弱水、神仙何處？驂鳳騎麟思往事，記朝元、金殿聞鐘鼓。環珮響，翠鸞舞。　夢中失却江南路。待西風、長城飲馬，朔庭張弩。目盡青天何時到，贏得兒童好語。悵未復、長陵抔土。西子五湖歸去後，泛仙舟、尚許尋盟否？風袂逐，片帆舉。(客亭類稿卷十四)。

【彙評】

宋蔡戡蘆川居士詞序：紹興議和，今端明公銓上書請劍，欲斬建議者。得罪權臣，竄謫嶺海，平生親黨，避嫌畏禍，唯恐去之不速。公(元幹)作長短句送之，微而顯，哀而不傷，深得三百篇諷刺之義。

平園續稿卷七跋張仲宗送胡邦衡詞：送客貶新州而以賀新郎爲題，其意若曰：「失位不足吊，得名爲可賀也。」慶元丙辰五月十三日題。

宋王明清揮麈録後録卷十：紹興戊午，秦會之再入相，遣王正道爲計議使，以修和盟。十一月，樞密院編修官胡銓邦衡上書。……疏入，責爲昭州鹽倉，而改送吏部，與合入差遣，注福州簽判，蓋上初無深怒之意也。至壬戌歲，慈寧歸養，秦諷臺臣論其前言弗效，詔除名勒停，送新州編管。張仲宗元幹寓居三山，以長短句送其行(詞略)……又數年，秦始聞仲宗之詞。仲宗挂冠已久，以它事追赴大理削籍焉。原注：「此一段皆邦衡之子瀶手爲删定。」

鳳墅殘帖釋文卷四宋周必正題跋：張公（張元幹）所作長短句，激揚頓挫，怨而不言；昔杜牧之蓋得於此，而公又似之，此詩人之妙旨也。惜乎知之者少，然公因是遂得與澹庵同爲不朽，亦何待它人知之，當爲擊節而歌，則聞之者尚足以興起，而當時謀國者獨不能聞之而戒，兹又可嘆也。慶元丙辰（二年，一一九六）周必正書於乘成堂。

同上書宋楊萬里題跋：萬里頃官五羊，與少監張公之子提舶公（元幹次子竦）同寮，相得蘆川集，首見此詞。坐客有善歌者慨然歌之，一聲直上，雲破石裂。聞者泣下，此與燕丹送荆卿於易水之歌何異！今觀真迹。楊萬里書，慶元丁巳（三年）四月六日。

宋岳珂桯史卷十二王盧溪送胡忠簡：胡忠簡銓既以乞斬秦檜掇新州之禍，直聲振天壤。一時士大夫畏罪箝舌，莫敢與立談，獨王盧溪廷珪詩而送之。……又有朝士陳剛中、三山寓公張仲宗亦以作啓與詞爲餞而得罪。

宋陳振孫直齋書録解題卷二十一蘆川詞：三山張元幹……坐送胡邦衡詞，得罪秦相者也。

宋黄昇中興以來絶妙詞選卷二張仲宗：紹興戊午之和，胡澹庵上書乞斬時相，坐謫新州。仲宗以詞送行，後併得罪。

詞品卷三張仲宗送胡澹庵詞：張仲宗送胡澹庵赴貶所賀新郎一闋（詞略）。秦檜知之，亦與作詩王庭珪同貶責。此詞雖不工亦當傳，況工緻悲憤如此，宜表出之。

明毛晉蘆川詞跋：仲宗，别號蘆川居士……紹興辛酉（案應作戊午）胡澹庵上書乞斬秦檜被謫,作賀新郎一闋送之,坐是與作詩王民瞻同除名。兹集以此壓卷,其旨微矣。

四庫全書總目提要蘆川詞:待制胡銓謫新州,元幹作賀新郎詞以送,坐是除名。……又李綱疏諫和議,亦是在是年十一月,綱斯時已提舉洞霄宫,元幹又有寄詞一闋。今觀此集,即以二闋壓卷,蓋有深意。其詞慷慨悲凉,數百年後,尚想其抑塞磊落之氣。

清李調元雨村詞話卷三元幹忠義:元幹,字仲宗,平生忠義,見於「夢繞神州路」一詞。紹興辛酉(按應作戊午),胡澹庵邦衡上書乞斬秦檜被謫,仲宗作賀新郎一闋送之,坐是與作詩王民瞻除名。今其詞列卷首,其人可知矣。詞云(略)。此大異康與之之「文章孔孟」也。

清馮煦蒿庵論詞:蘆川居士以賀新郎一詞送胡澹庵謫新州,致忤賊檜,坐是除名。與楊補之之屢徵不起,黄師憲之一官遠徙,同一高節。

清劉熙載藝概卷四詞曲概:張元幹仲宗因胡邦衡謫新州,作賀新郎送之,坐是除名,然身雖黜而義不可没也。

清陳廷焯白雨齋詞話卷六:二帝蒙塵,偷安南渡,苟有人心者,未有不拔劍斫地也。南渡後……張仲宗賀新郎云(詞略)……此類皆慷慨激烈,髮欲上指,詞境雖不高,然足以使懦夫有立志。

清陳廷焯詞則放歌集卷一:「天意」二句,情見於詞,即悠悠蒼天之意。

清張德瀛詞徵卷一:詞有與風詩意義相近者,自唐迄宋,前人鉅製多寓微旨,……張仲宗「夢繞神州」，雨雪思携手也。卷五：張仲宗賀新郎「天意」二句，皆所謂拔地倚天，句句欲活者。

滿江紅 自豫章阻風吴城山作〔一〕

春水迷天，桃花浪、幾番風惡〔二〕。雲乍起、遠山遮盡，晚風還作。綠卷芳洲生杜若〔三〕，數帆帶雨煙中落。傍向來、沙觜共停橈〔四〕，傷飄泊。寒猶在，衾偏薄。腸欲斷，愁難著。倚篷窗無寐，引杯孤酌。寒食清明都過却〔五〕，最憐輕負年時約。想小樓、終日望歸舟〔六〕，人如削〔七〕。

【校】

〔題〕花庵、歷代詩餘作「旅思」。妙選群英草堂詩餘（元至正刊本。以下簡稱草堂）作「離恨」。

〔迷天〕草堂、詞譜、歷代詩餘作「連天」。

〔綠卷〕花庵、詞律、詞譜作「綠遍」，歷代詩餘作「綠過」。

〔數帆〕花庵、草堂、百家詞、毛本、詞律、歷代詩餘、詞譜作「楚帆」。

〔傍向來〕草堂、歷代詩餘、詞譜作「認向來」。

〔最憐〕草堂、歷代詩餘、詞譜作「可憐」。

〔輕負〕草堂、歷代詩餘、詞譜作「辜負」。

〔終日〕草堂、歷代詩餘、詞譜作「日日」。

【箋注】

〔一〕歸來集卷九跋楚甸落帆：「往年自豫章下白沙，嘗作滿江紅詞，有所謂『綠卷芳洲生杜若，數帆帶雨煙中落』之句，此畫頗與吾眼界熟，要是胸次不凡者爲之。寧無感慨？」據歸來集卷十蘆川豫章觀音觀書：「元幹以宣和元年三月出京師，六月至鄉里。」則此詞作自豫章下白沙時在宣和元年（一一一九）三月出都返鄉途中。豫章，宋史地理志：「隆興府，本洪州，都督府，豫章郡，鎮南軍節度。」在今江西南昌。吴城山：太平寰宇記卷一〇六：「南昌縣……吴城山在治東一百八十里，臨大江。」

〔二〕桃花浪：舊曆三月春暖化雪，水位上漲，正值桃花盛開，故名桃花浪。唐杜甫春水詩：「三月桃花浪，江流復舊痕。」

〔三〕芳洲生杜若：屈原九歌湘君：「采芳洲兮杜若。」杜若，香草名。

〔四〕向來：張相詩詞曲語辭匯釋卷三：「向來，指示時間之辭。有指從前者，有指近來者，有指即時者。」此指即時。

〔五〕寒食清明：宗懔荆楚歲時記：「去冬節（冬至）一百五日，即有疾風甚雨，謂之寒食，禁火三日。」孟元老東京夢華録卷七：「清明節，尋常京師以冬至後一百五日爲大寒食，前一日謂之炊熟。……寒食第三日，即清明節矣。」

〔六〕「想小樓」句：柳永八聲甘州詞：「想佳人、妝樓顒望，誤幾回、天際識歸舟。」

〔七〕人如削：唐元稹三月二十四日宿曾峰館夜對桐花寄樂天詩：「是夕遠思君，思君瘦如削。」

【彙評】

明吴從先草堂詩餘雋卷二眉批：上言風帆飄泊之象，下言歸舟在家之思。評：前後俱在舟帆上寫情景，想所思之人，尚是江湖浪客。

草堂詩餘正集卷三眉批：「認向來沙觜」，妙得旅情。又：「削」字好。「人如削」，句好。

黄蘇蓼園詞評云：寫旅況凄迷憶家之作。想亦憂世者寄懷也。前闋言浪生風惡，夏雲遮風，隱然有念亂之意。……情有難以顯言者，隱約言之，自抒懷抱耳。

蘭陵王　春恨〔一〕

卷珠箔，朝雨輕陰乍閣〔二〕。闌干外，煙柳弄晴，芳草侵階映紅藥〔三〕。東風妒花惡，吹落梢頭嫩萼。屏山掩，沉水倦熏〔四〕，中酒心情怕杯勺〔五〕。尋思舊京洛〔六〕。正年少疏狂，歌笑迷著。障泥油壁催梳掠〔七〕。曾馳道同載〔八〕，上林攜手〔九〕，燈夜初過早共約〔一〇〕。又争信飄泊？寂寞，念行樂。甚粉淡衣襟，音斷弦索〔一〕。瓊枝璧月春如昨〔二〕。悵别後華表，那回雙鶴〔三〕。相思除是〔四〕，向醉裏、暫忘却。

【校】

〔題〕花庵作「春遊」。

〔妒花惡〕草堂作「如許惡」。清徐釚詞苑叢談卷十書貴舊本：「張仲宗『東風如許惡』，俗改『妒花惡』。……所以書貴舊本。」

〔除是〕草堂作「前事」。

〔向醉裏〕草堂作「除夢魂裏」。

【箋注】

〔一〕此詞有「尋思舊京洛」、「又争信飄泊」句，當爲南渡後作，具體時地不詳。

〔二〕「朝雨」句：唐王維書事詩：「輕陰閣小雨，深院晝慵開。」

〔三〕「芳草」句：齊謝朓直中書省詩：「紅藥當階翻，蒼苔依砌上。」紅藥，芍藥之别名。

〔四〕沉水：又名沉香、密香、伽南香。太平御覽卷九百八十二引南州異物志：「沉水香出日南。欲取，當先斫壞樹著地。積久，外皮朽爛。其心至堅者，置水則沉，名沉香。」

〔五〕中酒：醉酒。漢書樊噲傳：「項羽既饗軍士，中酒。」注：「張晏曰：『酒酣也。』師古曰：『飲酒之中也，不醉不醒，故謂之中。』」

〔六〕京洛：即洛陽。東周、後漢兩朝皆建都洛陽，故稱京洛。班固東都賦：「子徒習秦阿房之造天，而不知京洛之有制。」此處借指北宋舊都汴京。

〔七〕障泥：馬鞍下之布墊，用以擋泥土。劉義慶世説新語術解：「王武子善解馬性，嘗乘一馬，著連錢障泥。前有水，終日不肯渡。王云，此必是惜障泥，使人解去，便徑渡。」油壁：即油壁車，古代車用油塗飾車壁。玉臺新詠卷十錢塘蘇小歌：「妾乘油壁車，郎騎青驄馬。」

〔八〕馳道：史記秦始皇本紀：「二十七年治馳道。」集解引應劭曰：「馳道，天子之道。」

〔九〕上林：苑名。秦、漢時爲皇帝苑囿，故址在今陝西長安西，周圍數百里。司馬相如上林賦極言其侈麗。此借指汴京之花園。

〔一〇〕燈夜：宋王梂燕翼貽謀録卷三：「太祖乾德五年正月甲辰詔曰：『上元張燈，舊止三夜。今朝廷無事，區宇乂安，方當年穀之豐登，宜縱士民之行樂。其令開封府更放十七、十八兩夜燈。』後遂爲例。」

〔一一〕弦索：樂器之弦，此代指樂器。元稹連昌宫詞詩：「夜半月高弦索鳴。」

〔一二〕瓊枝璧月：陳書張貴妃傳：「其曲有玉樹後庭花、臨春樂等……其略曰：『璧月夜夜滿，瓊樹朝朝新。』」

〔一三〕「悵别後」三句：搜神後記卷一：「丁令威，本遼東人，學道於靈虚山，後化鶴歸遼，集城門華表柱上。時有少年舉弓欲射之，鶴乃飛，徘徊空中而言曰：『有鳥有鳥丁令威，去家千年今始歸；城郭如故人民非，何不學仙冢纍纍？』」

〔一四〕除是：詩詞曲語辭匯釋卷四：「除非是，假設一例外以見其只有此也。……省去非，則曰除是。」

【彙評】

草堂詩餘雋卷二：上是酒後見春光，中是約後誤佳期，下是相思乃夢中。評：此詞雖分三段，其實一貫。道及春光易度，果是人生夢中，安得多錯去。

草堂詩餘正集卷六眉批：「催梳掠」，三字妙。　又：詞分三段，意通一貫，末句勢振。曰「暫忘」，究何能忘之。

詞品卷三：草堂詩餘選其「春水連天」及「卷珠箔」二首，膾炙人口。

前調〔一〕

綺霞散〔二〕，空碧留晴向晚。東風裏，天氣困人，時節秋千閉深院。簾旌翠波颭，窗影殘紅一綫。春光巧，花臉柳腰，勾引芳菲鬧鶯燕。　閑愁費消遣。想蛾緑輕暈〔三〕，鸞鑑新怨〔四〕。單衣欲試寒猶淺。羞衾鳳空展，塞鴻難托〔五〕，誰問潛寬舊帶眼〔六〕，念人似天遠。　迷戀，畫堂宴。看最樂王孫〔七〕，濃艷争勸。蘭膏寶篆春宵短〔八〕。擁檀板低唱，玉杯重暖。衆中先醉，漫倚檻、早夢見。

【校】

〔題〕花庵調下有題「春思」。

〔春光巧〕花庵作「春光好」。

〔蛾緑〕原作「娥緑」，此據花庵、百家詞、毛本、歷代詩餘改。

【箋注】

〔一〕此詞有「塞鴻難托」、「念人似天遠」之句，當作於南渡後，具體年代不詳。

〔二〕綺霞散：南齊謝朓晚登三山還望京邑詩：「餘霞散成綺，澄江静如練。」

〔三〕蛾緑：説郛卷七十八唐顔師古隋遺録：「隋煬帝幸江都……每舟擇妙麗長白女子千人，執雕板鏤金楫，號爲殿脚女。……（殿脚女）吴絳仙善畫長蛾眉，帝色不自禁……由是殿脚女争效爲長蛾眉，司宫吏日給螺子黛五斛，號爲蛾緑。」此指女子畫眉。

〔四〕鸞鑑：即鸞鏡。藝文類聚卷九十引范泰鸞鳥詩序：「昔罽賓王結罝峻祁之山，獲一鸞鳥，王甚愛之，欲其鳴而不致也。乃飾以金樊，饗以珍羞，對之愈戚，三年不鳴。其夫人曰：『嘗聞鳥見其類而後鳴，何不懸鏡以映之？』王從其意，鸞睹形悲鳴，哀響中霄，一奮而絶。」白居易太行路詩：「何況如今鸞鏡中，妾顔未改君心改。」

〔五〕「塞鴻」句：漢書蘇武傳：「天子射上林中，得雁，足有繫帛書，言武等在某澤中。」

〔六〕「誰問」句：梁書沈約傳載沈約與徐勉書云：「百日數旬，革帶常應移孔。」

〔七〕王孫：楚辭招隱士：「王孫遊兮不歸，春草生兮萋萋。」此詞指公子。史記淮陰侯傳：「大丈夫不能自食，吾哀王孫而進食，豈望報乎？」索隱：「秦末多失國，言王孫、公子，尊之也。」

〔八〕蘭膏：指以蘭香煉膏之油脂。屈原招魂：「蘭膏明燭，華容備些。」寶篆，形容香爐之煙曲折向上，其狀如篆體。宋秦觀海棠春詞：「翠被晚寒輕，寶篆沈煙裊。」

【彙評】

詞品卷三：張仲宗……其詞最工。……如「簾旌翠波颭，窗影殘紅一綫」……皆秀句也。

念奴嬌〔一〕

江天雨霽，正露荷擎翠，風槐摇緑。試問秦樓今夜裏〔二〕，愁到闌干幾曲？笑撚黄花，重題紅葉〔三〕，無奈歸期促。暮雲千里，桂華初綻寒玉。有誰伴我淒凉？除非分付與〔四〕，杯中醽醁〔五〕。水本無情山又遠，回首煙波雲木。夢繞西園〔六〕，魂飛南浦〔七〕，自古情難足。舊遊何處？落霞空映孤鶩〔八〕。

【校】

〔題〕花庵調下有題「秋思」。

〔雨霽〕歷代詩餘作「雲霽」。

〔愁〕花庵作「秋」，非。

【箋注】

〔一〕本詞有「夢繞西園，魂飛南浦」、「舊遊何處」等語，當爲南渡後作，具體時地不詳。

〔二〕秦樓：此指城中歌舞遊樂場所。唐李商隱無題詩：「豈知一夜秦樓客，偷看吴王苑内花。」

〔三〕重題紅葉：指唐代盛傳之紅葉題詩故事。其説法不一，據范攄雲溪友議卷十所載，唐宣宗時，盧渥舍人偶臨御溝，見一紅葉，上有詩云：「流水何太急，深宫盡日閑。殷勤謝紅葉，好去到人間。」乃置於巾箱。後宣宗放還宫女嫁人，盧渥所擇配偶，恰是題紅葉詩之宫女。又，清趙翼陔餘叢考卷三十九御溝流葉凡四見條，列舉甚詳，文繁不録。

〔四〕分付：詩詞曲語辭匯釋卷五：「分付，有交付義，有委托義，有發落義，有表示義。」此作交付之意。

〔五〕醽醁：酒名，亦作「醽渌」、「酃録」。此泛指美酒。抱朴子外篇知止：「密宴繼集，醽醁不撤。」

〔六〕西園：漢時指上林苑，亦泛指風景佳麗之園林。魏曹植公讌詩：「清夜游西園，飛蓋相追隨。」其地在河南。此借指汴京園林。宋秦觀望海潮詞：「西園夜飲鳴笳，有華燈礙月，飛蓋妨花。」

〔七〕南浦：見前賀新郎(夢繞神州路)注〔七〕。

〔八〕「落霞」句：唐王勃滕王閣序：「落霞與孤鶩齊飛，秋水共長天一色。」

前調 丁卯上巳，燕集葉尚書蕊香堂賞海棠，即席賦之〔一〕

蕊香深處〔二〕，逢上巳、生怕花飛紅雨〔三〕。萬點胭脂遮翠袖，誰識黄昏凝佇。燒燭呈妝〔四〕，傳杯繞檻〔五〕，莫放春歸去。垂絲無語〔六〕，見人渾似羞妒〔七〕。　修禊當日蘭亭，群賢弦管裏〔八〕，英姿如許。寶靨羅衣應未有，許多陽臺神女〔九〕。氣湧三山〔一〇〕，醉聽五鼓，休更分今古。壺中天地〔一一〕，大家著意留住。

【校】

〔題〕歷代詩餘作「蕊香堂賞海棠」。

〔繞檻〕歷代詩餘作「凭檻」。

〔渾似〕毛本、歷代詩餘作「却似」。

〔當日蘭亭〕百家詞、毛本、歷代詩餘作「當時今日」。

【箋注】

〔一〕丁卯爲宋高宗紹興十七年（一一四七）。葉尚書，即葉夢得（一〇七七—一一四八），字少藴，蘇州吴縣人。自號石林居士。宋史卷四百四十五有傳。宋洪邁夷堅甲志卷八葉夢得：「紹興十六年，年七十，上章請老，自觀文殿學士除崇慶軍節度使，致仕二年薨」。案葉夢得晚年居吴興卞山，家藏書數萬卷，吟詠自樂。此詞蓋是年春作於吴興。

〔二〕蕊香：指蕊香堂。據石林遺事卷下：「左丞葉少藴之故居在卞山之陽，萬石環之，故名且以自號。正堂曰『兼山』，榜曰『石林精舍』，有承詔、求志、從好等堂及净在庵、愛日軒。」蕊香堂或亦在卞山。

〔三〕上巳：清趙翼陔餘叢考卷二十一上巳端午夜：「韓詩：『鄭國之俗，三月上巳，采蘭水上，袚除不祥。』蓋用三月中第一巳日，如上辛、上丁之類也。後漢書禮儀志『上巳，官民皆於東流水上袚除宿垢』，則猶用巳日，後乃但以三月三日爲上巳，誤也。」原注：「沈約宋書以爲自魏始。」紅雨，李賀將進酒詩：「桃花亂落如紅雨。」

〔四〕「燒燭」句：蘇軾海棠詩：「只恐夜深花睡去，故燒高燭照紅妝。」

〔五〕「傳杯」句：晉王羲之蘭亭集序：「此地有崇山峻嶺，茂林修竹，又有清流激湍，映帶左右，引以爲流觴曲水。」此亦用上巳日曲水流觴故事。

〔六〕垂絲：即垂絲海棠。廣群芳譜卷三十五花譜海棠：「垂絲海棠，樹生柔枝長蒂，花色淺紅，蓋山櫻桃接之而成，故花梗細長似櫻桃。其瓣叢密而色嬌媚，重英向下，有若小蓮。」

〔七〕渾：詩詞曲語辭匯釋卷三：「渾，猶還也。」唐杜甫十六夜翫月詩：「巴童渾不寢，半夜有行舟。」

〔八〕「修禊」二句：晉王羲之蘭亭集序：「暮春之初，會于會稽山陰之蘭亭，修禊事也。群賢畢至，少長咸集。……列坐其次，雖無絲竹管弦之盛，一觴一詠，亦足以暢叙幽情。」宋葉夢得虞美人（上巳席上）詞：「茂林修竹山陰道，千載誰重到？半湖流水夕陽前，猶有一觴一詠似當年。」亦指當時聚會盛況，可供參閱。

〔九〕陽臺神女：宋玉高唐賦序：「昔日楚襄王與宋玉遊於雲夢之臺……夢見一婦人曰：『妾，巫山之女也，爲高唐之客，聞君遊高唐，願薦枕席。』……旦爲朝雲，暮爲行雨，朝朝暮暮，陽臺之下。」

〔一〇〕三山：福建福州別名三山，以城中有越王山、閩山、九仙山而得名。南宋梁克家淳熙三山志：「三山，大觀六年升爲帥府，四年罷。建炎三年復升爲帥府。」氣湧三山，指葉夢得移知福州後的政績。宋韓元吉南澗甲乙稿卷一萬象亭賦序：「紹興十有三年，石林先生自建康留鑰移帥長樂。……時閩人歲饑，餘盜且擾。曾未易歲，既懷且威，倉廩羡贏，野無燧煙，民飽而歌，乃闢府治燕寢後，築臺建亭，盡攬四山之勝，字曰萬象。」其賦云：「豈吾先生浩然之氣，六合爲隘，蟠萬象于胸中，耿星辰而不昧，遇至美而一發，借佳名以自快。」

〔二〕壺中天地：東漢費長房爲市掾，見老翁賣藥，懸一壺於肆頭，市罷輒跳入壺中。後與翁俱入壺中，見玉堂嚴麗，旨酒甘肴滿盈，共飲畢而出。見後漢書費長房傳。唐元稹幽棲詩：「壺中天地乾坤外，夢裏身名旦暮間。」

前調 代洛濱次石林韻〔一〕

吳淞初冷〔二〕，記垂虹南望〔三〕，殘日西沉。秋入青冥三萬頃〔四〕，蟾影吞盡湖陰。玉斧爲誰〔五〕，冰輪如許〔六〕，宫闕想寒深。人間奇觀，古今豪士悲吟。蒼弁丹頰仙翁〔七〕，淮山風露底，曾賦幽尋〔八〕。老去專城仍好客〔九〕，時擁歌吹登臨。坐揖龍江〔一〇〕，舉杯相屬，桂子落波心〔一一〕。一聲猿嘯，醉來虚籟千林。

【校】

〔吳淞〕原作「吳松」，據歷代詩餘、詞譜改。

〔醉來〕歷代詩餘作「聽來」。

【箋注】

〔一〕洛濱：即富直柔，字季申，號洛濱，北宋宰相富弼之孫。宋史卷三百七十五有傳。晚年徜徉山澤，放意吟詠，與蘇遲、葉夢得諸人遊。石林：即葉夢得。嘉泰吳興志卷十八：「石林……在烏程縣卞山大陽隖,尚書左丞葉夢得所居也。有居一區,榜曰石林精舍。」葉夢得念奴嬌(洞庭波冷)原詞,見本闋附録。此和詞蓋作於紹興十七年葉夢得歸卞山後。

〔二〕吴淞:即吴淞江,在今江蘇省南部和上海市西部。源出太湖,流經吴江,乃黄浦江支流。宋史河渠志:「崇寧二年初,通直郎陳仲方别議濬吴淞江,自大通浦入海。」

〔三〕垂虹:橋名。吴郡圖經續志(中):「吴江利往橋,慶曆八年,縣尉王廷堅所建也。東西千餘尺,用木萬計,縈以修闌,甃以浄甓。前臨具區,横截松陵,河光海氣,蕩漾一色,乃三吴之絶景也。……橋有亭曰垂虹,蘇子美嘗有詩云:『長橋跨空古未有,大亭壓浪勢亦豪。』非虚語也。」吴江縣志卷六:「利往橋,一名垂虹橋,俗呼長橋。」

〔四〕青冥:青天。楚辭九章悲回風:「據青冥而攄虹兮,遂儵忽而捫天。」

〔五〕玉斧:唐段成式酉陽雜俎卷一載:鄭仁本表弟遊嵩山,見一人枕幞,呼之。其人曰:「君知月乃七寶合成乎?常有八萬二千户修之,予即一數。」因開幞,有斤斧鑿數事。

〔六〕冰輪:指月。宋蘇軾江月詩:「冰輪横海闊,香霧入樓寒。」

〔七〕丹頰仙翁:指葉夢得晚居卞山後身體尚健。歸來集代祭石林文:「年逾從心,而神明未衰。」

〔八〕「淮山」二句:指葉夢得在安徽濠州(今鳳陽縣)所賦水調歌頭詞:「兩淮不辨牛馬,輕浪舞回風。」

〔九〕專城：漢樂府陌上桑：「三十侍中郎，四十專城居。」
〔一〇〕龍江：亦名螺文江。福州府志福清縣：「龍江，縣東南十里……初名螺文江，宋邑人林栗改今名。」
〔一一〕桂子落波心：唐宋之問靈隱寺詩：「桂子月中落，天香雲外飄。」

【附録】

葉夢得念奴嬌（中秋宴客，有懷壬午歲吴江長橋）詞：洞庭波冷，望冰輪初轉，滄海沉沉。萬頃孤光雲陣卷，長笛吹破層陰。汹湧三江，銀濤無際，遥帶五湖深。酒闌歌罷，至今鼉怒龍吟。回首江海平生，漂流容易散，佳期難尋。縹緲高城風露爽，獨倚危檻重臨。醉倒清尊，姮娥應笑，猶有向來心。廣寒宫殿，爲予聊借瓊林。（全宋詞）

前調　題徐明叔海月吹笛圖〔一〕

秋風萬里，湛銀潢清影，冰輪寒色。八月靈槎乘興去，織女機邊爲客〔二〕。山擁雞林〔三〕，江澄鴨緑〔四〕，四顧滄溟窄。醉來横吹，數聲悲憤誰測。　飄蕩貝闕珠宫〔五〕，群龍驚睡起，馮夷波激〔六〕。雲氣蒼茫吟嘯處，鼉吼鯨奔天黑〔七〕。回首當時，蓬萊方丈〔八〕，好個歸消息。而今圖畫，漫教千古傳得。

【校】

〔題〕「吹笛」，原作「吟笛」，據李彌遜筠溪文集卷十七「題明叔郎中海月吹笛圖」改。

〔千古〕毛本作「千甲」，朱居易毛刻宋六十家詞勘誤作「千古」。

【箋注】

〔一〕本詞寫作時地不詳。徐競，字明叔，安徽和縣人，南宋畫家。宋樓鑰攻媿集卷七十四有徐明叔剡溪雪霽圖：「幼時猶及望見徐公（指明叔）之風流韻度，如晉、唐間人。翰墨篆畫，四明人家多有之。……畫入神品，山水人物，二俱冠絶。」

〔二〕「八月靈槎」二句：晉張華博物志卷三：「舊説云：天河與海通。近世有人居海渚者，年年八月有浮槎，去來不失期。人有奇志，立飛閣於槎上，多齎糧乘槎而去。十餘日中，猶觀星月日辰。自後芒芒忽忽，亦不覺晝夜。去十餘日，奄至一處，有城郭狀，屋舍甚嚴。遥望宫中，多織婦。見一丈夫，牽牛渚次飲之。牽牛人乃驚問曰：『何由至此？』此人具説來意，并問此是何處。答曰：『君還至蜀郡，訪嚴君平，則知之。』竟不上岸，因還如期。後至蜀問，君平曰：『某年月日，有客星犯牽牛宿。』計年月，正此人到天河時也。」

〔三〕雞林：古國名，即新羅。唐龍朔三年置新羅爲雞林州，見舊唐書新羅國傳。

〔四〕鴨緑：江名，源出長白縣北長白山南麓。漢時名馬訾水，後亦稱益州江。通典云「水色如鴨頭」，故名。

〔五〕貝闕珠宫：屈原九歌河伯：「紫貝闕兮珠宫。」

〔六〕馮夷：古代神話中之水神。淮南子卷十一齊俗訓：「馮夷得道，以潛大川。」張華博物志卷一：「馮夷，華陰潼鄉人也。得仙道，化爲河伯。」

〔七〕「鼉吼」句：形容海浪洶湧，水中動物吼叫迅奔，推波助瀾。唐杜甫暫如臨邑至䂬山湖亭奉懷李員外率爾成興詩：「鼉吼風奔浪，魚跳日映山。」南齊張融海賦：「獸門象逸，魚路鯨奔。」

〔八〕蓬萊方丈：海中仙山名。漢書郊祀志：「使人入海求蓬萊、方丈、瀛洲。此三神山者，其傳在勃海中。」

【附録】

李彌遜題明叔郎中海月吹笛圖詩：天上星郎騎省孫，興隨孤月到天垠。浮槎夜入魚龍宅，横竹秋生海嶽雲。控鯉丹成終獨往，騎鯨仙去杳難群。紛紛世上知君少，畫筆猶能續異聞。（筠溪文集卷十七）

前調　玩月〔一〕

寒綃素壁，露華濃、群玉峰巒如洗〔二〕。明鏡池開秋水净〔三〕，冷浸一天空翠。荷芰波生，菰蒲風動，驚起魚龍戲。山河影裏，十分光照人世。誰似老子癡頑〔四〕，胡牀攲坐〔五〕，自引壺觴醉〔六〕。醉裏悲歌歌未徹，屋角烏飛星墜〔七〕。對影三人，停杯一問〔八〕，誰解騎鯨意〔九〕。玉京何處〔一〇〕，翠樓空鎖十二〔一一〕。

【校】

〔題〕原無，據歸來集補。

〔素壁〕歸來集作「素璧」。

【箋注】

〔一〕此首與李彌遜念奴嬌（瑶池倒影）詞意相同，僅少數詞句有異，疑傳鈔相混。考張元幹紹興十年作庚申自贊：「行年五十年……陶陶兀兀，遇飲輒醉，著枕即寐。……至于酒醒夢覺，則又大笑而起，摩腹叩齒。孰不睥睨曰：『此老真甚愚！』」又紹興十六年作丙寅自贊：「這癡漢，没思算。……箇中人，高著眼，方瞳緑髮照青春，期與飛仙遊汗漫。」本詞應屬張元幹作而混入李彌遜詞中。具體作年不詳。

〔二〕群玉：群玉山，古代神話傳説中之仙山。穆天子傳：「癸巳，至于群玉之山……四徹中繩，先王之所謂策府。」注：「即山海經玉山，西王母所居者。」

〔三〕明鏡：此借銅鏡以喻明月。宋向子諲洞仙歌中秋詞：「碧天如水，一洗秋容净，何處飛來大明鏡。」

〔四〕老子癡頑：五代史馮道傳：「契丹滅晉，(馮)道又事契丹，朝耶律德光於京師。……德光誚之曰：『爾是何等老子？』對曰：『無才無德，癡頑老子。』」

〔五〕胡牀：即交椅，俗稱「太師椅」。後漢書五行志：「靈帝好胡服、胡帳、胡牀……京都貴戚皆競爲之。」宋程大昌演繁露：「今之交牀，制自虜來，始名胡牀，桓伊下馬據胡牀取笛三弄是也。隋以讖有胡，改名交牀。」

〔六〕「自引」句：東晉陶潛歸去來辭：「引壺觴以自酌，眄庭柯以怡顏。」

〔七〕屋角烏：魏曹操短歌行：「月明星稀，烏鵲南飛。」

〔八〕「對影」二句：唐李白月下獨酌詩：「舉杯邀明月，對影成三人。」又把酒問月詩：「青天有月來幾時，我今停杯一問之。」

〔九〕騎鯨：揚雄羽獵賦：「乘巨鱗，騎京魚。」李善注：「京魚，大魚也。字或爲鯨，鯨，亦大魚也。」後用以指文人隱遁或遊仙。唐杜甫送孔巢父謝病歸游江東兼呈李白詩：「若逢李白騎鯨魚，道甫問訊今何如？」李白嘗自號「海上騎鯨客」。

〔一〇〕玉京：葛洪枕中書引真記：「玄都玉京七寶山，周圍九萬里，在大羅天之上。」道教稱天帝所居之處。唐李白經離亂後天恩流夜郎憶舊遊書懷贈江夏韋太守良宰詩：「天上白玉京，十二樓五城。」

〔二〕「翠樓」句：宋曾慥類説引列仙傳：「崑崙圃閬風苑有玉樓十二，玄室九層。右瑤池，左翠水……王母所居也。」

【附録】

李彌遜念奴嬌詞：瑶池倒影，露華濃、群玉峰巒如虎。明鏡平鋪秋水净，寒鎖一天空翠。荷芰風摇，蘋蘩波動，驚起魚龍戲。扶疏桂影，十分光照人世。誰似老子癡頑，胡牀危坐，自引壺觴醉。斗轉參横歌未徹，屋角烏飛星墜。對影三人，停杯一問，誰會騎鯨意。金斗何處，玉樓高聳十二。（全宋詞）

前調　己卯中秋和陳丈少卿韻〔一〕

垂虹望極〔二〕，掃太虚纖翳，明河翻雪。一碧天光波萬頃〔三〕，湧出廣寒宫闕〔四〕。好事浮家，不辭百里，俱載如花頰。琴高雙鯉〔五〕，鼎來同醉孤絶〔六〕。　浩蕩今夕風煙，人間天上，别似尋常月。陶冶三高千古恨〔七〕，賞我中秋清節。八十仙翁，雅宜圖畫，寫取横江楫。平生奇觀，夢回猶竦毛髮。

【校】

〔題〕百家詞本作「中秋」。

【箋注】

〔一〕己卯爲紹興二十九年（一一五九）。陳丈，據王明清揮麈録三録卷三：「紹興己卯，陳瑩中（瓘）追謚忠肅，其子應之正同適爲刑部侍郎，往謝政府。」歸來集卷八賀陳都丞除刑部侍郎啓有「某衰退何能，嶔崎可笑。早侍先生杖屨，轉頭垂四十年」等語，此陳丈少卿疑指陳瓘之猶子。宋史職官志四：「太常寺，卿、少卿、丞各一人……卿掌禮樂、郊廟……少卿爲之貳。」案正寺、光禄寺、太僕寺、大理寺、司農寺、衛尉寺、鴻臚寺，並設少卿。陳丈少卿未詳屬何寺。詞乃是年中秋作於吴江。

〔二〕垂虹：見前念奴嬌（吴淞初冷）注〔三〕。

〔三〕「一碧」句：宋范仲淹岳陽樓記：「上下天光，一碧萬頃。」

〔四〕廣寒宫闕：舊題柳宗元龍城録明皇夢遊廣寒宫：「頃見一大宫府，榜曰：『廣寒清虚之府。』」後指月中仙宫。

〔五〕琴高雙鯉：列仙傳：「（琴高）周末趙人，能鼓琴。……後與諸弟子期，入涿水取龍子，某日當返。至期，弟子候於水旁，琴高果乘鯉而出，留一月，復入水去。」

〔六〕鼎來：漢書匡衡傳：「無説詩，匡鼎來。」應劭曰：「鼎，方也。」

〔七〕三高：指范蠡、張翰、陸龜蒙。南宋龔明之中吴紀聞：「越上將軍范蠡，江東步兵張翰，贈右補闕陸龜蒙，各有畫像在吴江鱸鄉亭旁。東坡先生嘗有吴江三賢畫像詩，後易名曰『三高』。」南宋周密齊東野語卷七鴟夷子見黜：「吴江三高亭，祠鴟夷子皮（范蠡）、張季鷹（翰）、陸魯望（龜蒙）。」

石州慢〔一〕

寒水依痕〔二〕，春意漸回，沙際煙闊〔三〕。溪梅晴照生香，冷蕊數枝争發。天涯舊恨，試看幾許消魂〔四〕，長亭門外山重疊。不盡眼中青，是愁來時節。　情切。畫樓深閉，想見東風，暗銷肌雪〔五〕。辜負枕前雲雨〔六〕，尊前花月。心期切處，更有多少淒凉，殷勤留與歸時説。到得却相逢，恰經年離别。

【校】

〔題〕花庵調下有題「初春感舊」。明武陵逸史編草堂詩餘作「感舊」。

〔是愁來〕花庵、草堂詩餘作「怕黄昏」。

〔却〕草堂詩餘、毛本、歷代詩餘、詞譜作「再」。

【箋注】

〔一〕此詞有「心期切處，更有多少淒凉，殷勤留與歸時説」等語，當爲晚年漫遊時作，借思家而寓寄深情，具體時地不詳。案草堂詩餘雋卷二誤作周邦彦詞，見唐圭璋宋詞互見考。

〔二〕「寒水」句：唐杜甫冬深詩：「早霞隨類影，寒水各依痕。」

〔三〕「春意」二句：唐杜甫閬水歌詩：「更復春從沙際歸。」

〔四〕幾許：詩詞曲語辭匯釋卷三：「少許、多許、一許，皆估計數量辭，無事詮釋。其習見者則爲幾許。……猶云多少也。」賀鑄緑頭鴨詞：「回廊影，疏鐘淡月，幾許消魂。」

〔五〕肌雪：莊子逍遥遊：「藐姑射之山，有神人焉，肌膚若冰雪，淖約若處子。」

〔六〕枕前雲雨：宋玉高唐賦序言楚王夢與神女相會高唐，神女自謂：「旦爲朝雲，暮爲行雨，朝朝暮暮，陽臺之下。」此指夫婦歡合。

【彙評】

詞品卷三：張仲宗石州慢「寒水依痕，春意漸回，沙際煙闊」爲一句。今刻本於「沙際」之下截爲一句，非也。下文「煙闊溪梅」，成何語乎？

蓼園詞選：仲宗於紹興中，坐胡銓及李綱詞除名。起三句是望天意之回。「寒枝競發」，是望謫者復用也。「天涯舊恨」至「時節」，是目斷中原又恐不明也。「想見東風消肌雪」，是念遠同心者應亦瘦損也。「負枕前雲雨」，是借夫婦以喻朋友也。因送友而除名，不得已而托於思家，意亦苦矣。

前調　己酉秋吴興舟中作〔一〕

雨急雲飛，驚散暮鴉，微弄凉月。誰家疏柳低迷，幾點流螢明滅。夜帆風駛，滿湖煙水蒼茫，菰蒲零亂秋聲咽。夢斷酒醒時，倚危檣清絶。　心折〔二〕。長庚光怒〔三〕，群盜縱横，逆胡猖獗。欲挽天河，一洗中原膏血〔四〕。兩宫何處〔五〕？塞垣祇隔長江〔六〕，唾壺空擊悲歌缺〔七〕。萬里想龍沙〔八〕，泣孤臣吴越〔九〕。

【校】

〔驚散暮鴉〕毛本作「瞥然驚散」。

【箋注】

〔一〕己酉：建炎三年（一一二九）。宋史高宗本紀：「（建炎）三年春正月庚辰朔，帝在揚州。……金兵執淮陽守臣李寬，殺轉運副使李祓，以騎兵三千取彭城，間道趣淮甸。……二月庚戌朔，始聽士民從便避兵。」吴興：元豐九域志卷五：「湖州吴興郡，昭慶軍節度，治烏程、歸安二縣。」今屬浙江湖州市。詞作於此年秋避亂吴興舟中。

〔二〕心折：喻傷心之極。梁江淹別賦：「使人意奪神駭，心折骨驚。」歸來集卷一建炎感事：「三吴素輕浮，傷弓更心折。」

〔三〕長庚：即金星，又名太白星。史記天官書：「長庚如一匹布著天，見則起兵。」又云：「太白失行，以其舍命國。……當出不出，當入不入，是謂失舍，不有破軍，必有國君之篡。」索隱引韓詩：「太白晨出東方爲啓明，昏見西方爲長庚。」

〔四〕「欲挽」三句：唐杜甫洗兵馬詩：「安得壯士挽天河，净洗甲兵長不用。」

〔五〕兩宫：指宋徽宗、欽宗。宋史徽宗本紀：靖康二年，「二月丁卯，金人脅帝北行。紹興五年(一一三五)四月甲子，崩于五國城，年五十四。」宋史欽宗本紀：靖康二年，「夏四月庚申朔，大風吹石折木。金人以帝及皇后、皇太子北歸。……紹興三十一年(一一六一)五月辛卯，帝崩問至。」

〔六〕「塞垣」句：建炎三年三月，金兵佔領揚州等地，時宋金邊界只隔一條長江。宋史紀事本末卷六十三南遷定都：「和州防禦使馬擴應詔上書，言：『前日之事，其誤有四，其失有六……若倚長江爲可恃，幸金賊之不來，猶豫遷延。候至秋冬，金賊再舉，驅虜舟楫，江淮千里，數道並進，方當此時，然後又悔，是謂無策。』擴累數千言，皆中事機。」

〔七〕「唾壺」句：劉義慶世説新語豪爽：「王處仲每酒後，輒詠『老驥伏櫪，志在千里。烈士暮年，壯心不已』。以鐵如意打唾壺，壺口盡缺。」歸來集奉酬陳端中明府長韻詩：「常揮鐵如意，欲碎玉唾壺。」

〔八〕龍沙：後漢書班超傳贊：「定遠(班超)慷慨，專功西遐。坦步葱雪，咫尺龍沙。」此泛言塞外，借指宋徽宗、欽宗被擄北去之住地。

〔九〕吴越：指今江蘇、浙江一帶地方。

【彙評】

詞則放歌集卷一：忠愛根于血性，勃不可遏。

永遇樂　宿鷗盟軒〔一〕

月仄金盆〔二〕，江縈羅帶〔三〕，凉飆天際。摩詰丹青〔四〕，營丘平遠〔五〕，一望窮千里〔六〕。白鷗盟在〔七〕，黄粱夢破〔八〕，投老此心如水〔九〕。耿無眠、披衣顧影，乍聞繞堦絡緯〔一〇〕。

百年倦客，三生習氣〔一一〕，今古到頭誰是？夜色蒼茫，浮雲滅没，舉世方熟寐〔一二〕。誰人著眼，放神八極〔一三〕，逸想寄塵寰外。獨凭闌、鷄鳴日上，海山霧起。

【校】

〔月仄〕歷代詩餘、詞譜作「月印」。

〔塵寰外〕歷代詩餘、詞譜作「塵寰内」。

【箋注】

〔一〕鷗盟軒：張元幹歸隱後新葺之住所。歸來集丙寅自贊：「初乏田園，却懶仕宦。……投閑二十餘年，善類干煩殆遍。」其次友人書懷又云：「此生無意入修門，粗飽鷄豚短褐温。卜築幾椽臨水屋，經營數畝傍山園。」殆指鷗盟軒新居。詞蓋作於紹興十六年（一一四六）自贊後。

〔二〕金盆：形容圓月。唐杜甫贈蜀僧閭丘師兄詩：「夜闌接軟語，落月如金盆。」

〔三〕江縈羅帶：唐韓愈送桂州嚴大夫詩：「江作青羅帶。」

〔四〕摩詰：唐代詩人、畫家王維（七〇一—七六一），字摩詰，善作山水畫。

〔五〕營丘：五代末、宋初畫家李成（九一九—九六七），後遷居營丘（今山東淄博臨淄以北），號李營丘。郭若虛圖畫見聞志：「李成，字咸熙，其先唐宗室，避地營丘，因家焉。」王闢之澠水燕談録卷七：「營丘李成，字咸熙，磊落不羈，喜酒善琴，好爲歌詩，尤妙畫山水。……成畫平遠寒林，前人所未嘗爲，氣韻蕭灑，煙林清曠，筆勢穎脱，墨法精絶，高妙入神，古今一人，真畫家百世師也。」

〔六〕「一望」句：唐王之渙登鸛雀樓詩：「欲窮千里目，更上一層樓。」

〔七〕白鷗盟：列子黄帝篇：「海上之人有好鷗鳥者，每旦之海上，從鷗鳥遊，鷗鳥之至者百住而不止。」與鷗作盟友，舊指退隱。宋黄庭堅登快閣詩：「萬里歸船弄長笛，此心吾與白鷗盟。」

〔八〕黄粱夢：唐沈既濟枕中記所描寫的故事。據説盧生在去邯鄲途中，遇見道者吕翁，生自嘆窮困，翁探囊中枕授之，曰：「枕此當令子榮適如意。」時主人蒸黄粱，盧生夢入枕中，舉進士，累官至節度使，大破戎虜，爲相十年。有子五人皆仕宦，其姻媾皆天下望族。及夢醒，黄粱尚未熟，怪曰：「豈其夢寐耶！」呂翁笑曰：「人世之事，亦猶是矣。」黄粱夢破，此借以對南宋朝廷苟且偷安之現實表示心灰意冷，不願再仕。

〔九〕「投老」句：此示心情淡泊。漢書鄭崇傳：「（趙昌）因奏崇與宗族通，疑有姦，請治。上責崇曰：『君門如市人，何以欲禁切主上？』崇對曰：『臣門如市，臣心如水，願得考覆。』」

〔一〇〕絡緯：即莎雞，俗稱「絡絲娘」。唐李白烏夜啼詩：「絡緯秋啼金井闌。」

〔一一〕三生：指過去、現在和將來。唐李商隱題僧壁詩：「若信貝多真實語，三生同聽一樓鐘。」

〔一二〕「舉世」句：屈原漁父：「舉世皆濁我獨清，衆人皆醉我獨醒。」此用其意。

〔一三〕放神八極：唐杜甫寫懷詩：「放神八極外，俯仰俱蕭瑟。」

【附録】

李彌遜題張仲宗鷗盟軒詩：寄語沙頭不下鷗，詩翁新葺面江樓。早年世事翻覆手，更覺人生起滅鷗。念盡不應書咄咄，身閑何用榜休休。徑須來結忘機伴，春水浮天不繫舟。（筠溪文集卷十七）

前調　爲洛濱横山作〔一〕

飛觀横空，衆山繞甸，江面相照。内檻披風〔二〕，虚簷挂月，據盡登臨要。有時巾屨，訪公良夜〔三〕，坐我半天林杪。攬浮丘、飄飄衣袂〔四〕，相與似遊蓬島〔五〕。主人勝度〔六〕，文章英妙，合住北扉西沼〔七〕。何事十年，風灑露沐，不厭江山好。曲屏端有〔八〕，吹簫人在〔九〕，同倚暮雲清曉。乘除了、人間寵辱〔一〇〕，付之一笑。

【校】

〔風灑〕歷代詩餘作「風籭」。

【箋注】

〔一〕洛濱：即富直柔，見前念奴嬌（吴淞初冷）詞注〔一〕。横山：即横山閣。福建通志名勝志侯官縣有「横山樓，在烏石山南，仁王寺後。……宋李彌遜有詩。」烏石山又名閩山。太平寰宇記福州侯官縣：「閩山去州一里二百步，周迴四里，本名烏石山，天寶六載敕名閩山。」案李彌遜於紹興十年歸隱福建，住過横山樓。詞中有「主人勝度」、「何事十年」等語，蓋作於紹興二十年後。

〔二〕披風：宋玉風賦：「楚襄王遊於蘭臺之宫……有風颯然而至，王乃披襟而當之。」

〔三〕「訪公」句：歸來集訪親於連江因過筠溪叩門循行嘆其荒翳不治有懷普現居士口占此章詩：「筠莊主人何未歸，溪畔長林穿翠微。……公肯借庵容我老，爲公朝夕掃柴扉。」李彌遜作和詩仲宗過筠莊作詩見招有借庵之意次其韻：「横山留我已青眼，不是歸心久更微。……不厭是中無一物，徑來相就老禪扉。」

〔四〕浮丘：晉郭璞遊仙詩：「左挹浮丘袖，右拍洪崖肩。」李善注引列仙傳：「浮丘公接王子喬以上嵩高山。」廣東通志卷一百：「浮丘山在州西（南海縣），去海四里，有朱明觀，下有挹袖軒，即浮丘丈人得道之所也。」

〔五〕蓬島：即蓬萊仙島，見前念奴嬌（秋風萬里）注〔八〕。

〔六〕主人勝度：指李彌遜氣度之優勝。李彌遜蝶戀花詞：「老子人間無著處，一尊來作横山主。」

〔七〕北扉西沼：宋沈括夢溪筆談卷一：「唐制，自宰相而下，初命皆無宣召之禮，惟學士宣召。蓋學士院在禁中，非内臣宣召，無因得入，故院門别設複門，亦以其通禁庭也。又學士院北扉者，爲其在浴堂之南，便於應召。今學士初拜，自東華門入，至左承天門下馬；……唐宣召學士，自東門入者，彼時學士院在西掖，故自翰林院東門赴召，非若今之東華門也。」後作爲學士院代稱。西沼，西掖、鳳沼之合稱，皆指中書省。唐杜甫贈韋左丞丈濟詩：「鴒原荒宿草，鳳沼接亨衢。」

〔八〕端有：詩詞曲語辭匯釋卷四：「端有，應有也。」

〔九〕吹簫人：列仙傳卷上：「簫史者，秦穆公時人也，善吹簫，能致孔雀、白鶴於庭。穆公有女字弄玉，好之，公遂以女妻焉。日教弄玉作鳳鳴。居數年，吹似鳳聲，鳳凰來止其屋。公爲作鳳臺，夫婦止其上，不下數年，一日皆隨鳳凰飛去。故秦人爲鳳女祠於雍，宮中時有簫聲而已。」此借指姬妾尚在。

〔一〇〕乘除：乘而復除，仍爲原數，故轉爲抵消之意。此指人間一寵一辱相互抵消。唐韓愈三星行詩：「名聲相乘除，得少失有餘。」宋陳與義出山道中詩：「乘除了身世，未恨落房州。」

八聲甘州 陪筠翁小酌横山閣〔一〕

倚凌空、飛觀展營丘〔二〕，卧軸恍移時。漸微雲點綴〔三〕，參横斗轉，野闊天垂〔四〕。草樹縈迴島嶼，杳靄數峰低。共此一尊月，顧影爲誰〔五〕？　俯仰乾坤今古，正嫩涼生處，濃露初霏。據胡牀殘夜，唯我與公知。念老去、風流未減，見向來、人物幾興衰。身長健、何妨遊戲，莫問棲遲〔六〕。

【校】

〔共此一尊月〕毛本作「共一尊明月」。

【箋注】

〔一〕筠翁：即李彌遜，字似之。宋洪邁夷堅甲志卷六謂其原名彌遠，字正路，大觀時改名。宋史卷三百八十二有傳。彌遜自政和末以上封事得貶，垂二十年，及復居是職，直前論事，鯁切如初。……秦檜再相，惟彌遜與吏部侍郎晏敦復有憂色。紹興八年，彌遜上疏乞外甚力，詔不允。……十年，歸隱連江西山。樓鑰攻媿集卷五十二筠溪文集序：「筠溪先生……歸隱福建之連江西山，凡十六年，不復有仕宦意。哦詩自娱，筆力愈偉，居閑憂世。」歸來集卷七有夏雲峰丙寅六月爲筠翁壽詞。丙寅爲紹興十六年（一一四六），詞蓋作於同時。

〔二〕營丘：見前永遇樂（月仄金盆）注〔五〕。郭若虚圖畫見聞志謂其「尤善畫山水寒林，神化精靈，絶人遠甚」。

〔三〕微雲點綴：世説新語言語：「于時天明月凈，都無纖翳。（司馬）太傅嘆以爲佳。謝景重在坐，答曰：『意謂乃不如微雲點綴。』」

〔四〕野闊天垂：唐杜甫旅夜書懷詩：「星垂平野闊，月湧大江流。」

〔五〕「共此」二句：唐李白月下獨酌詩：「舉杯邀明月，對影成三人。」

〔六〕棲遲：遊息。詩經陳風衡門：「衡門之下，可以棲遲。」此引申爲飄泊失意。李賀致酒行詩：「零落棲遲一杯酒，主人奉觴客長壽。」

前調　西湖有感寄劉晞顔〔一〕

記當年、共飲醉畫船，摇碧罥花釵。問蒼顔華髮，煙蓑雨笠，何事重來〔二〕。看盡人情物態，冷眼只堪咍。賴有西湖在，洗我塵埃〔三〕。夜久波光山色，間淡妝濃抹〔四〕，冰鑑雲開〔五〕。更潮頭千丈，江海兩崔嵬。曉凉生、荷香撲面，灑天邊、風露逼襟懷。誰同賞、通宵無寐，斜月低回？

【校】

〔更潮〕毛本作「東湖」，朱居易毛刻宋六十家詞勘誤作「更湖」，皆非。

【箋注】

〔一〕劉晞顏：即劉無極。宋詩紀事卷三十九：「劉無極，字晞顏，丹徒人。政和五年進士，終尚書郎。」紹興二十八年元幹作蘇養直詩帖跋尾六篇，其甲卷云：「九人者，宰木久已拱矣，獨予華髮蒼顏，羈寓西湖之上。」此與詞中「問蒼顏華髮」、「賴有西湖在，洗我塵埃」等語相合，當爲一時之作。

〔二〕「何事」句：張元幹于紹興元年（一一三一）休官歸里，大約至紹興二十六年前後又來臨安。歸來集卷九跋江天暮雨圖詩：「劉質夫建炎初與余別于雲間，今乃相遇臨安官舍。……憶丙午之冬，吾三人者，蘇粹中在焉。情文投合，皆親友好兄弟。……回首垂三十年矣。」又，宋胡仔苕溪漁隱叢話前集卷五十四：「余宣和間居泗上，於王周士處見張仲宗詩一卷，因借録之。後三十年，於錢塘與仲宗同館穀，初方識之。余因戲謂仲宗曰：『三十年前，已識公於詩卷中。』仲宗請余舉其詩，渠皆不能記，殆如隔世，反從余求之。」

〔三〕塵埃：此喻污濁。屈原漁父：「安能以皓皓之白，而蒙世俗之塵埃乎！」

〔四〕淡妝濃抹：宋蘇軾飲湖上初晴後雨詩：「欲把西湖比西子，淡妝濃抹總相宜。」

〔五〕冰鑑：此指月。唐元稹月詩：「絳河冰鑑朗，黄道玉輪巍。」

水調歌頭　同徐師川泛太湖舟中作〔一〕

落景下青嶂，高浪卷滄洲。平生頗慣，江海掀舞木蘭舟〔二〕。百二山河空壯〔三〕，底事中原塵漲〔四〕，喪亂幾時休！澤畔行吟處〔五〕，天地一沙鷗〔六〕。　想元龍，猶高卧，百尺樓〔七〕。臨風酹酒，堪笑談話覓封侯〔八〕。老去英雄不見，惟與漁樵爲伴，回首得無憂。莫道三伏熱〔九〕，便是五湖秋〔一〇〕。

【校】

〔便是〕永樂大典本作「更在」。

【箋注】

〔一〕徐俯：字師川，洪州分寧（今江西修水）人。宋史卷三百七十二有傳。俯以父禧死國事，授通直郎，累官至司門郎。南渡後，建炎初，落致仕，奉祠。紹興二年，賜進士出身，兼侍讀。

三年，遷翰林學士，俄擢端明殿學士、簽書樞密院事。四年，兼權參知政事。紹興十一年卒於饒州（據建炎以來繫年要録）。直齋書録解題著録其東湖集三卷，今有東湖居士集一卷。歸來集卷九亦樂居士集序：「予晚生，雖不及見東坡、山谷，而少時在江西，實從東湖徐師川授以句法。東湖，山谷甥也。」詞作於建炎二年（一一二八）秋。

〔二〕木蘭舟：舊題南朝梁任昉述異記卷下：「木蘭洲在潯陽江中，多木蘭樹。……七里洲中有魯班刻木蘭爲舟，舟至今在洲中。詩家所云木蘭舟，出於此。」

〔三〕百二：史記漢高祖紀：「秦，形勝之國，帶河山之險，縣（懸）隔千里，持戟百萬，秦得百二焉。」索隱引虞喜曰：「百二者，得百之二，言諸侯持戟百萬，秦地險固，百倍於天下，故云得百二焉，言倍之也，蓋言秦兵當二百萬也。」

〔四〕塵漲：飛揚障目之煙塵，此喻金兵入侵。南史陳武帝紀：「柳達摩等渡淮置陣，帝督兵疾戰，縱火燒栅，煙塵漲天，齊人大潰。」

〔五〕「澤畔」句：屈原漁父：「屈原既放，遊於江潭，行吟澤畔，顏色憔悴，形容枯槁。」

〔六〕「天地」句：唐杜甫旅夜書懷詩：「飄飄何所似，天地一沙鷗。」

〔七〕「想元龍」三句：東漢陳登，字元龍。三國志魏書陳登傳：「許汜曰：『昔見元龍，元龍自上大牀卧，使客卧下牀。』劉備曰：『君求田問舍，言無可采，如小人欲卧百尺樓上，卧君於地，何但上下牀之間耶！』」

〔八〕覓封侯：後漢書班超傳：「（班超）漢扶風安陵人。……家貧，爲官府鈔書以養母。曾投筆嘆曰：『大丈夫無它知略，當效傅介子、張騫立功異域以取封侯，安能久事筆硯間乎！』……超在西域三十一年。官至西域都護，封定遠侯。」

〔九〕三伏：夏至後第三庚爲初伏，第四庚爲中伏，立秋後初庚爲後伏，亦稱末伏，合稱「三伏」。梁蕭統錦帶書十二月啓林鍾六月詩：「三伏漸終，九夏將謝。」

〔一〇〕五湖：此指太湖。史記河渠書：「於吴則通渠三江五湖。」集解引韋昭曰：「五湖，湖名耳，實一湖，今太湖也。」

前調 和薌林居士中秋〔一〕

閏餘有何好，一歲兩中秋〔二〕。滕王高閣曾醉〔三〕，月湧大江流〔四〕。今夜釣龍臺上〔五〕，還似當時逢閏，佳句記英遊。看山兼看月，登閣復登樓。　別離久，今古恨，大刀頭〔六〕。老來長是清夢，宛在舊神州。遐想薌林風味，甕裏自傾春色〔七〕，不用貰貂裘〔八〕。笑我成何事，搔首謾私憂。

【校】

〔還似〕毛本、百家詞本均作「還是」。

〔謾〕百家詞本作「慢」，非。

【箋注】

〔一〕向子諲：字伯恭，臨江（今江西樟樹）人。自號薌林居士，元幹乃其外甥。宋史卷三百七十七有傳。子諲爲敏中玄孫，欽宗憲聖皇后再從侄。元符三年，以后復辟恩，補假承奉郎，三遷知開封府咸平縣。南渡後，建炎元年，金人犯亳州，子諲自勤王所以書遺金人，言兵勢逆順，令退保河外。紹興元年，移鄂州，主管荆湖東路安撫司。後進徽猷閣待制，徙西浙路爲都轉運使，除户部侍郎。子諲後以徽猷閣直學士知平江府。金使議和將入境，子諲不肯拜金詔，以此忤秦檜，乃致仕。後退閑十五年，號所居曰薌林。所著酒邊集一卷。歸來集卷十薌林居士贊：「天資拔俗，雅志好賢，臨事必欲出奇，爲善常恐不及。所謂胸中丘壑，皮裏陽秋，蓋自英妙時固已沉著痛快矣。」此詞作於紹興十八年（一一四八）秋，時在福州。

〔二〕「閏餘」二句：向子諲水調歌頭序：「大觀庚寅閏八月秋……紹興戊辰再閏，感時撫事，爲之太息。」清汪曰楨長術輯要卷九：「戊辰年，閏八。」戊辰，即宋高宗紹興十八年。因閏八月，故是年有兩次中秋。

〔三〕滕王高閣：南宋王象之輿地紀勝：「滕王閣在南昌郡城之西，唐高祖之子滕王元嬰所建也。夾以二亭，南曰壓江，北曰挹秀。」閣在今江西南昌市贛江之濱。唐王勃有秋日登洪府滕王閣餞别序，簡稱滕王閣序。序末滕王閣詩云：「滕王高閣臨江渚，佩玉鳴鸞罷歌舞。」

〔四〕「月湧」句：唐杜甫旅夜書懷詩：「星垂平野闊，月湧大江流。」

〔五〕釣龍臺：在福建閩侯縣南九里。福州府志卷十七：「釣臺山，(閩侯縣)城南九里，崇阜屹立，俯瞰大江。舊記云：漢東越王餘善于此釣得白龍，以爲己瑞，因築壇，曰釣龍臺。後人呼爲越王臺。」

〔六〕大刀頭：玉臺新詠卷十古絶句四首之一：「何當大刀頭，破鏡飛上天。」唐吴兢樂府古題要解卷下：「『何當大刀頭』，刀頭有環，問夫何時當還也。」

〔七〕「甕裏」句：謂自開初熟之酒。唐岑參喜韓樽相過詩：「甕頭春酒黄花脂，禄米只充沽酒資。」

〔八〕貰貂裘：即貂裘换酒。舊題晉葛洪西京雜記卷二：「司馬相如初與卓文君還成都，居貧愁懣，以所著鷫鸘裘就市人陽昌貰酒，與文君爲歡。」

【附録】

向子諲水調歌頭(大觀庚寅八月秋，薌林老、顧子美、汪彦章、蒲庭鑒，時在諸公幕府間。從遊者，洪駒父、徐師川、蘇伯固父子、李商老兄弟。是夕登臨，賦詠樂甚。俯仰三十九年，所存者，余與彦章耳。紹興戊辰再閏，感時撫事，爲之太息。用取舊詩中師川一二語，作是詞)詞：閏餘有何好，一歲兩中秋。補天修月人去，千古想風流。少日南昌幕下，更得洪徐蘇李，快意作清遊。送日眺西嶺，得月上東樓。四十載，兩人在，總白頭。誰知滄海成陸，萍迹落南州。忍問神京何

在，幸有薌林秋露，芳氣襲衣裘。斷送餘生事，惟酒可忘憂。（全宋詞）

前調 陪福帥讌集，口占以授官奴〔一〕

縹緲九仙閣，壯觀在人間。涼飆乍起，四圍晴黛入闌干。已過中秋時候，便是菊花重九〔二〕，爲壽一尊歡。今古登高意，玉帳正清閑〔三〕。 引三巴〔四〕，連五嶺〔五〕，控百蠻〔六〕。元戎小隊〔七〕，舊遊曾記並龍山〔八〕。閩嶠尤寬南顧〔九〕，聞道天邊雨露〔一〇〕，持橐詔新頒〔一一〕。且擁笙歌醉，廊廟更徐還。

【校】

〔官奴〕疑爲「官妓」之誤。

〔九仙〕毛本作「九重」。

〔元戎〕毛本作「元成」，朱居易毛刻宋六十家詞勘誤改作「元戎」。

【箋注】

〔一〕福帥：指福州郡守程邁。宋史翼卷二十：「程邁，字進道。……登元符三年第，宋高宗即位，遷太府卿除集英殿修撰知福州。建賊葉儂、楊惊、范汝爲等作亂，邁且招且捕，所向悉平。……紹興七年議復發運司，以邁充使。……進顯謨閣直學士再知福州。」宋會要輯稿一七六册兵一〇討叛四：「高宗建炎四年八月二十三日……詔令程邁節制諸軍，專一措置。」福建通志總卷十三名勝志：「止戈堂。宋建炎四年，建寇范汝爲猖獗，郡守程邁乞師於朝。……韓世忠率禁旅討之，紹興二年賊平。」歸來集卷三有福帥生朝詩二首之一：「止戈堂上多珠履，爭獻龐眉春酒詩。」其止戈堂詩：「譙門直北望燕山，乙巳年來例破殘。……西師有請君侯力，南顧無憂聖慮寬。」卷八賀福帥啓：「恭惟某官，躬文武之兼資，繫安危而獨任。……早擁節旄之重。」此與詞中所云「閩嶠尤寬南顧，聞道天邊雨露，持橐詔新頒」相合，詞當爲紹興二年至七年間作於福州。

〔二〕重九：陰曆九月初九謂重陽，又名重九。魏曹丕與鍾繇書：「歲月往來，忽復九月九日，九爲陽數，而日月並應，故曰重陽。」南宋陳元靚歲時廣記引皇朝歲時記：「重九日，賜臣下糕酒，大率如社日，但插以菊花。」

〔三〕玉帳：此指征戰時主將所居之軍帳。唐李白司馬將軍歌詩：「身居玉帳臨河魁，紫髯若戟冠崔嵬。」歸來集卷三福帥生朝詩：「玉帳生朝香霧飛，秋風欲到碧梧枝。」

〔四〕三巴：東漢末，劉璋置巴郡及巴東、巴西。常璩華陽國志：「璋乃改永寧爲巴郡，以固陵爲巴東，徙（龐）羲爲巴西太守，是爲三巴。」

〔五〕五嶺：漢書張耳傳：「南有五嶺之戍。」顏師古注：「嶺者，西自衡山之南，東窮於海，一山之限耳，而别標名則有五焉。」

〔六〕百蠻：詩經大雅韓奕：「以先祖受命，因時百蠻。」古代王畿以外有蠻服，後指與華夏對稱之諸少數民族。此指南方地區各少數民族。

〔七〕元戎：此指主帥。唐杜甫嚴中丞枉駕見過詩：「元戎小隊出郊坰，問柳尋花到野亭。」歸來集卷八賀福帥啓：「某久處丘園，願見元戎之小隊。」

〔八〕龍山：在福建龍海東北十里，北來諸山，此爲最秀。福建通志總卷十三名勝志：「東南高崖曰龍山，矗聳雲表。左崖畔有洞，開敞若户。石隙中有水瀉下，潭深莫測。」此用孟嘉重九日從桓温遊龍山落帽典，見世説新語識鑒引孟嘉别傳。

〔九〕「閩嶠」句：歸來集卷三止戈堂詩：「西師有請君侯力，南顧無憂聖慮寬。」卷八賀福帥啓：「作屏行宫，乃眷全閩之盛……黄堂坐嘯，更寬南顧之憂。」閩嶠，指福建。宋陸游建安遣興詩：「夢裏都忘閩嶠遠，萬人鼓吹入平凉。」

〔一〇〕雨露：此喻恩澤。唐白居易寄張李杜三學士詩：「雨露施恩無厚薄，蓬蒿隨分有榮枯。」

〔一一〕持橐：漢書趙充國傳：「（趙）卬家將軍以爲（張）安世本持橐簪筆事孝武帝數十年。」師古曰：「橐，所以盛書也，有底曰囊，無底曰橐。簪筆者，插筆於首。」

前調〔一〕

平日幾經過，重到更留連。黄塵烏帽〔二〕，覺來眼界忽醒然。坐見如雲秋稼，莫問雞蟲得失〔三〕，鴻鵠下翩翩〔四〕。四海九州大，何地著飛仙。吸湖光，吞蟾影，倚天圓。胸中萬頃空曠，清夜炯無眠〔五〕。要識世間閑處，自有尊前深趣，且唱釣魚船。調鼎他年事〔六〕，妙手看烹鮮〔七〕。

【箋注】

〔一〕歸來集卷二登垂虹亭詩二首之一有「一别三吴地，重來二十年」、「山暗松江雨，波吞震澤天」等語，同書卷六青玉案詞序有「余經行松江，何啻百回」云云，與本詞所云「平日幾經過，重到更留連」相合，知此詞約紹興二十三年(一一五三)後作於吴江。

〔二〕黄塵烏帽：宋黄庭堅呈外舅孫莘老詩：「九陌黄塵烏帽底，五湖春水白鷗前。扁舟不爲鱸魚去，收取聲名四十年。」歸來集卷九跋張安國所藏山水小卷：「雖烏帽黄塵，汩没困頓，開卷便覺萬里江山在眼界中。」

〔三〕雞蟲得失：唐杜甫縛雞行：「雞蟲得失無了時，注目寒江倚山閣。」

〔四〕鴻鵠：史記陳涉世家：「燕雀安知鴻鵠之志哉！」

〔五〕「清夜」句：楚辭漢嚴忌哀時命：「夜炯炯而不寐兮，懷隱憂而歷兹。」

〔六〕調鼎：尚書説命下第十四：「若作和羹，爾惟鹽梅。」注：「鹽鹹梅醋，羹須鹹醋以和之。」意謂宰相治理國家，猶如調鼎中之味，使之協調。後用以比喻宰相之職責。唐孟浩然都下送辛大之鄂詩：「未逢調鼎用，徒有濟川心。」

〔七〕烹鮮：老子：「治大國若烹小鮮。」三國王弼注：「不擾也。」河上公注：「鮮，魚。烹小鮮，不去腸，不去鱗，不敢撓，恐其靡也。治國煩則下亂。」

前調〔一〕

雨斷翻驚浪，山暝擁歸雲。麥秋天氣〔二〕，聊泛征棹泊江村。不羨腰間金印〔三〕，却愛吾廬高枕〔四〕，無事閉柴門〔五〕。搔首煙波上，老去任乾坤〔六〕。白綸巾〔七〕，玉麈尾〔八〕，一杯春〔九〕。性靈陶冶〔一〇〕，我輩猶要箇中人〔一一〕。莫變姓名吴市〔一二〕，且向漁樵争席，與世共浮沉〔一三〕。目送飛鴻去〔一四〕，何用畫麒麟〔一五〕。

【箋注】

〔一〕本詞有「搔首煙波上，老去任乾坤」等語，當爲晚年所作，具體時地不詳。

〔二〕麥秋：禮記月令：「孟夏之月……靡草死，麥秋至。」陳澔集説：「秋者，百穀成熟之期，此於時雖夏，於麥則秋，故云麥秋。」

〔三〕腰間金印：秦、漢時丞相金印紫綬。史記蔡澤傳：「懷黄金之印，結紫綬於腰。」

〔四〕愛吾廬：晉陶潛讀山海經詩：「衆鳥欣有托，吾亦愛吾廬。」

〔五〕閉柴門：唐杜甫日暮詩：「牛羊下來久，各已閉柴門。」

〔六〕「老去」句：唐杜甫贈比部蕭郎中十兄詩：「歸老任乾坤。」

〔七〕白綸巾：晉書謝萬傳：「萬著白綸巾，鶴氅裘。」

〔八〕玉塵尾：晉書王衍傳：「衍妙善玄言，唯談老莊爲事，每捉玉柄麈尾，與手同色。」

〔九〕一杯春：即一杯酒。唐、宋人多稱酒爲春。唐司空圖二十四詩品典雅：「玉壺買春，賞雨茅屋。」宋蘇軾寄鄧道士詩：「一杯羅浮春，遠餉採薇客。」

〔一〇〕性靈陶冶：顔氏家訓卷四：「至於陶冶性靈，從容諷諫，入其滋味，亦樂事也。」唐杜甫解悶詩：「陶冶性靈存底物，新詩改罷自長吟。」

〔一一〕箇中人：猶云此中人。宋蘇軾李頎秀才善畫山以兩軸見寄仍有詩次韻答之詩：「平生自是箇中人，欲向漁舟便寫真。」

〔一二〕「莫變」句：漢書楊胡朱梅云傳：「梅福，字子真，九江壽春（今安徽壽縣）人。少學長安，明尚書、穀梁春秋，爲郡文學，補南昌尉。後去官歸壽春……（漢平帝）元始中，王莽顓政，福一朝棄妻子，去九江，至今傳以爲仙。其後，人有見福于會稽，變名姓，爲吴市門卒云。」

〔一三〕浮沉：此指隨波逐流。史記袁盎晁錯列傳：「袁盎病免居家，與閭里浮沉，相隨行，鬥鷄走狗。」

〔一四〕目送飛鴻：魏嵇康贈秀才入軍詩：「目送歸鴻，手揮五弦。」

〔一五〕畫麒麟：漢書李廣蘇建傳：「（蘇）武，字子卿，少以父仕，兄弟並爲郎……」後因出使匈奴有功，「甘露三年，單于始入朝。上思股肱之美，乃圖畫其人於麒麟閣，法其形貌，署其官爵姓名。」麒麟閣，在漢未央宫中。

前調 過後柳故居〔一〕

露下菱歌遠，螢傍藕花流。臨溪堂上，望中依舊柳邊洲。晚暑冰肌沾汗〔二〕，新浴香綿撲粉，湘簟月華浮。長記開朱户，不寐待歸舟。恍重來，思往事，攬離愁。天涯何處，未應容易此生休〔三〕。莫問吴霜點鬢〔四〕，細與蠻箋封恨〔五〕，相見轉綢繆。雲雨陽臺夢〔六〕，河漢鵲橋秋〔七〕。

【箋注】

〔一〕本詞作年不能確知，據詞中「不寐待歸舟」和「恍重來，思往事」等語，約作於紹興末年重遊吴越期間。

〔二〕冰肌：宋蘇軾洞仙歌詞：「冰肌玉骨，自清凉無汗。」

〔三〕「未應」句：唐李商隱馬嵬詩：「他生未卜此生休。」此反用其意。

〔四〕吴霜點鬢：唐李賀還自會稽歌詩：「吴霜點歸鬢。」

〔五〕蠻箋：謂蜀箋。元費著蜀箋譜：「紙以人得名者，有謝公(師厚)……謝公有十色箋……楊文公億談苑載韓浦寄弟詩云：『十樣蠻箋出益州，寄來新自浣花頭。』謝公箋出於此乎？」

〔六〕雲雨句：見前念奴嬌(蕊香深處)注〔九〕。

〔七〕河漢：銀河。文選古詩十九首之十：「迢迢牽牛星，皎皎河漢女。」鵲橋：民間傳說牛郎織女，每年七夕相會時，有喜鵲駕橋讓他們過天河。韓鄂歲華紀麗卷三引風俗通：「織女七夕當渡河，使鵲爲橋。」唐權德輿七夕詩：「今日雲軿渡鵲橋，應非脈脈與迢迢。」

前調　癸酉虎丘中秋〔一〕

萬里冰輪滿〔二〕，千丈玉盤浮〔三〕。廣寒宮殿〔四〕，西望湖海冷光流。掃盡長空纖翳〔五〕，散亂疏林清影，風露迫人愁。徐步行歌去，危坐莫眠休。　問孤蓬，緣底事，苦淹留〔六〕？倦遊回首〔七〕，向來雲卧兩星周〔八〕。此夜此生長好，明月明年何處〔九〕？歸興在南州〔一〇〕。老境一傖父〔一一〕，異縣四中秋。

【校】

〔莫眠〕歷代詩餘作「不眠」。

【箋注】

〔一〕虎丘：宋王象之輿地紀勝卷五：「虎丘山，在吴縣（今蘇州市）西北九里。吴越春秋云：『闔閭葬於此，葬三日，金精上揭爲白虎，因名。』」癸酉爲紹興二十三年（一一五三），詞作於是年中秋。

〔二〕冰輪：見前念奴嬌（吴淞初冷）注〔六〕。

〔三〕玉盤：此指月。唐李白古朗月行詩：「小時不識月，呼作白玉盤。」

〔四〕廣寒宫殿：見前念奴嬌（垂虹望極）注〔四〕。

〔五〕「掃盡」句：世説新語言語：「司馬太傅（道子）齋中夜坐，于時天月明净，都無纖翳。」

〔六〕苦淹留：宋柳永八聲甘州詞：「嘆年來蹤迹，何事苦淹留。」

〔七〕倦遊：史記司馬相如傳：「長卿故倦遊。」集解引郭璞曰：「厭遊宦也。」

〔八〕兩星周：即兩周星。資治通鑑宋武帝永初三年：「皇子燾年將周星。」注：「歲星十二年一周天。」北周庾信哀江南賦序：「天道周星，物極不反。」

〔九〕「此夜此生」二句：宋蘇軾陽關曲（中秋作）：「此生此夜不長好，明月明年何處看？」

〔一〇〕南州：泛指南方，此喻故鄉福建。

〔一一〕傖父：晉書左思傳：「此間有傖父欲作三都賦，須其成，當以覆酒甕耳。」此用作自賤之詞。

前調　贈汪秀才〔一〕

袖手看飛雪，高卧過殘冬〔二〕。飄然底事春到，先我逐孤鴻。挾取筆端風雨〔三〕，快寫胸中丘壑〔四〕，不肯下樊籠〔五〕。大笑了今古，乘興便西東。　一尊酒，知何處，又相逢〔六〕。奴星結柳，與君同送五家窮〔七〕。好是橘封千户〔八〕，正恐樓高百尺，湖海有元龍〔九〕。目光在牛背〔一〇〕，馬耳射東風〔一一〕。

【校】

〔題〕原本汪字下有缺筆字「亻」。百家詞本作「贈汪作」。此據毛本。

〔五家〕百家詞本作「主家」，誤。

【箋注】

〔一〕本詞乃贈人之作。詞中云「快寫胸中丘壑」、「不肯下樊籠」，當爲歸隱後作。汪秀才，其人不詳。

〔二〕「袖手」二句：後漢書袁安傳注引汝南先賢傳：「時大雪積地丈餘。洛陽令身出案行……至袁安門，無有行路。謂安已死，令人除雪入户，見安僵卧。問何以不出，安曰：『大雪人皆餓，不宜干人。』」

〔三〕筆端風雨：唐杜甫寄李十二白二十韻詩：「筆落驚風雨，詩成泣鬼神。」

〔四〕胸中丘壑：宋黄庭堅題子瞻枯木詩：「胸中元自有丘壑，故作老木蟠風霜。」典出世説新語品藻：「明帝問謝鯤：『君自謂何如庾亮？』答曰：『端委廟堂，使百僚準則，臣不如亮；一丘一壑，自謂過之。』」

〔五〕「不肯」句：晉陶淵明歸園田居詩：「久在樊籠裏，復得返自然。」

〔六〕「一尊酒」三句：唐杜甫春日憶李白詩：「何時一尊酒，重與細論文。」

〔七〕「奴星」二句：唐韓愈送窮文：「主人使奴星，結柳作車，縛草爲船。……其名曰智窮……其次曰學窮……又其次曰文窮……又其次曰命窮……又其次曰交窮。」

〔八〕橘封千户：史記貨殖列傳：「蜀、漢、江陵千樹橘……此其人皆與千户侯等。」

〔九〕元龍：見前水調歌頭（落景下青嶂）注〔七〕。

〔一〇〕牛背：世説新語雅量：「王夷甫（衍）嘗屬族人事，經時未行。遇於一處飲燕，因語之曰：『近屬尊事，那得不行？』族人大怒，便舉樏擲其面。夷甫都無言，盥洗畢，牽王丞相（導）臂，與共載去。在車中照鏡語丞相曰：『汝看我眼光迺出牛背上。』」劉孝標注：「王夷甫蓋自謂風神英俊，不至與人校。」

〔一一〕「馬耳」句：唐李白答王十二寒夜獨酌有懷詩：「世人聞此皆掉頭，有如東風射馬耳。」宋蘇軾書晁説之考牧圖後詩：「世間馬耳射東風，悔不長作多牛翁。」

前調 罷秩後漫興〔一〕

放浪形骸外〔二〕，憔悴山澤癯〔三〕。倒冠落佩〔四〕，此心不待白髭鬚。聊復脱身鵷鷺〔五〕，未暇先尋水竹，矯首漢庭疏〔六〕。長夏啖丹荔，兩紀傲閑居。忽風飄，連雨打，向西湖。藕花深處，尚能同載麴生無〔七〕。聽子談天舌本〔八〕，澆我書空胸次〔九〕，醉卧踏冰壺〔一〇〕。畢竟凌煙像〔一一〕，何似輞川圖〔一二〕。

【校】

〔題〕原無，據歸來集增補。

【箋注】

〔一〕元幹於紹興元年（一一三一）辭官返鄉。歸來集曾噩序：「元幹字仲宗，任將作少監，年方四十一，已致仕。」詞中云「兩紀傲閑居」，歸來集本命日醮詞：「去修門僅周二紀，歸故里殊乏一廛。」詞蓋於紹興二十四年（一一五四）在福州作。

〔二〕「放浪」句：晉王羲之蘭亭集序：「放浪形骸之外。」

〔三〕山澤癯：漢書司馬相如傳：「相如以爲列仙之儒，居山澤間，形容甚臞。」歸來集卷十自贊：「野服杖履，庶幾山澤之臞乎？」臞一作癯。

〔四〕倒冠落佩：唐杜牧晚晴賦：「倒冠落珮兮，與世闊疏。敖敖休休兮，真徇其愚而隱居者乎！」此借以言不與世人交接，不涉世務。

〔五〕鵷鷺：二鳥群飛有序，因以喻朝官班行。隋書音樂志：「懷黄綰白，鵷鷺成行。」

〔六〕「矯首」句：文選應璩與廣川長岑文瑜書：「土龍矯首於玄寺，泥人鶴立於闕里。」疏，指漢疏廣。漢書疏廣傳：「少好學，明春秋。宣帝時爲太傅，兄子受同時爲少傅。在位五歲，俱謝病免歸。」歸來集補遺咏二疏：「漢庭元自少知音。」

〔七〕麴生：宋曾慥類説卷六引開天傳信記：「葉法善有道術，居玄真觀。一日會數朝士，滿坐思酒。忽有人扣門，稱麴秀才，突入座，少年秀美，論談不凡。法善潛以小劍擊之，應手墮地，化爲瓶。榼中美酒，遂共飲之，皆曰：『麴生風味，不可忘也。』」酒史：「史稱酒曰麴生，亦曰麴秀才。」

〔八〕談天：史記孟子荀卿列傳集解引劉向别録：「騶衍之所言，五德終始，天地廣大，書言天事，故曰談天。」

〔九〕書空：世説新語黜免：「殷中軍被廢，終日恒書空作字，竊視，惟作『咄咄怪事』四字而已。」

〔一〇〕冰壺：文選鮑照樂府白頭吟：「清如玉壺冰。」唐駱賓王上齊州張司馬啓：「加以清規日舉，湛虚照於冰壺。」此借以喻清白之地。歸來集卷十甲戌自贊：「心存自在天，脚踏安樂地。」可參。

〔二〕凌煙像：舊唐書太宗本紀：貞觀十七年「春正月……戊申，詔圖畫司徒、趙國公無忌等勛臣二十四人於凌煙閣」。清一統志：「凌煙閣在西安府城中。」

〔三〕輞川圖：唐王維晚年得終南山麓宋之問藍田别墅（今陝西省藍田縣境）隱居。墅在輞口，輞水周於舍下，山水清幽。維與裴迪共賦輞川詩，並自繪輞川圖，爲世所重。唐朝名畫録稱此畫「山谷鬱鬱盤盤，雲水飛動，意出塵外，怪生筆端」。王維輞川圖在宋時尚存，惜今已失傳。宋秦觀書輞川圖後：「元祐丁卯（一〇八七），余爲汝南郡學官，夏得腸癖之疾，卧直舍中，所善高符仲携摩詰輞川圖視余，曰：『閲此可以愈疾。』余本江海人，得圖喜甚。」又，洪邁容齋隨筆三筆卷六李衛公輞川圖跋：「輞川圖一軸，李趙公題其末云：『藍田縣鹿苑寺僧子良贄於予，且曰：「鹿苑即王右丞輞川之第也。……其圖實右丞之親筆。」』……其後衛公又跋云：『乘閑閲篋書中，得先公相國所收王右丞畫輞川圖，實家世之寶也。』」

前調　丁丑春與鍾離少翁、張元鑒登垂虹〔一〕

拄策松江上，舉酒酹三高〔二〕。此生飄蕩，往來身世兩徒勞。長羨五湖煙艇〔三〕，好是秋風鱸鱠〔四〕，笠澤久蓬蒿〔五〕。想像英靈在〔六〕，千古傲雲濤。　俯滄浪〔七〕，吞空曠，恍神交〔八〕。解衣盤礴〔九〕，政須一笑屬吾曹。洗盡人間塵土，掃去胸中冰炭〔一〇〕，痛飲讀離騷〔一一〕。縱有垂天翼〔一二〕，何用釣連鼇〔一三〕。

【校】

〔拄策〕毛本作「挂策」。朱居易毛刻宋六十家詞勘誤改作「拄策」。

〔滄浪〕歷代詩餘作「滄波」。

〔盤礴〕歷代詩餘作「盤薄」。

〔吾曹〕百家詞本、毛本作「奇曹」，朱居易毛刻宋六十家詞勘誤改作「吾曹」。

【箋注】

〔一〕丁丑爲紹興二十七年（一一五七）。歸來集登垂虹亭詩：「一别三吴地，重來二十年」。鍾離少翁、張元鑒，生平事迹不詳。詞作於是年春。

〔二〕三高：見前念奴嬌（垂虹望極）注〔七〕。

〔三〕五湖煙艇：此指范蠡事。後漢趙曄吴越春秋卷十：「范蠡乃乘扁舟，出三江，入五湖，人莫知其所適。」

〔四〕秋風鱸鱠：晉書張翰傳：「翰因見秋風起，乃思吴中菰菜蓴羹、鱸魚膾，曰：『人生貴得適志，何能羈宦數千里以要名爵乎？』遂命駕而歸。」

〔五〕笠澤：太平寰宇記卷九十一：「吴江本名松江，又名松陵，又名笠澤，其江出太湖。」笠澤久蓬蒿，指陸龜蒙事。唐甫里先生文集附録甫里陸先生文集序：「唐賢陸龜蒙，字魯望，三吴人也。幼而聰悟，通六籍，尤長於春秋。……嘗至饒州，三月無所詣。刺史率官屬就見之。龜蒙不樂，拂衣去，居松江甫里……自謂江湖散人，或號天隨子。」

〔六〕英靈：隋書李德林傳：「德林美容儀，善談吐，齊天統中，兼中書侍郎，於賓館受國書。陳使江總目送之曰：『此即河朔之英靈也。』」此指三高，即范蠡、張翰、陸龜蒙。

〔七〕滄浪：孟子離婁：「滄浪之水清兮，可以濯我纓。」

〔八〕神交：三國志吴書諸葛瑾傳裴松之注引江表傳：「孤（指孫權）與子瑜，可謂神交，非外言所間也。」

〔九〕解衣盤礴：盤礴亦作般礴，箕坐貌。莊子外篇田子方：「宋元君將畫圖，衆史皆至……有一史後至者，儃儃然不趨，受揖不立，因之舍。公使人視之，則解衣般礴，臝。君曰：『可矣，是真畫者也。』」宋蘇軾次韻劉貢父獨直省中詩：「共喜早歸三伏近，解衣盤礴亦君恩。」

〔一〇〕胸中冰炭：指胸中不能相容之物。後漢書傅燮傳：「邪正之人，不宜共國，亦猶冰炭不可同器。」

〔一一〕「痛飲」句：世説新語任誕：「王孝伯言名士不必須奇才，但使常得無事，痛飲酒，熟讀離騷，便可稱名士。」

〔一二〕垂天翼：莊子内篇逍遥遊：「鵬之背不知其幾千里也，怒而飛，其翼若垂天之雲。」

〔一三〕釣連鼇：古代神話傳説，渤海之東，有五座山，常隨波上下往還。上帝命十五隻巨鼇用頭頂着，五座山才固定不動。「而龍伯之國有大人，舉足不盈數步而暨五山之所，一釣而連六鼇，合負而趣歸其國。……於是岱輿、員嶠二山流於北極，沉入大海。」見列子湯問。後以釣鼇比喻壯舉或遠大抱負。唐李白贈薛校書詩：「未夸觀濤作，空鬱釣鼇心。」

【彙評】

詞則放歌集卷一：結怨憤。

前調〔一〕

今夕定何夕〔二〕，秋水滿東甌〔三〕。悲涼懷抱，何事還倍去年愁。萬里碧空如洗，寒浸十分明月，簾卷玉波流。非是經年别，一歲兩中秋〔四〕。坐中庭，風露下，冷颼颼。素娥無語相對，尊酒且遲留〔五〕。琴罷不堪幽怨，遥想三山影外〔六〕，人倚夜深樓。矯首望霄漢，雲海路悠悠。

【箋注】

〔一〕本詞紹興十八年（一一四八）秋作於福州。詞中云「一歲兩中秋」，與水調歌頭和薌林居士中秋當爲一時之作。

〔二〕「今夕」句：詩經唐風綢繆：「今夕何夕？見此良人。」宋蘇軾江月五首詩之四：「今夕定何夕，夢中遊化城。」

〔三〕東甌：古城名。漢會稽郡南部都尉治所。清顧祖禹讀史方輿紀要卷九十七建寧府載漢景帝時吴王濞世子駒發兵圍東甌，故址在今福建建甌東南。

〔四〕一歲兩中秋：見前水調歌頭（閏餘有何好）注〔二〕。

〔五〕「素娥」三句：此用李白月下獨酌詩：「花間一壺酒，獨酌無相親。舉杯邀明月，對影成三人。」詩意。

〔六〕三山：此指福州。福州府志卷五名勝志：「越王山、烏石山、九仙山，即郡城中三山也，郡（福州）名三山以此。」

前調　爲趙端禮作〔一〕

最樂賢王子，今歲好中秋。夜深珠履〔二〕，舉杯相屬盡名流。宿雨乍開銀漢，洗出玉蟾秋色〔三〕，人在廣寒遊〔四〕。浩蕩山河影，偏照岳陽樓〔五〕。　露華濃，君恩重，判扶頭〔六〕。霓旌星節〔七〕，已隨絲管下皇州〔八〕。滿座燭光花艷，笑罥烏巾同醉〔九〕，誰問負薪裘〔一〇〕。月轉簷牙曉，高枕更無憂〔一一〕。

【箋注】

〔一〕趙端禮：宋趙氏宗室，曾爲節使，生平事迹不詳。元幹尚有臨江仙趙端禮重陽後一日置酒席上賦、青玉案燕趙端禮堂成、明月逐人來燈夕趙端禮席上等詞作。趙端禮又與李彌遜相唱酬，李彌遜有感皇恩趙端禮節使生日、柳梢青趙端禮生日等詞。本詞用水調歌頭和薌林居士中秋韻，當爲紹興十八年（一一四八）後作。

〔二〕珠履：史記春申君傳：「春申君客三千餘人，其上客皆躡珠履以見趙使。」歸來集卷三福帥生朝二首：「止戈堂上多珠履，争獻龐眉春酒詩。」

〔三〕玉蟾：指月。唐李白初月詩：「玉蟾離海上，白露濕花時。」

〔四〕「人在」句：楊太真外傳引逸史：「羅公遠天寶初侍玄宗。八月十五日夜，宫中玩月，曰：『陛下能從臣月中遊乎？』乃取一枝桂，向空擲之，化爲一橋，其色如銀。請上同登，約行數十里，遂至大城闕。公遠曰：『此月宫也。』」

〔五〕岳陽樓：在今湖南省岳陽縣城西，面臨洞庭湖。宋范仲淹岳陽樓記：「慶曆四年春，滕子京謫守巴陵郡。……乃重修岳陽樓，增其舊制，刻唐賢今人詩賦于其上。」

〔六〕扶頭：即扶頭酒。唐白居易早飲湖州酒寄崔使君詩：「一榼扶頭酒，泓澄瀉玉壺。」

〔七〕霓旌：漢書司馬相如傳：「拖霓旌，靡雲旗。」宋史樂志：「神兮燕娭，霓旌孑孑。」

〔八〕皇州：指帝都。南朝宋鮑照結客少年場行詩：「昇高臨四關，表裏望皇州。」唐杜甫同諸公登慈恩寺塔詩：「俯視但一氣，焉能辨皇州？」

〔九〕烏巾：即烏角巾。唐杜甫南鄰詩：「錦里先生烏角巾。」

〔一〇〕負薪裘：相傳春秋時吴季子出遊，見路有遺金。時當夏五月，有披裘打柴者。季子呼之拾金，打柴者瞋目拂手而言曰：「吾當夏五月披裘而薪，豈取金者哉？」見韓詩外傳卷十。

〔一一〕高枕更無憂：戰國策魏策一：「爲大王計莫如事秦。事秦則楚韓必不敢動；無楚韓之患，則大王高枕而卧，國必無憂矣。」

前調　追和〔一〕

舉手釣鼇客〔二〕，削迹種瓜侯〔三〕。重來吴會三伏〔四〕，行見五湖秋。耳畔風波摇蕩，身外功名飄忽，何路射旄頭〔五〕。孤負男兒志，悵望故園愁。　夢中原，揮老淚，遍南州〔六〕。元龍湖海豪氣，百尺卧高樓〔七〕。短髮霜黏兩鬢，清夜盆傾一雨，喜聽瓦鳴溝〔八〕。猶有壯心在，付與百川流。

【箋注】

〔一〕本詞有「重來吴會三伏，行見五湖秋」等語，當爲晚年重遊吴江時作。追和何人詞未詳。

〔二〕釣鼇客：指李白。宋趙德麟侯鯖録卷六云：「李白開元中謁宰相，封一版，上題曰：『海上釣鼇客李白。』」

〔三〕種瓜侯：史記蕭相國世家：「召平者，故秦東陵侯。秦破，爲布衣。貧，種瓜於長安城東。瓜美，故時俗謂之『東陵瓜』。」阮籍詠懷詩：「昔聞東陵瓜，近在青門外。」

〔四〕吴會：趙翼陔餘叢考卷二十一：「西漢時會稽郡治本在吴縣，時俗以郡縣連稱，故云吴會。……西漢時所謂吴會，本已讀會稽之會矣。」

〔五〕旄頭：星名，一作髦頭，即昴宿。史記天官書：「昴曰髦頭。」正義：「昴七星爲髦頭。……六星明與大星等，大水且至，其兵大起；摇動若跳躍者，胡兵大起。」唐李白經亂離後天恩流夜郎憶舊遊書懷贈江夏韋太守良宰詩：「安得羿善射，一箭落旄頭。」此借指金兵。

〔六〕南州：見前水調歌頭（萬里冰輪滿）注〔一〇〕。

〔七〕「元龍湖海」二句：見前水調歌頭（落景下青嶂）注〔七〕。此典屢見，下不再注。

〔八〕瓦鳴溝：即瓦溝鳴。宋黄庭堅賈天錫惠寶薰乞詩予以兵衛森畫戟燕寢凝清香十字作詩報之詩：「瓦溝鳴急雪，睡鴨照華燈。」

前調 送吕居仁召赴行在所〔一〕

戎虜亂中夏〔二〕，星歷一周天〔三〕。干戈未定，悲咤河洛尚腥羶〔四〕。萬里兩宮無路〔五〕，政仰君王神武〔六〕，願數中興年〔七〕。吾道尊洙泗〔八〕，何暇議伊川〔九〕。吕公子，三世相〔一〇〕，在凌煙〔一一〕。詩名獨步，焉用兒輩更毛箋〔一二〕。好去承明讜論〔一三〕，照映金狨帶穩〔一四〕，恩與荔枝偏〔一五〕。回首東山路〔一六〕，池閣醉雙蓮。

【校】

〔虜亂〕清鈔本歸來集作「馬蹂」，乃清人忌諱所改。

【箋注】

〔一〕吕居仁：吕本中（一〇八四—一一四五），字居仁，壽州（今安徽壽縣）人。元祐宰相公著之曾孫，好問之子。宋史卷三百七十六有傳。本中以公著遺表恩，授承務郎。紹聖間，黨事起，公著追貶，本中連坐。元符中（復官），主濟陰簿、秦州士曹掾，辟大名府帥司幹官。宣和六年，除樞密院編修官。南渡後，紹興六年，召赴行在，特賜進士出身，擢起居舍人兼權中書舍人。紹興八年遷中書舍人兼侍講，後兼權直學士院。學者稱東萊先生，著有東萊詩集。宋史藝文志著録其江西宗派詩集一百五十卷。元幹與本中在宣和五年已相交，嗣後唱酬甚多。今存東萊詩集有寄張仲宗、謁雨簡仲宗二首等詩。歸來集有次吕居仁見寄韻等詩。詞蓋於紹興六年（一一三六）在福州作。

〔二〕中夏：此指中原。晉書王珣傳：「時（桓）温經略中夏，竟無寧歲。」

〔三〕一周天：歲星一周爲一紀，即十二年。從靖康元年（一一二六）金兵侵犯中原至紹興六年（一一三六），將近一紀，故概稱一周天。歸來集（清鈔本）戊午歲醮詞：「壯適丁於離亂，去國門者逾一紀，脱班簿者將十年。」

〔四〕河洛：黄河與洛水。也指該兩流域地區。史記封禪書：「昔三代之君（居），皆在河洛之間。」唐杜甫後出塞詩之五：「坐見幽州騎，長驅河洛昏。」

〔五〕兩宫：見前石州慢（雨急雲飛）注〔五〕。

〔六〕君王神武：唐杜甫投贈哥舒開府二十韻詩：「君王自神武，駕馭必英雄。」

〔七〕中興年：唐杜甫喜達行在所詩：「今朝漢社稷，新數中興年。」歸來集卷二上張丞相十首之八：「知音何日報，願見中興年。」

〔八〕「吾道」句：史記貨殖傳：「鄒魯濱洙、泗，猶有周公遺風。」儒家學派創始人孔子曾在此講學。禮記檀弓上：「吾與女（汝）事夫子於洙、泗之間。」鄭氏注：「言其有師也。洙、泗，魯水名。」

〔九〕伊川：指北宋道學家程頤。宋史程頤傳：「程頤，字正叔。年十八，上書闕下，欲天子黜世俗之論，以王道爲心。……平生誨人不倦，故學者出其門最多，淵源所漸，皆爲名士。涪人祠頤於北巖，世稱爲伊川先生。」宋史吕本中傳：「祖希哲師程頤，本中聞見習熟。少長，從楊時、游酢、尹焞遊，三家或有疑異。未嘗苟同。」

〔一〇〕三世相：謂呂本中家世有三代宰相，即呂蒙正、呂夷簡、呂公著。據宋史呂公著傳：「元祐元年，拜尚書右僕射兼中書侍郎。……三年四月，懇辭位，拜司空、同平章軍國事。宋興以來，宰相以三公平章重事者四人，而公著與其父居二，士艷其榮。」案呂公著父夷簡爲尚書右僕射兼門下侍郎，北宋名相。夷簡乃蒙正之侄。蒙正爲北宋太平興國時宰相，宋史卷二百六十五有傳。

〔一一〕淩煙：見前水調歌頭(放浪形骸外)注〔一一〕。

〔一二〕毛箋：指毛詩故訓傳和鄭箋。毛傳爲我國現存最早之詩經注本。漢書藝文志著録毛詩故訓傳三十卷。鄭箋爲東漢鄭玄所作毛詩傳箋之簡稱。

〔一三〕好去：詩詞曲語辭匯釋卷六：「好去，居者安慰行者之辭。」承明：漢殿名，在未央宫中。侍臣值宿所住之屋爲廬。漢書嚴助傳漢武帝賜會稽太守嚴助詔，注引張晏曰：「承明廬，在石渠閣外。」歸來集卷一奉送李叔易博士被召赴行所詩：「承明入謁一見決，三遷故事登元樞。」此寫呂本中入朝後之忠直言論。據宋史本傳，紹興七年，高宗在建康，本中奏曰：「當今之計，必先爲恢復事業，求人才，卹民隱，講明法度，詳審刑政，開直言之路，俾人人得以盡情。」可爲此句之注脚。

〔一四〕金狨：又名金綫狨、金絲猴。大小類猿，尾長金色，皮毛極貴重。宋時禁從隨駕皆跨狨座。宋史輿服志：「政和三年，始賜金花鞍韉，諸王不施狨坐。宣和末始賜，中興因之。乾道九年，重修儀制。權侍郎、太中大夫以上及學士、待制，經恩賜，許乘狨坐。」宋黄庭堅次韻宋楙宗三月十四日到西池都人盛觀翰林公出遊詩：「金狨繫馬曉鶯邊，不比春江上水船。」

〔一五〕「恩與」句：宋歐陽修歸田録卷二：「國朝之制……乃創爲金銙之制以賜群臣，方團毬路以賜兩府，御仙花以賜學士以上，今俗謂毬路爲『笏頭』，御仙花爲『荔枝』，皆失其本號也。」南宋吴曾能改齋漫録卷十三賜服帶：「侍郎直學士以上，服御仙花金帶，人或誤指爲荔枝。近年賜帶者多，匠者務爲新巧，遂以御仙花枝葉稍繁，改鈒荔枝，而葉極省。」

〔一六〕東山：晉書謝安傳：「謝安初隱東山，後入朝，位登台輔。」

風流子　政和間過延平，雙谿閣落成，席上賦〔一〕

飛觀插雕梁。憑虚起、縹緲五雲鄉〔二〕。對山滴翠嵐，兩眉濃黛，水分雙派〔三〕，滿眼波光。曲闌干外，汀煙輕冉冉，莎草細茫茫。無數釣舟，最宜煙雨，有如圖畫，渾似瀟湘〔四〕。　使君行樂處〔五〕，秦箏弄哀怨〔六〕，雲鬟分行。心醉一缸春色〔七〕，滿座凝香。有天涯倦客，尊前回首，聽徹伊川〔八〕，惱損柔腸。不似碧潭雙劍，猶解相將〔九〕。

【校】

〔題〕歷代詩餘作「延平雙谿閣落成」。

〔闌干〕各本無「干」字，據全宋詞補。

【箋注】

〔一〕延平：宋屬福建路。元豐九域志卷九福建路：「上，南劍州劍浦郡，軍事，治劍浦縣。……地里……自界首至建州，一百一十里，西至本州界，一百八十里……自界首至福州三百里。」嘉靖延平府志卷七：「宋南劍州知州事：方醇道、魏喬，並政和間任。」雙谿閣，宋王象之輿地紀勝卷一百三十五南劍州：「雙谿閣，在劍津之上。」宋黄裳演山集有延平閣記，題下原注：「後蔡元長改名雙谿閣。」記云：「治平三年，延平閣以火廢……延平之有閣，素以山水之勝，知名於士大夫之間……謝侯遂繕土木之功以協士大夫之所知，與衆共焉，不日而閣成，以命予記。」詞約政和四、五年間作於福建延平。

〔二〕五雲：指五色瑞雲。唐白居易長恨歌詩：「樓閣玲瓏五雲起，其中綽約多仙子。」

〔三〕「水分」句：宋黄裳延平閣記：「東西之水，相會於閣之前，沖擊而明浚之，人言其深不可測。」福建通志：「延平府，負山阻水，爲七閩襟喉。劍溪環其左，樵川帶其右。」

〔四〕瀟湘：太平寰宇記江南西道十四零陵縣：「瀟水在州西三十步，源出營道縣九疑山，亦曰營水。至麻灘與永水合流，一百四十里入湘水，謂之瀟湘。今二水合流之處東岸有瀟湘館，水闊五十丈，深五丈。」唐劉禹錫瀟湘神詩：「楚客欲聽瑶瑟怨，瀟湘深夜月明時。」

〔五〕使君：宋代稱州郡長官爲使君。宋蘇軾水龍吟詞序：「閭丘大夫孝終公顯嘗守黄州，作棲霞樓，爲郡中勝絶。」詞云：「雲間笑語，使君高會，佳人半醉。」

〔六〕秦箏：相傳爲秦代蒙恬所造。文選潘安仁（岳）笙賦：「晉野悚而投琴，況齊瑟與秦箏。」

〔七〕一缸春色：見前水調歌頭（閏餘有何好）注〔七〕。

〔八〕伊川：此指伊州大曲調。宋王灼碧雞漫志卷三：「伊州見于世者凡七：商曲大石調……王建宫詞云：『側商調裏唱伊州。』」

〔九〕「不似」二句：晉書張華傳：「（張）華聞豫章雷焕妙達緯象，乃要焕宿。……華大喜，即補焕爲豐城令。焕到縣，掘獄屋基，入地四丈餘，得一石函，光氣非常，中有雙劍，並刻題，一曰龍泉，一曰太阿。……遣使送一劍並土與華，留一自佩。……焕卒，子華爲州從事，持劍行經延平津，劍忽於腰間躍出墮水。使人浸水取之，不見劍，但見兩龍各長數丈……須臾光彩照水，波浪驚沸，於是失劍。」相將：詩詞曲語辭匯釋卷三：「猶云相與或相共也。」

魚遊春水〔一〕

芳洲生蘋芷，宿雨收晴浮暖翠。煙光如洗，幾片花飛點淚〔二〕。清鏡空餘白髮添，新恨誰傳紅綾寄。溪漲岸痕，浪吞沙尾。　老去情懷易醉。十二闌干慵遍倚〔三〕。雙鳧人慣風流〔四〕，功名萬里。夢想濃妝碧雲邊〔五〕，目斷歸帆夕陽裏。何時送客，更臨春水。

【校】

〔歸帆〕毛本作「孤帆」。

【箋注】

〔一〕本詞作年未詳。據歸來集卷十庚申自贊：「行年五十矣，雖髭髮粗黑，然田廬皆無。」而詞中云「清鏡空餘白髮添」、「老去情懷易醉」。則此詞約紹興十五年前後作於福州。

〔二〕「幾片」句：宋蘇軾水龍吟和章質夫楊花詞：「細看來，不是楊花，點點是離人淚。」此化用其詞意。

〔三〕十二闌干：樂府詩集西洲曲：「樓高望不見，盡日闌干頭。闌干十二曲，垂手明如玉。」宋秦觀調笑令盼盼詞：「十二闌干倚遍。」

〔四〕雙鳧：後漢書王喬傳：「（喬）漢明帝時爲葉令。傳説每初一、十五自縣詣朝，不乘車騎。太史伺其臨至，輒有雙鳧從東南飛來。於是候鳧至，舉羅張之，得一舄，視之則所賜尚書官屬履。後立廟，號葉君祠。」後借指地方官。宋蘇軾至湖上太守未來兩縣令先在詩：「鼓吹未容迎五馬，水雲先已颺雙鳧。」

〔五〕碧雲：梁江淹休上人怨別詩：「日暮碧雲合，佳人殊未來。」

寶鼎現

筠翁李似之作此詞見招，因賦其事，使歌之者想像風味，如到山中也〔一〕

山莊圖畫〔二〕，錦囊吟詠〔三〕，胸中丘壑〔四〕。年少日、如虹豪氣〔五〕，吐鳳詞華渾忘却〔六〕。便袖手、向巖前溪畔，種滿煙梢霧籜〔七〕。想別墅平泉〔八〕，當時草木，風流如昨。

瘦藤閑倚看鋤藥〔九〕。雙芒鞋、雨後常著。目送處、飛鴻滅没〔一〇〕，誰問蓬蒿爭燕雀〔一一〕？乍霽月、望松雲南渡，短艇欹沙夜泊。正萬里青冥，千林虛籟，從渠繒繳〔一二〕。

携幼尚有筠丁，誰會得、人生行樂〔一三〕？岸幘綸巾歸去〔一四〕，深户香迷翠幕。恐未免、上凌煙閣〔一五〕。好在秋天鶚〔一六〕。念小山叢桂〔一七〕，今宵狂客〔一八〕，不勝杯勺。

【箋注】

〔一〕李似之：即李彌遜，見前八聲甘州（倚凌空、飛觀展營丘）注〔一〕。李彌遜作三段子（别名寶鼎現)見招,本詞蓋爲紹興中所作。

〔二〕山莊圖畫:宋史李公麟傳:「李公麟,字伯時……既歸老,肆意於龍眠山巖壑間。雅善畫,自作山莊圖,爲世寶。」此借指李彌遜所住之山莊。李彌遜跋筠溪圖後:「李子倦遊,歸自秣陵,至連江曰:『吾祖之舊隱也。』遂家焉。得湖陰依山之地百畝,可佃可漁,因以築室,念衛公之平泉、愿之盤谷、伯時之山莊,皆吾宗故事,乃誅茅而籬落之,種竹萬个,結廬其間。」

〔三〕「錦囊」句:唐李商隱李賀小傳:「恒從小奚奴,騎距驢,背一古破錦囊,遇有所得,即書投囊中。及暮歸,太夫人使婢受囊出之,見所書多,輒曰:『是兒要當嘔出心乃已爾!』」

〔四〕胸中丘壑:見前水調歌頭(袖手看飛雪)注〔四〕。

〔五〕如虹豪氣:唐李賀高軒過詩:「入門下馬氣如虹。」

〔六〕吐鳳:晉葛洪西京雜記卷二:「揚雄讀書,有人語之曰:『無爲自苦,玄故難得。』忽然不見。雄著太玄經,夢吐鳳凰,集玄之上,頃而滅。」唐李商隱喜舍弟羲叟及第上禮部魏公詩:「門多吐鳳才。」

〔七〕「便袖手」二句:李彌遜跋筠溪圖後:「溪横衆山繞,左右松竹翳。山華如幽人,獨秀不取媚。」可參。

〔八〕平泉:唐李德裕别墅名。在今河南洛陽西。舊唐書李德裕傳:「東都於伊闕南置平泉别墅,清流翠篠,樹石幽奇。初,未仕時,講學其中。及從官藩服,出將入相,三十年不復重遊。

而題寄歌詩，皆銘之於石。」

〔九〕瘦藤：指手杖。宋黄庭堅題落星寺詩：「不知青雲梯幾級？更借瘦藤尋上方。」

〔一〇〕「目送」句：魏嵇康贈秀才入軍詩：「目送歸鴻，手揮五弦。」

〔一一〕「誰問」句：莊子内篇逍遥遊：「有鳥焉，其名爲鵬，背若泰山，翼若垂天之雲。……絶雲氣，負青天，然後圖南，且適南冥也。斥鴳笑之曰：『彼且奚適也：我騰躍而上，不過數仞而下，翱翔蓬蒿之間，此亦飛之至也，而彼且奚適也！』」

〔一二〕繒繳：戰國策楚策：「（黄鵠）自以爲無患，與人無争也，不知夫射者方將修其苵盧，治其繒繳，將加己乎百仞之上。」一作「矰繳」，史記留侯世家：「雖有矰繳，尚安所施！」集解引韋昭曰：「繳，弋射也。其矢曰矰。」

〔一三〕人生行樂：漢楊惲報孫會宗書：「人生行樂爾，須富貴何時！」

〔一四〕岸幘：把頭巾掀起，露出前額。形容衣著不拘，態度灑脱。藝文類聚卷五十三孔融與韋林甫書：「間僻疾動，不得復與足下岸幘廣坐，舉杯相於，以爲邑邑。」

〔一五〕凌煙閣：見前水調歌頭（放浪形骸外）注〔一一〕。屢見，下不再注。

〔一六〕秋天鶚：杜甫奉贈嚴八閣老詩：「蛟龍得雲雨，雕鶚在秋天。」

〔一七〕小山叢桂：文選劉安招隱士詩：「桂樹叢生兮山之幽，偃蹇連卷兮枝相繚。」序曰：「招隱士者，淮南小山之所作也。小山之徒，閔傷屈原，身雖沉没，名德顯聞，與隱處山澤無異，故作招隱士之賦,以彰其志。」

〔八〕狂客:新唐書賀知章傳:「知章晚節尤誕放,遨嬉里巷,自號四明狂客。」

【附録】

李彌遜三段子(次韻蘇粹中寄詠筠莊)詞:層林煙霽,巨壁天半,鴻飛無路。雲斷處、兩山之間,十萬琅玕環翠羽。轉秀谷、枕蘋花汀溆。短柳疏籬向暮。看卧壟牛歸,横舟人去,平蕪鷗鷺。並遊不見鞭鸞侣。只僧前、松子隨步。回徑險、凌風遐想,小憩清泉欹茂樹。正筍蕨、過如蘇新雨。磯下遊魚可數。縱窈窕雲關長啓,寂寂誰争子所。世上丹轂朱纓,春夢覺、南柯何許。况榮枯無定,中有歡離愁聚。儘笑我、詑盤中趣。爲續昌黎賦。會有人,秣馬膏車,相屬一尊清酯。(全宋詞)

祝英臺近〔一〕

枕霞紅,釵燕墜〔二〕。花露殢雲鬢。粉淡香殘,猶帶宿酲睡〔三〕。畫簷紅日三竿,慵窺鸞鑑,長是倚、春風無力。又經歲。玉腕條脱輕鬆〔四〕,羞郎見憔悴〔五〕。何事秋來,容易又分袂。可堪疏雨梧桐〔六〕,空階絡緯,背人處、偷彈珠淚。

【校】

〔調〕百家詞本無「近」字，非。

〔條脱〕百家詞本作「跳脱」。

【箋注】

〔一〕本詞寫作時地不詳。

〔二〕釵燕：即玉燕釵，一種燕形釵。舊題漢郭憲洞冥記：「神女留玉釵以贈(漢武帝)，帝以賜趙婕妤。至昭帝元鳳中……既發匣，有白燕飛昇天。後宫人學作此釵，因名玉燕釵。」

〔三〕宿酲：漢史游急就篇卷三：「侍酒行觴宿昔酲。」注：「昔，夜也。病酒曰酲，謂經宿飲酒，故致酲也。」玉臺新詠卷一漢徐幹情詩：「憂思連相屬，中心如宿酲。」

〔四〕條脱：宋吴曾能改齋漫録卷三條脱爲臂飾條引唐盧氏雜説：「文宗問宰臣：『條脱是何物？』宰臣未對，上曰：『真誥言，安妃有金條脱爲臂飾，即金釧也。』」

〔五〕「羞郎」句：唐元稹鶯鶯傳：「不爲旁人羞不起，爲郎憔悴却羞郎。」

〔六〕疏雨梧桐：全唐詩卷一百六十孟浩然詩句：「微雲淡河漢，疏雨滴梧桐。」温庭筠更漏子詞：「梧桐樹，三更雨，不道離情正苦。一葉葉，一聲聲，空階滴到明。」

朝中措　次聽父韻〔一〕

花陰如坐木蘭船，風露正娟娟。翠蓋匝庭芳影，青蛟平地飛涎〔二〕。　春撩狂興，香迷痛飲，中聖中賢〔三〕。携取一枝同夢，從他五夜如年〔四〕。

【校】

〔調〕全宋詞按：此首花草粹編卷四誤作王之道詞。

【箋注】

〔一〕聽父：即楊聽父，生平事迹未詳。張元幹與之交遊酬唱甚多。歸來集卷三有和楊聽父聞雨書懷、次韻聽父見遺二首、次聽父見遺韻、再用韻奉留聽父及辛酉別楊聽父等詩。辛酉，即紹興十一年。次韻聽父見遺二首詩亦云：「十年遷客北歸時，旁海相逢嘆渺瀰。」詞約作於此後。

〔二〕「翠蓋」二句：宋蘇軾杜沂遊武昌以酴醾花菩薩泉見餉二首詩：「酴醾不争春，寂寞開最晚。青蛟走玉骨，羽蓋蒙珠幰。」

〔三〕中聖中賢：三國志魏書徐邈傳：「徐邈，字景山。……魏國初建，爲尚書郎。時科禁酒，而邈私飲至於沈醉。……邈曰：『中聖人。』度遼將軍鮮于輔進曰：『平日醉客謂酒清者爲聖人，濁者爲賢人，邈性修慎，偶醉言耳。』竟坐得免刑。」

〔四〕五夜：文選陸佐公新刻漏銘：「六日無辨，五夜不分。」李善注引衛宏漢舊儀曰：「五夜者，甲夜、乙夜，丙夜、丁夜、戊夜。」顏之推顏氏家訓卷六書證：「漢、魏以來，謂爲甲夜、乙夜、丙夜、丁夜、戊夜；又云鼓，一鼓、二鼓、三鼓、四鼓、五鼓；亦云一更、二更、三更、四更、五更：皆以五爲節。」

蝶戀花〔一〕

窗暗窗明昏又曉。百歲光陰，老去難重少。四十歸來猶賴早〔二〕，浮名浮利都經了。　時把青銅閑自照。華髮蒼顏，一任傍人笑。不會參禪並學道〔三〕，但知心下無煩惱。

【箋注】

〔一〕本詞紹興元年休官歸里後作。

〔二〕四十歸來：歸來集卷二上張丞相十首之九：「罪放丙午末，歸來辛亥初。」卷四上平江陳侍郎十絕並序：「辛亥休官，忽忽二十九載，行年七十矣。」辛亥，即紹興元年（一一三一），時張元幹年四十一歲。

〔三〕參禪：唐玄覺永嘉證道歌：「遊江海，涉山川，尋師訪道爲參禪。」歸來集卷一送言上人往見徑山老十四韻詩：「禪許衆人參，院要大家住。」

前調〔一〕

燕去鶯來春又到。花落花開，幾度池塘草〔二〕。歌舞筵中人易老，閉門打坐安閑好〔三〕。　敗意常多如意少〔四〕。著甚來由〔五〕，入鬧尋煩惱。千古是非渾忘了，有時獨自掀髯笑。

【箋注】

〔一〕本詞與前首當爲一時之作。

〔二〕池塘草：南朝宋謝靈運登池上樓詩：「池塘生春草，園柳變鳴禽。」

〔三〕打坐：僧道瞑目盤腿而坐，爲僧道修行法之一。南宋李曾伯西江月詞：「竟日蒲團打坐，有時藜杖閑行。」

〔四〕「敗意」句：世説新語排調：「嵇(康)、阮(籍)、山(濤)、劉(伶)在竹林酣飲，王戎後往，步兵(阮籍)曰：『俗物已復來敗人意。』王笑曰：『卿輩意亦復可敗邪？』」晉書羊祜傳：「祜嘆曰：『天下不如意恒十居七八，故有當斷不斷，天與不取，豈非更事者恨於後時哉！』」

〔五〕著甚：詩詞曲語辭匯釋卷三：「著甚，猶云作甚也。」宋蘇軾滿庭芳詞：「蝸角虚名，蠅頭微利，算來著甚乾忙。」

沁園春 紹興丁巳五月六夜，夢與一道人對歌數曲，遂成此詞〔一〕

神水華池〔二〕，汞鉛凝結〔三〕，虎龍往來〔四〕。問子前午後，陽銷陰長〔五〕；自然爐鼎，何用安排。靈寶玄門〔六〕，煙蘿真境〔七〕，三日庚生兑户開〔八〕。泥丸透〔九〕，盡周天火候，平步仙階。直上瑶臺〔一〇〕。看海變桑田飛暮埃〔一一〕。念塵勞良苦，流光易度；明珠誰得，白骨成堆〔一二〕。位極人臣，功高今古，總蹈危機吞禍胎〔一三〕。争知我，辨青鞋布韈〔一四〕，雁蕩天台〔一五〕。

【箋注】

〔一〕丁巳：即紹興七年（一一三七）。詞作於是年。

〔二〕神水華池：宋張君房輯雲笈七籤卷六十三金丹訣：「陰陽二汞同一形，先後配合自有情。用金反應爲神水，華池得母由木精。」同書卷十一黄庭經：「中池内神服赤珠。」注：「舌下爲華池。」

〔三〕汞鉛：即鉛汞。道家以鉛及汞入鼎鍊丹，云服之可以長生。後稱鍊丹之事爲鉛汞。唐白居易贈別郭鍊師詩:「專心在鉛汞,餘力工琴棋。」

〔四〕虎龍:即龍虎,道家術語。雲笈七籤卷六十三金丹訣:「太玄陰符:道生陰陽,陰陽生五行。合爲還丹,故名龍虎。龍者陽氣,木也;虎者陰氣,金也。」唐吕巖沁園春詞:「造化争馳,虎龍交媾,進火功夫牛斗危。」

〔五〕「問子前午後」二句:雲笈七籤卷六十三金丹訣:「太丹有三品:上者汞,中者丹,下者砂。悟者歸一無二。金虎合陰,位屬西方,真氣内藏,寄生太陰,玄鉛而爲至精,曰龍虎。卯酉相尅,子午相望,此是天地陰陽輪軸轉運生化也。」

〔六〕靈寶:道家所謂長生之法。抱朴子内篇辨問:「此乃靈寶之方,長生之法。」玄門:指道教。老子:「玄之又玄,衆妙之門。」

〔七〕煙蘿:指煙蘿子,古代修道者。宋蘇軾遊張山人園詩:「壁間一軸煙蘿子,盆裏千枝錦被堆。」集注:「煙蘿子,今所畫修養者多有之。」

〔八〕「三日」句:吕巖步蟾宫詞:「坎離乾兑逢子午,須認取、自家根祖。……煉甲庚要生龍虎。」

〔九〕泥丸:雲笈七籤卷十一黄庭經:「腦神精根,字泥丸。」又云:「泥丸,腦之象也。」

〔一〇〕瑶臺:東晉王嘉拾遺記卷十:「崑崙山者,西方曰須彌山,對七星之下,出碧海之中。……傍有瑶臺十二,各廣千步,皆五色玉爲臺基。」

〔一一〕「看海變桑田」句:舊題晉葛洪神仙傳:「麻姑自説云:『接待以來,已見東海三爲桑田。向到蓬萊，又水淺於往日會時略半耳，豈將復爲陵陸乎？』王方平笑曰：『聖人皆言海中行復揚塵也。』」

〔二〕白骨：唐李白經亂離後天恩流夜郎憶舊遊書懷贈江夏韋太守良宰詩：「白骨成丘山，蒼生竟何罪？」

〔三〕「總蹈危機」句：文選枚乘奏書諫吴王：「福生有基，禍生有胎。納其基，絶其胎，禍何自來？」

〔四〕青鞋布韈：唐杜甫奉先劉少府新畫山水障歌詩：「吾獨胡爲在泥滓，青鞋布韈從此始。」此指隱遊生涯。

〔五〕雁蕩天台：雁蕩山，在浙江樂清東。宋沈括夢溪筆談卷二十四：「温州雁蕩山，天下奇秀，然自古圖牒，未嘗有言者。祥符中，因造玉清宫，伐山取材，方有人見之，此時尚未有名。……唐僧貫休爲諸矩羅贊，有『雁蕩經行雲漠漠，龍湫宴坐雨濛濛』之句。」天台山：在浙江天台縣北。元豐九域志卷五樂清縣有雁蕩山，屬温州永嘉郡。同卷台州臨海郡天台縣有天台山。

臨江仙　送王叔濟〔一〕

玉立清標消晚暑〔二〕，胸中一段冰壺〔三〕。畫船歸去醉歌珠。微雲收未盡，殘月炯如初。　鴛鷺行間催闊步，秋來乘興梟趨〔四〕。　煩君爲我問西湖。　不知疏影畔〔五〕，許我結茅無？

【校】

〔歌珠〕歸來集本作「歌姝」。

【箋注】

〔一〕王叔濟：即王湑，生平事迹不詳。歸來集卷九亦樂居士集序：「故尚書户部侍郎豫章王公承可人品高妙，其文章深造少陵閫域，一時聲名籍甚薦紳間。……後六年，公之第三子湑叔濟手裒先人平生所著，總若干篇，離爲六卷，名曰亦樂居士文集，子職也。叔濟賢而有文，克世其家，一日屬予序之，將鏤板傳于世。」云云。時在紹興二十四年（一一五四）九月，詞蓋作於同時。

〔二〕清標：南齊書杜栖傳周顒與杜京産書：「賢子學業清標，後來之秀，嗟愛之懷，豈知云已。」按京産乃栖之父。此借指王叔濟之俊秀風采。

〔三〕「胸中」句：南朝宋鮑照白頭吟：「直如朱絲繩，清如玉壺冰。」唐王昌齡芙蓉樓送辛漸詩：「一片冰心在玉壺。」

〔四〕梟趨：唐梁涉長竿賦：「聞之者梟趨雀躍，見之者足蹈手舞。」

〔五〕疏影：宋林逋山園小梅二首其一：「疏影横斜水清淺，暗香浮動月黄昏。」

前調 荼蘼有感

鶯唤屏山驚睡起〔一〕，嬌多須要郎扶。荼蘼斗帳罷熏爐〔二〕。翠穿珠落索〔三〕，香泛玉流蘇〔四〕。　長記枕痕銷醉色，日高猶倦妝梳。一枝春瘦想如初。夢迷芳草路，望斷素鱗書〔五〕。

【校】

〔題〕歷代詩餘作「荼蘼」。

〔嬌多〕花庵作「嬌羞」。

〔須要〕花庵作「須索」。

〔流蘇〕花庵作「流酥」。

【箋注】

〔一〕「鶯唤」句：唐金昌緒春怨詩：「打起黄鶯兒，莫教枝上啼。啼時驚妾夢，不得到遼西。」此用其意。

〔二〕荼蘼：宋張邦基墨莊漫録卷九：「酴醾花或作荼蘼，一名木香。有二品：一種花大而棘，長條而紫心者爲酴醾；一品花小而繁，小枝而檀心者爲木香。」斗帳：小帳，形如覆斗。古樂府孔雀東南飛詩：「紅羅複斗帳，四角垂香囊。」

〔三〕珠落索：明田藝蘅留青日札卷二十二珠纓絡：「荀子曰：『處女嬰寶珠。』即今珠纓絡也，一名珠落索。」此指女子頸飾。

〔四〕流蘇：後漢書輿服志：「大行載車，其飾如金根車……垂五采，析羽流蘇前後。」宋龐元英文昌雜録卷五：「流蘇，五采毛雜而垂之。……張衡東京賦：『飛流蘇之騷殺。』其注曰：『騷殺，垂貌。』蓋流蘇、騷殺，皆下垂也。」

〔五〕素鱗書：漢樂府飲馬長城窟行：「客從遠方來，遺我雙鯉魚。呼兒烹鯉魚，中有尺素書。」

【彙評】

草堂詩餘別集卷二：眉批：態甚。　遲媚温頳，有含辭未吐，氣若芳蘭之意。

前調　趙端禮重陽後一日置酒，坐上賦〔一〕

十日籬邊猶袖手，天教冷地藏香。王孫風味最難忘。逃禪留坐客〔二〕，度曲出宫妝。

判却爲花今夜醉〔三〕，大家且泛鵝黄〔四〕。人心休更問炎凉。從渠簪髮短〔五〕，還我引杯長〔六〕。

【箋注】

〔一〕本詞紹興十八年後作於福州。趙端禮，見前水調歌頭（最樂賢王子）注〔一〕。

〔二〕逃禪：唐杜甫飲中八仙歌詩：「蘇晉長齋繡佛前，醉中往往愛逃禪。」仇注：「逃禪猶云逃墨逃楊，是逃而出，非逃而入；醉酒而悖其教，故曰逃禪。後人以學佛爲逃禪，誤矣。」

〔三〕判却：詩詞曲語辭匯釋卷五：「判，割捨之辭；亦甘願之辭。自宋以後多用拚或拚字，而唐人則多用判字。」唐杜甫曲江對酒詩：「縱飲久判人共棄，懶朝真與世相違。」宋晏幾道鷓鴣天詞：「彩袖殷勤捧玉鍾，當年拚却醉顔紅。」

〔四〕鵝黄：唐杜甫舟前小鵝兒詩：「鵝兒黄似酒，對酒愛新鵝。」宋陸游劍南詩稿卷三遊漢州西湖詩：「兩川名醖避鵝黄。」自注云：「鵝黄，漢州酒名，蜀中無能及者。」此言酒色。

〔五〕簪髮短：杜甫春望詩：「白頭搔更短，渾欲不勝簪。」

〔六〕引杯長：杜甫夜宴左氏莊詩：「檢書燒燭短，看劍引杯長。」

前調　送宇文德和被召赴行在所〔一〕

露坐榕陰須痛飲，從渠疊鼓頻催〔二〕。暮山新月兩徘徊。離愁秋水遠，醉眼曉帆開。

泛宅浮家遊戲去〔三〕，流行坎止忘懷〔四〕。江邊鷗鷺莫相猜〔五〕。上林消息好，鴻雁已歸來〔六〕。

【箋注】

〔一〕宇文德和：生平事迹不詳。宇文德和曾與張元幹相交，歸來集卷六有浣溪沙戲簡宇文德和求相香詞。據歸來集卷十諸公祭鄧正言文有「維紹興二年，歲次壬子五月庚申朔三十日己丑，友人宇文師瑗」云云，疑即指宇文師瑗，字德和者。詞蓋紹興初作於福州。

〔二〕疊鼓：文選南齊謝朓鼓吹曲：「疊鼓送華輈。」李善注：「小擊鼓謂之疊。」

〔三〕泛宅浮家：唐顏真卿浪迹先生玄真子張志和碑銘：「玄真子姓張氏，本名龜齡，東陽金華人。……改名志和，字子同。尋復貶南浦尉，經量移不願之任，得還本貫。既而親喪，無復宦情，遂扁舟垂綸，浮三江，泛五湖，自謂煙波釣徒。著書十二卷，凡三萬言，號玄真子，遂以稱焉。……大曆九年秋八月，訊真卿于湖州。……真卿以舴艋既敝，請命更之。答曰：『儻惠漁舟，願以爲浮家泛宅，沿泝江湖之上，往來苕、霅之間，野夫之幸矣。』」向子諲驀山溪詞：「風勾月引，催上泛宅時。」原注：「泛宅，即公所賜舟也。上批云：泛宅可永充子諲乘坐。因名其舟曰泛宅。」

〔四〕流行坎止：漢書賈誼傳：「乘流則逝，得坎則止，縱軀委命，不私與己。」注：「孟康曰：『易坎爲險，過險難而止也。』張晏曰：『謂夷易則仕，險難則隱也。』」宋黃庭堅贈李輔聖詩：「舊管新收幾妝鏡，流行坎止一虚舟。」

〔五〕「江邊」句：列子黃帝：「海上之人有好鷗鳥者，每旦之海上從鷗鳥遊，鷗鳥之至者百住而不止。其父曰：『吾聞鷗鳥皆從汝遊，汝取來吾玩之。』明日之海上，鷗鳥舞而不下也。」

〔六〕「上林」二句：漢書蘇武傳：「天子射上林中，得雁，足有繫帛書。」

醉落魄〔一〕

浮家泛宅〔二〕，舊遊記雲溪蹤迹〔三〕。此生已是天涯隔。投老誰知，還作三吴客〔四〕。　故人怪我疏髯黑，醉來猶似丁年日〔五〕。光陰未肯成虛擲。蜀魄聲中〔六〕，著處有春色。

【箋注】

〔一〕歸來集卷二登垂虹亭詩：「一別三吴地，重來二十年。」與詞中「投老誰知，還作三吴客」之句相合，則此詞當於紹興二十七年後重遊吴興時作。

〔二〕浮家泛宅：見前臨江仙（露坐榕陰須痛飲）注〔三〕。

〔三〕雲溪：太平寰宇記卷九十四：「烏程縣……雲溪在縣東南一里，凡四水合爲一溪。……自德清縣前北流至州南興國寺前曰雲溪。」

〔四〕三吴：吴興郡、吴郡和會稽郡，「世號三吴」，見酈道元水經注漸江水。

〔五〕丁年：丁壯之年。文選李陵答蘇武書：「丁年奉使，皓首而歸。」

〔六〕蜀魄：鳥名，即杜宇、杜鵑，又作子規、催歸等。古代傳説蜀國王杜宇，周代末年，在蜀稱帝，號曰「望帝」。後歸隱，讓位給宰相開明，時適二月，子鵑鳥啼，蜀人懷之，因呼鵑爲杜鵑。參見華陽國志蜀志。唐杜荀鶴聞子規詩：「楚天空闊月成輪，蜀魄聲聲似告人。」

前調

緑枝紅萼，江南芳信年年約〔一〕。竹輿路轉溪橋角。晴日烘香，的皪疏籬落〔二〕。　玉臺粉面鉛華薄，畫堂長記深羅幕。惜花老去情猶著。客裏驚春，生怕東風惡。

【箋注】

〔一〕「江南」句：南朝宋陸凱贈范曄詩：「折花逢驛使，寄與隴頭人。江南無所有，聊贈一枝春。」

〔二〕的皪：亦作「的歷」、「的皪」，光亮鮮明貌。文選司馬相如上林賦：「明月珠子，的皪江靡。」

前調

一枝冰萼，鬢雲低度横波約〔一〕。醉扶曾冒烏巾角。長是春來，腸斷寶釵落。

羅衣乍怯香風薄，夜深花困遮垂幕。不堪往事尋思著。休問尊前，客惡主人惡。

【箋注】

〔一〕橫波：比喻女子眼神流動，如水閃波。文選傅毅舞賦：「目流睇而橫波。」

前調〔一〕

雲鴻影落，風吹小艇欹沙泊。津亭古木濃陰合〔二〕。一枕灘聲，客睡何曾着。

天涯萬里情懷惡，年華垂暮猶離索〔三〕。佳人想見猜疑錯。莫數歸期，已負當時約。

【箋注】

〔一〕本詞有「年華垂暮猶離索」、「莫數歸期」等語，當爲晚年客居異鄉時作。

〔二〕津亭：渡口供客休憩之亭。論語微子：「使子路問津焉。」集解引鄭玄云：「津，濟渡處。」唐王勃江亭月夜送別詩：「津亭夜秋月，誰見泣離群。」

〔三〕離索：禮記檀弓：「吾離群而索居，亦已久矣。」唐白居易和微之四月一日作詩：「兩地誠可憐，其奈久離索。」

南歌子 中秋〔一〕

凉月今宵滿，晴空萬里寬。素娥應念老夫閑，特地中秋著意，照人間〔二〕。

香霧雲鬟濕，清輝玉臂寒〔三〕。休教凝佇向更闌。飄下桂華聞早，大家看〔四〕。

【校】

〔題〕歷代詩餘無。

〔聞早〕毛本歷代詩餘作「開早」。

【箋注】

〔一〕本詞與向子諲南歌子代張仲宗賦同韻，題材内容亦相同，當爲同時所作。向子諲詞編入江北舊詞，即作於北宋末年，則元幹此作亦在北宋宣和年間。

〔二〕特地：王鍈詩詞曲語辭例釋：「特地，等於説突地、忽地，副詞。」唐韓愈夕次壽陽驛題吴郎中詩後：「風光欲動別長安，春半城邊特地寒。」

〔三〕「香霧」二句：此借用杜甫月夜詩句。

〔四〕聞早：詩詞曲語辭匯釋卷五：「聞早，猶云趁早或趕早也。」宋柳永木蘭花令詞：「不如聞早還却願，免使牽人虚魂亂。」

【附録】

向子諲南歌子代張仲宗賦詞：碧落飛明鏡，晴煙冪遠山。扁舟夜下廣陵灘。照我白蘋紅蓼，一杯殘。初望同盤飲，如何兩處看。遥知香霧濕雲鬟。凭暖瓊樓十二，玉闌干。

前調

遠樹留殘雪，寒江照晚晴。分明江上數峰青〔一〕，倚檻舊愁新恨，一時生。春意來無際，歸舟去有程。道人元自没心情。楚夢只因沈醉，等閑成〔二〕。

【箋注】

〔一〕「分明江上」句：唐錢起省試湘靈鼓瑟詩：「曲終人不見，江上數峰青。」

〔二〕楚夢：見前念奴嬌（蕊香深處）注〔九〕。

前調

月轉

玉露團寒菊，秋風入敗荷。繚牆南畔曲池渦，天迥遥岑倒影，落層波。簷牙短，更傳漏箭多〔一〕。醉來歸去意如何？只爲地偏心遠，慣弦歌〔二〕。

【校】

〔團〕歷代詩餘作「薄」。

〔天迴〕毛本作「天迴」，朱居易毛刻六十家詞勘誤作「天迴」。

【箋注】

〔一〕漏箭：漏壺之部件，刻節文，隨水浮沉以計時間。宋陸游晨起詩：「夜潤熏籠暖，燈殘漏箭長。」

〔二〕地偏心遠：晉陶潛飲酒詩：「問君何能爾？心遠地自偏。」

前調

桂魄分餘暈〔一〕，檀香破紫心。高鬟鬆綰鬢雲侵，又被蘭膏香染，色沉沉。

指印纖纖粉，釵橫隱隱金。更闌雲雨鳳帷深，長是枕前不見，殢人尋〔二〕。

【校】

〔調〕據全宋詞案，此首別誤作周邦彥詞，見片玉集補抄。

〔分餘〕毛本作「芬餘」，朱居易毛刻宋六十家詞勘誤作「分餘」。

【箋注】

〔一〕桂魄：月之别名，傳説月中有桂樹，故云。唐王維秋夜曲詩：「桂魄初生秋露微，輕羅已薄未更衣。」

〔二〕殢：引逗，煩擾。宋吕渭老思佳客詞：「秋意早，暑衣輕，殢人索酒復同傾。」

卜算子　梅〔一〕

老去惜花深，醉裏愁多𠰷〔二〕。冷蕊孤芳底處愁〔三〕，少箇人人戴〔四〕。

的皪數枝斜〔五〕，冰雪縈餘態。燭外尊前滿眼春，風味年年在。

【校】

〔多𠰷〕歸來集本作「無賴」。

【箋注】

〔一〕本詞有「老去惜花深，醉裏愁多𠰷」之句，當爲歸里後作。

〔二〕的皪：見前醉落魄（緑枝紅萼）注〔二〕。

〔三〕𠰷：此作「甚」解。亦通「煞」、「殺」。宋歐陽修漁家傲詞：「今朝斗覺凋零𠰷。」

〔四〕底處：詩詞曲語辭匯釋卷一：「言何處也。」宋范成大雙燕詩：「底處雙飛燕？銜泥上藥闌。」

〔五〕人人：對所親暱者之稱。宋晏幾道踏莎行詞：「傷心最是醉歸時，眼前少箇人人送。」

前調

涼氣入熏籠，暗影欹花砌。紫玉誰人三弄寒〔一〕，吹斷江梅意。　花底濕春衣，隔坐風輕遞。却笑笙簫緱嶺人〔二〕，明月偷垂淚。

【校】

〔吹斷〕原作「細吹斷」，據毛本改。

【箋注】

〔一〕紫玉：此爲簫笛之代稱。唐陳陶題僧院紫竹詩：「霞杯傳縹葉，羽管吹紫玉。」三弄：指笛裏三弄。世説新語任誕：「王子猷出都，尚在渚下。舊聞桓子野（伊）善吹笛，而不相識。遇桓於岸上過。王在船中，客有識之者，云是桓子野。王便令人與相聞云：『聞君善吹笛，試爲我一奏。』桓時已貴顯，素聞王名，即便回，下車，踞胡牀，爲作三調。弄畢，便上車去。客主不交一言。」

〔二〕緱嶺人：列仙傳：「王子喬者，周靈王太子晉也。好吹笙作鳳凰鳴。遊伊、洛之間，道士浮丘公接以上嵩高山。三十餘年後，求之於山，見桓良曰：『告我家，七月七日待我於緱氏山巔。』果乘白鶴駐山頭，望之不得到，舉手謝時人，數日而去。」

前調〔一〕

風露濕行雲，沙水迷歸艇〔二〕。臥看明河月滿空，斗挂蒼山頂。　萬古只青天，多事悲人境。起舞聞雞酒未醒〔三〕，潮落秋江冷。

【箋注】

〔一〕本詞休官里居時作。

〔二〕沙水：即沙溪，閩江上源之一。福建通志總卷六河渠書延平府順昌縣：「沙溪，八閩志云：『在縣西安富都，源出邵武縣境，流至沙口。』」

〔三〕起舞聞雞：見前賀新郎（曳杖危樓去）注〔三〕。

前調

芳信著寒梢，影入花光畫〔一〕。玉立風前萬里春，雪艷江天夜。　誰折暗香來〔二〕，故把新篘瀉〔三〕。記得偎人並照時，鬢亂斜枝惹。

【箋注】

〔一〕「影入」句：花光，衡州花光山僧仲仁也，擅畫梅。元夏文彦圖繪寶鑑卷三：「僧仲仁，會稽人，住衡州花光山，以墨暈作梅，如花影然，别成一家，所謂寫意者也。」

〔二〕暗香：宋林逋山園小梅詩：「疏影横斜水清淺，暗香浮動月黄昏。」

〔三〕新篘：篘，漉酒工具，引申爲漉酒。新篘，即指新篘之酒。唐詩紀事卷六十五杜荀鶴詩：「舊衣灰絮絮，新酒竹篘篘。」宋蘇軾江城子詞：「今夜巫山真箇好，花未落，酒新篘。」

浣溪沙　夜坐

曲室明窗燭吐光〔一〕，瓦爐灰暖炷瓢香。夜闌茗碗間飛觴。　坐穩蒲團憑棐几〔二〕，熏餘紙帳掩梨牀〔三〕。箇中風味更難忘〔四〕。

【校】

〔梨牀〕百家詞、毛本作「藜牀」。

【箋注】

〔一〕曲室：猶言密室、内室。世説新語賞譽：「許掾嘗詣簡文，爾夜風恬月朗，乃共作曲室中語。」

〔二〕棐几：棐，通「榧」。榧木所製之几，今稱案之小者爲几。晉書王羲之傳：「嘗詣門生家，見棐几滑净，因書之，真草相半。」宋向子諲清平樂詞：「詩成棐几明窗。」

〔三〕紙帳：唐齊己夏日草堂作詩：「沙泉帶草堂，紙帳卷空牀。」宋林洪山家清事梅花紙帳：「法用獨牀，傍植四黑漆柱，各挂以半錫瓶，插梅數枝，後設黑漆板，約二尺，自地及頂，欲靠以清坐。左右設橫木一，可挂衣。角安斑竹書貯一，藏書三四，挂白塵一。上作大方目頂，用細白楮衾作帳罩之。前安小踏牀，於左植緑漆小荷葉一，置香鼎，燃紫藤香。中只用布單、楮衾、菊枕、蒲褥。」明高濂遵生八箋卷八紙帳：「用藤皮繭紙纏於木上，以索緊勒，作皺紋；不用糊，以綫折縫縫之。頂不用紙，以絺布爲頂，取其透氣。或畫以梅花，或畫以蝴蝶，自是分外清致。」

〔四〕箇中：詩詞曲語辭匯釋卷三：「箇中，猶云此中。」宋朱敦儒臨江仙詞：「世間誰是百年人？箇中須著眼，認取自家身。」

前調

一枕秋風兩處凉，雨聲初歇漏聲長。池塘零落藕花香。　　歸夢等閑歸燕去，斷腸分付斷雲行。畫屏今夜更思量。

【校】

〔調〕據全宋詞案，此首别誤作王之道詞，見花草粹編卷三。

前調　王仲時席上賦木犀〔一〕

翡翠釵頭綴玉蟲〔二〕，秋蟾飄下廣寒宫。數枝金粟露華濃〔三〕。　花底清歌生皓齒，燭邊疏影映酥胸。惱人風味冷香中〔四〕。

【箋注】

〔一〕王仲時：王及之，字仲時，生卒年不詳。吕本中東萊紫微師友雜志稱其「才高識遠，有絶人者」。宣和間，在京作宗學官」。時與元幹相交。靖康元年正月，同爲李綱行營屬官。次年坐在汴城圍中誘置内人爲妾以及抄劄金銀自盗事遭貶。詞蓋宣和年間作於汴京。　木犀：宋張邦基墨莊漫録卷八：「木犀花，江浙多有之，清芬漚鬱，餘花所不及也。……江東曰巖桂。浙人曰木犀，以木紋理如犀也。」

〔二〕玉蟲：此指首飾。唐韓愈詠燈花同侯十一詩：「黄裏排金粟，釵頭綴玉蟲。」

〔三〕金粟：桂花之别名。唐詩紀事卷五十六李郢中元夜詩：「江南水寺中元夜，金粟闌邊見月娥。」

〔四〕惱人：詩詞曲語辭匯釋卷五：「惱人，撩人也。」宋王安石夜直詩：「春色惱人眠不得，月移花影上闌干。」

前調　武林送李似表〔一〕

燕掠風檣款款飛，艷桃穠李鬧長堤。騎鯨人去曉鶯啼〔二〕。　可意湖山留我住〔三〕，斷腸煙水送君歸〔四〕。三春不是别離時。

【校】

〔題〕花庵作「别意」。

【箋注】

〔一〕李似表：李彌正，字似表，李彌遜弟。南宋王明清揮麈録後録卷七：「李撰字子約，毗陵人。……子約五子，四登科，三人至侍從，二人爲郎，彌綸、彌大、彌性、彌遜、彌正也。」樓鑰攻媿集卷五十三筠溪文集序：「公（彌遜）昆仲六人，文字爲一門之盛。……弟太史彌正，俱負重望。」福州府志卷五十四人物列傳：「李彌正，字似表，彌大弟，宣和初進士，爲秘書省正字……命修神宗、哲宗實録，官終朝奉大夫，吏部郎中。」武林，宋時杭州之别稱，以武林山得名。詞蓋紹興末作於臨安。

〔二〕騎鯨：見前念奴嬌（寒綃素壁）注〔九〕。

〔三〕可意：詩詞曲語辭匯釋卷一：「可意，猶云稱意或合意也。」宋蘇軾秋晚客興詩：「流年又喜經重九，可意黄花是處開。」

〔四〕送君歸：宋朱松韋齋集卷四李似表取告歸晉陵詩：「心知非遠别，自不奈離愁。」

前調〔一〕

雲氣吞江卷夕陽，白頭波上電飛忙。奔雷驚雨濺胡牀。　玉節故人同壯觀〔二〕，錦囊公子更平章〔三〕。榕陰歸夢十分凉。

【箋注】

〔一〕本詞寫作年代不詳。詞中云「榕陰歸夢」，疑客居江南時所作。

〔二〕玉節：玉製符節。周禮注疏卷十五：「守邦國者用玉節，守都鄙者用角節。」

〔三〕錦囊公子：見前寶鼎現（山莊圖畫）注〔三〕。

前調〔一〕

山繞平湖波撼城〔二〕，湖光倒影浸山青。水晶樓下欲三更〔三〕。霧柳暗時雲度月，露荷翻處水流螢。蕭蕭散髮到天明。

【箋注】

〔一〕本詞亦當爲客居江南時作。

〔二〕波撼城：唐孟浩然臨洞庭上張丞相詩：「氣蒸雲夢澤，波撼岳陽城。」

〔三〕水晶樓：宋胡仔苕溪漁隱叢話前集卷五十三水晶宮條：「吴興謂之水晶宮，不載之於圖經，但吴興集刺史楊漢公九月十五夜絶句云：『江南地暖少嚴風，九月炎凉正得中。溪上玉樓樓上月，清光合作水晶宮。』因此詩也。」

前調〔一〕

目送歸舟鐵甕城〔二〕，隔江想見蜀山青。風前團扇僕頻更。夢裏有時身化鶴〔三〕，人間無數草爲螢〔四〕。此時山月下樓明。

【校】

〔歸舟〕原作「歸州」，據毛本、歸來集改。

【箋注】

〔一〕本詞首句云「目送歸舟鐵甕城」，其時在鎮江。據歸來集卷一祥符陵老許作先馳歸閩因成伽陀贈別紹興甲戌秋七月書于鶴林山詩，似作於同時，此詞當爲紹興二十四年（一一五四）秋作。

〔二〕鐵甕城：鎮江府志：「子城，吴大帝所築，内外甃以甓，號鐵甕城。」宋程大昌演繁露卷十三：「潤州城古號鐵甕，人但知其取喻以堅而已，然甕形深狹，取以喻城，似爲非類。……喻以爲甕者，指子城也。」

〔三〕化鶴：搜神後記卷一：「丁令威，本遼東人，學道於靈虚山，後化鶴歸遼，集城門華表柱上。時有少年舉弓欲射之，鶴乃飛，徘徊空中而言曰：『有鳥有鳥丁令威，去家千年今始歸；城郭如故人民非，何不學仙冢累累！』遂高上沖天。」

〔四〕草爲螢：禮記月令：「腐草爲螢。」

前調　薔薇水〔一〕

月轉花枝清影疏，露華濃處滴真珠。天香遺恨罥花鬚。沐出烏雲多態度，暈成娥緑費工夫。歸時分付與妝梳。

【校】

〔娥緑〕毛本作「蛾緑」。

【箋注】

〔一〕薔薇水：唐張泌妝樓記：「周顯德五年，昆明國獻薔薇水十五瓶，云得自西域，以灑衣，衣敝而香不滅。」宋蔡絛鐵圍山叢談卷五：「舊説薔薇水，乃外國採薔薇花上露水，殆不然。實用白金爲甑，採薔薇花蒸氣成水，則屢採屢蒸，積而爲香，此所以不敗。但異域薔薇花氣馨烈非常。」

前調　篤耨香〔一〕

花氣天然百和芬〔二〕，仙風吹過海中春。龍涎沈水總銷魂〔三〕。　清潤巧縈金縷細，氤氳偏傍玉脂温。别來長是惜餘熏。

【校】

〔玉脂〕毛本作「玉肌」。

【箋注】

〔一〕篤耨香:陸游書枕屏詩:「西域兜羅被,南番篤耨香。」明李時珍本草綱目:「篤耨香出真臘國,樹之脂也。樹如松形,其香老則溢出,白色而透明者,名曰篤耨,盛夏不融,香氣清遠,雜以樹皮者則色黑,名黑篤耨,爲下品。」

〔二〕百和芬:舊題漢班固漢武帝内傳:「七月七日,乃修除宫掖,設坐大殿,以紫羅薦地,燔百和之香,張雲錦之幃。」

〔三〕龍涎:宋張世南遊宦紀聞:「諸香中龍涎最貴。廣州市直每兩不下百千,次等亦五六十千,係蕃中禁榷之物,出大食國。近海傍常有雲氣罩山間,即知有龍睡其下,或半載或二三載,土人更相守視,候雲散即知龍已去,往觀必有龍涎,或五七兩,或十餘兩,視所守人多寡均給之。」

沈水:見前蘭陵王(卷珠箔)注〔四〕。

前調

范才元自釀,色香玉如,直與緑萼梅同調,宛然京洛氣味也,因名曰萼緑春,且作一首。諺以「竊嘗」爲「吹笙」云〔一〕。

竹葉傳杯驚老眼〔四〕,松醪題賦倒綸巾〔五〕。須防銀字暖朱唇〔六〕。

萼緑華家萼緑春〔二〕,山瓶何處下青雲。濃香氣味已醺人〔三〕。

【箋注】

〔一〕范才元：生平事迹俟考。張元幹、吕本中及蘇籀等與之交遊酬唱。歸來集有范才元參議求酒於延平使君邀予同賦謹次其韻、次韻范才元中秋不見月等七八首詩作。東萊先生詩集有送范才元、題范才元畫軸後等詩，雙溪集有次韻范才元中秋夜和送才元長樂倅等詩作。此詞題云「自釀，色香玉如」，「宛然京洛氣味」，蓋作於南渡後。

〔二〕萼緑華：陶弘景真誥：「萼緑華者，女仙也。年可二十許，上下青衣，顔色絶整，以晉穆帝昇平三年己未十一月十日夜降於羊權家。」唐韋應物萼緑華歌：「有一人兮昇紫霞，書名玉牒兮萼緑華。」

〔三〕「山瓶」三句：唐杜甫謝嚴中丞送青城山道士乳酒一瓶詩：「山瓶乳酒下青雲，氣味濃香幸見分。」

〔四〕竹葉：酒名，亦作「竹葉酒」、「竹葉青」。樂府詩集卷六十七晉張華輕薄篇：「蒼梧竹葉清，宣城九醖醝。」宋蘇軾竹葉酒詩：「楚人汲漢水，釀酒古宣城。……唯餘竹葉麴，留此千古情。」

〔五〕松醪題賦：宋蘇軾經進東坡文集事略卷二中山松醪賦原注：「晁補之云：『松醪賦者，蘇公之所作也。』」松醪，一種酒名，蘇軾在定州時命廚人用松膏釀成，故名「松醪」。倒綸巾，蘇軾中山松醪賦：「顛倒白綸巾，淋漓宮錦袍。」

〔六〕銀字：古代應律之器，用銀作字，以示音色高低。唐白居易南園試小樂詩：「高調管色吹銀字。」宋史樂志：「東西班樂，亦太平興國中選東西班習樂者，樂器獨用銀字觱栗、小笛、小笙。」

【彙評】

清謝章鋌賭棋山莊詞話卷四：宋時諺謂吹笙爲竊嘗，見張仲宗蘆川詞。

況周頤蕙風詞話卷三：蘆川詞浣溪沙序云……詞後段：「竹葉傳杯驚老眼，松醪題賦倒綸巾。須防銀字暖朱唇。」「竊嘗」，嘗酒也，故末句云云。……織餘瑣述云：「樂器竹製者唯笙，用吸氣吸之，恒輕，故以喻『竊嘗』。」

前調　戲簡宇文德和求相香〔一〕

花氣蒸濃古鼎煙，水沉春透露華鮮。心情無暇數龍涎。　乞與病夫僧帳座，不妨公子醉茵眠。普熏三界掃腥羶〔二〕。

【校】

〔題〕「相香」，毛本、歸來集本作「拈香」。

【箋注】

〔一〕本詞作年不詳。宇文德和，見前臨江仙（露坐榕陰須痛飲）注〔一〕。

〔二〕三界：佛教以生死流轉之世界分爲欲界、色界、無色界，合稱三界。參見俱舍論分别世品第三之一。

前調　求年例貢餘香

花氣熏人百和香，少陵佳句是仙方〔一〕。空教蜂蝶爲花忙。　和露摘來輕换骨，傍懷聞處惱迴腸。去年時候入思量。

【箋注】

〔一〕少陵佳句：唐杜甫曾住過長安杜陵西，因自號杜陵布衣、少陵野老，後人稱爲杜少陵。佳句，指杜甫即事詩中「花氣渾如百和香」。

前調

殘臘晴寒出衆芳，風流勾引破春光。年年長爲此花忙。　夜久莫教銀燭炧〔一〕，酒邊何似玉臺妝。冰肌温處覓餘香。

【箋注】

〔一〕「夜久」句：宋蘇軾海棠詩：「只恐夜深花睡去，高燒銀燭照紅妝。」

前調

棐几明窗樂未央，熏爐茗碗是家常。客來長揖對胡牀。　蟹眼湯深輕泛乳〔一〕，龍涎灰暖細烘香。爲君行草寫秋陽〔二〕。

【箋注】

〔一〕蟹眼：此以螃蟹眼睛形容茶水將沸時泛起之小水泡。宋蘇軾試院煎茶詩：「蟹眼已過魚眼生，颼颼欲作松風鳴。」

〔二〕秋陽：孟子滕文公：「秋陽以暴之。」注：「秋陽，周之秋，夏(朝)之五、六月，盛陽也。」宋蘇軾經進東坡文集事略卷三有秋陽賦。此指用行草寫蘇軾之秋陽賦。

前調　書大同驛壁〔一〕

榕葉桄榔驛枕谿〔二〕，海風吹斷瘴雲低。薄寒初覺到征衣。　歲晚可堪歸夢遠，愁深偏恨得書稀。荒庭日脚又垂西〔三〕。

【箋注】

〔一〕本詞政和、宣和年間作於泉州同安縣。大同驛，地名。福建通志總卷十郵驛志：泉州「同安縣大同驛（在朝天門外）」。又名同安驛。同卷有「同安縣同安驛（即大同驛）」。

〔二〕桄榔：一種常緑樹。文選左思三都賦：「布有橦華，麪有桄榔。」李善注：「桄榔，樹名也。木中有屑如麪，可食，出興古。」

〔三〕日脚：唐杜甫羌村三首詩之一：「崢嶸赤雲西，日脚下平地。」

柳梢青〔一〕

清山浮碧，細風絲雨，新愁如織。慵試春衫，不禁宿酒，天涯寒食。　歸期莫數芳辰，誤幾度、回廊夜色。入户飛花，隔簾雙燕，有誰知得？

【校】

〔清山〕毛本、歷代詩餘、詞綜作「海山」。

【箋注】

〔一〕本詞有「歸期莫數芳辰，誤幾度、回廊夜色」之句，當爲客居異鄉時作。

前調

小樓南陌，翠軿金勒〔一〕，誰家春色？冷雨吹花，禁煙怯柳，傷心行客。　少年百萬呼盧〔二〕，擁越女吴姬共擲。被底香濃，尊前燭滅〔三〕，如今消得。

【箋注】

〔一〕翠軿：後漢書輿服志：「太后、皇太后非法駕則乘翠軿。」

〔二〕呼盧：古代博戲，又名樗蒲、五木。宋張表臣珊瑚鈎詩話卷三：「樗蒲起自老子，今謂之『呼盧』，取純色而勝之之義以名之耳。」晉書劉毅傳：「(毅)後在東府，聚樗蒲大擲。一判應至數百萬，餘人並黑犢以還，惟劉裕及毅在後。……裕惡之，因挼五木久之，曰：『老兄試爲卿答。』既而四子俱黑，其一子轉躍未定，裕厲聲喝之，即成盧焉。」

〔三〕尊前燭滅：史記滑稽列傳：「(淳于髡曰)日暮酒闌，合尊促坐，男女同席，履舄交錯，杯盤狼藉，堂上燭滅，主人留髡而送客，羅襦襟解，微聞薌澤。當此之時，髡心最歡，能飲一石。」

醉花陰〔一〕

紫樞澤勿趨龍尾〔二〕，平入鈞衡位〔三〕。春殿聽宣麻〔四〕，争喜登庸〔五〕，何似今番喜。

崑臺宜有神仙裔〔六〕，奕世貂蟬貴〔七〕。玉砌長蘭芽〔八〕，好擁笙歌，長向花前醉。

【箋注】

〔一〕本詞云：「崑臺宜有神仙裔，奕世貂蟬貴。」與卷珠簾（壽）詞所云「流慶崑臺，自是神仙胄」相合，當爲一時所作壽富直柔詞。富直柔，見前念奴嬌（吴淞初冷）注〔一〕。屢見，下不再注。

〔二〕龍尾：此指龍尾道，殿前之甬道。資治通鑑卷一百七十四陳紀：「宣帝太建十二年……崔弘度妹，先適迥子爲妻，及鄴城破，迥窘迫升樓，弘度直上龍尾追之。」宋吴曾能改齋漫録卷七龍尾道：「蓋唐含元殿前龍尾道，自平堦地凡詰曲七轉。由丹鳳門北望，宛如龍尾下垂於地焉。兩垠欄悉以青石爲之，故謂之龍尾道。」

〔三〕鈞衡位：鈞、衡皆用以量物，因借以爲衡量人才，此作宰相之位。宋書謝莊傳：「提鈞懸衡，委之選部，一人之鑒易限，而天下之才難原。」唐高適留上李右相詩：「鈞衡持國柄，柱石總賢經。」

〔四〕宣麻：唐、宋時任免將相大臣，用黄白紙寫詔書，在朝廷宣告，叫做宣麻。宋歐陽修歸田録卷一：「至和初，陳恭公(執中)罷相，而並用文(彦博)、富(弼)二公。正衙宣麻之際，上遣小黄門密於百官班中，聽其論議，而二公久有人望，一旦復用，朝士往往相賀。」

〔五〕登庸：尚書堯典：「帝曰：『疇咨若時登庸。』」吕祖謙注：「登庸者，大用之意也。」宋王明清揮麈録前録卷二：「本朝狀元登庸者，吕文穆、李文定、王文正、宋元憲。」

〔六〕崑臺：崐崙山之瑶臺，神話傳説中神仙所居。王嘉拾遺記卷十崐崙山：「崐崙山者……第九層山形漸小狹，下有芝田蕙圃，皆數百頃，群仙種耨焉。傍有瑶臺十二，各廣千步，皆五色玉爲臺基。」

〔七〕奕世：國語周語：「奕世載德，不忝前人。」　貂蟬：漢侍從官帽上之裝飾物，後引申爲達官貴人之代稱。宋史輿服志：「又案令文，武弁，金飾平巾幘。……金飾，即附蟬也。……又侍中、中書令、散騎加貂蟬，侍左者左珥，侍右者右珥。」

〔八〕「玉砌」句：此暗用芝蘭玉樹，以比喻友人之優秀子弟。世説新語言語：「謝太傅(安)問諸子姪：『子弟亦何預人事，而正欲使其佳？』諸人莫有言者。車騎(謝玄)答曰：『譬如芝蘭玉樹，欲使其生於階庭耳。』」

前調　春日思歸〔一〕

翠箔陰陰籠畫閣，昨夜東風惡。芳徑滿香泥，南陌東郊，惆悵妨行樂。　傷春比似年時惡，潘鬢新來薄〔二〕。何處不禁愁，雨滴花腮，和淚胭脂落〔三〕。

【校】

〔調〕據全宋詞案云，此首又見李彌遜筠溪樂府。

〔題〕原無，據歸來集補。

〔芳徑滿香泥〕筠溪樂府作「香逕漫春泥」。

〔年時惡〕筠溪樂府作「年時覺」。

【箋注】

〔一〕本詞宣和年間作於東都。

〔二〕潘鬢：文選潘岳秋興賦序：「余春秋三十有二，始見二毛。」賦云：「斑鬢髟以承弁兮，素髮颯以垂領。」唐元稹酬翰林白學士代書一百韻：「甯牛終夜永，潘鬢去年衰。」自注：「余今年始三十二歲，去年已生白髮。」張元幹用此典時三十餘歲，則爲北宋宣和年間。

〔三〕「雨滴」二句：唐杜甫曲江對雨詩：「林花著雨胭脂落。」

長相思令

香暖幃，玉暖肌。嬌卧嗔人來睡遲，印殘雙黛眉〔一〕。　蟲聲低，漏聲稀。驚枕初醒燈暗時，夢人歸未歸。

【箋注】

〔一〕黛眉：黛畫之眉，特指女子之眉。玉臺新詠卷二左思嬌女詩：「明朝弄梳臺，黛眉類掃迹。」

前調

花下愁，月下愁。花落月明人在樓，斷腸春復秋。　從他休，任他休。如今青鸞不自由〔一〕，看看天盡頭〔二〕。

【箋注】

〔一〕青鸞：古代傳説中之神鳥。王嘉拾遺記卷十蓬萊山條：「有浮筠之幹，葉青莖紫，子大如珠，有青鸞集其上。」

〔二〕看看：詩詞曲語辭匯釋卷六：「看看，估量時間之辭。有轉眼義；有當前義；又由當前義轉而爲剛剛義。」此作轉眼義。唐杜牧湖南正初招李郢秀才詩：「看看白蘋花欲吐，雪舟相訪勝閑行。」

如夢令 七夕

雨洗青冥風露〔一〕，雲外雙星初度〔二〕。乞巧夜樓空〔三〕，月妒回廊私語〔四〕。凝佇，凝佇，不似去年情緒。

【箋注】

〔一〕青冥風露：宋王安石團扇詩：「青冥風露非人世。」

〔二〕雙星：指牛郎、織女二星。唐杜甫奉酬薛十二丈判官見贈詩：「相如才調逸，銀漢會雙星。」

〔三〕乞巧：宋孟元老東京夢華録卷八七夕條：「七夕前三五日，車馬盈市，羅綺滿街。……至初六日七日晚，貴家多結綵樓於庭，謂之乞巧樓。鋪陳磨喝樂、花瓜、酒炙、筆硯、針線，或兒童裁詩。女郎呈巧，焚香列拜，謂之乞巧。」

〔四〕回廊私語：唐白居易長恨歌：「七月七日長生殿，夜半無人私語時。」

前調

潮退江南晚渡，山闇水西煙雨。天氣十分凉，斷送一年殘暑。歸去，歸去，香霧曲屏深處。

前調〔一〕

卧看西湖煙渚，緑蓋紅妝無數〔二〕。簾卷曲闌風，拂面荷香吹雨。歸去，歸去，笑損花邊鷗鷺〔三〕。

【箋注】

〔一〕本詞紹興二十八年(一一五八)作於臨安。詞云：「卧看西湖煙渚。」案歸來集卷九蘇養直詩帖跋尾云：「予華髮蒼顔，羈寓西湖之上。」與詞意相合，應作於同時。

〔二〕緑蓋紅妝：此指荷葉荷花。宋歐陽修采桑子詞：「荷花開後西湖好，載酒來時，不用旌旗，前後紅幢緑蓋隨。」

〔三〕笑損：詩詞曲語辭匯釋卷三：「此猶云笑煞。」

春光好

疏雨洗，細風吹，淡黄時。不分小亭芳草緑〔一〕，映簷低。　樓下十二層梯，日長影裏鶯啼。倚遍闌干看盡柳，憶腰肢〔二〕。

【箋注】

〔一〕不分：詩詞曲語辭匯釋卷四：「猶云不意或不料也。」唐白居易酬舒三員外詩：「已判到老爲狂客，不分當春作病夫。」

〔二〕憶腰肢：唐孟棨本事詩事感載白居易詩：「楊柳小蠻腰。」

前調〔一〕

吴綾窄，藕絲重，一鈎紅。翠被眠時常要人暖，著懷中。　六幅裙窣輕風〔二〕，見人遮盡行蹤。正是踏青天氣好〔三〕，憶弓弓〔四〕。

【校】

〔常要〕毛本、歸來集無「常」字。

〔正是〕原作「止是」，據毛本改。

【箋注】

〔一〕本詞與前首爲一時之作。

〔二〕「六幅」句：五代孫光憲思帝鄉詞：「六幅羅裙窣地，微行曳碧波。」

〔三〕踏青：宋吴自牧夢粱録卷二：「三月三日上巳之辰……唐朝賜宴曲江，傾都禊飲踏青，亦是此意。」

〔四〕弓弓：宋歐陽修南鄉子詞：「花下相逢忙走怕人猜，遺下弓弓小繡鞋。」

【彙評】

清張宗橚詞林紀事卷十引蒿廬師云，此詞頗佳，其末句云「憶弓弓」，蓋賦美人纖趾也。橚案，墨莊漫録：婦人纏足，起於近世，前世書傳，皆無所載。自南史齊東昏侯爲潘貴妃鑿金爲蓮花以帖地，命妃行其上，曰步步生蓮花，然亦不言其弓小也。如古樂府、玉臺新詠，皆六朝詞人纖艷之言，從無一言稱纏足者。又如唐之李白、杜牧、李商隱之徒，作詩多言閨幃之事，亦無及之者。唯韓偓香奩集有咏屧子詩云：「六寸膚圓光緻緻。」唐尺短，以今較之，亦自小也，而不言其弓。又案道山新聞：李後主宫嬪窅娘，纖麗善舞，後主作金蓮，高六尺，飾以寶物，細帶纓絡，蓮中作品色瑞蓮，令窅娘以帛繞脚，令纖小屈上，作新月狀，素襪舞其中，回旋有凌雲之態。唐鎬詩云：「蓮中花更好，雲裏月長新」，因窅娘作也。由是人皆效之，以纖弓爲妙，此詞結語，似本此。

虞美人〔一〕

開殘桃李春方到，誰送東風早。杖藜幽徑踏餘花，却對緑陰青子、問年華〔二〕。迢迢雲水横清淺，不遣愁眉展。數竿修竹自横斜，猶有小窗朱户、似儂家〔三〕。

【校】

〔杖藜〕毛本作「措藜」。

【箋注】

〔一〕本詞閑居故里時作。

〔二〕緑陰青子：唐杜牧嘆花詩：「自恨尋芳到已遲，往年曾見未開時。如今風擺花狼籍，緑葉成陰子滿枝。」樊川詩集注引摭言：「牧佐宣城幕，遊湖州……牧閑行，閲奇麗，得垂髫者十餘歲。後十四年牧刺湖州，其人已嫁生子矣。乃悵然而爲詩。」

〔三〕儂家：翟灝通俗編稱謂：「吴俗自稱我儂，指他人亦曰渠儂。」五代孫光憲漁歌子詞：「誰似儂家疏曠。」

蘆川詞箋注卷下

青玉案　燕趙端禮堂成〔一〕

華裾玉轡青絲鞚，記年少、金吾從〔二〕。花底朝回珠翠擁。曉鐘初斷，宿酲猶帶，緑鎖窗中夢。　天涯相遇鞭鸞鳳〔三〕，老去堂成更情重。月轉簷牙雲繞棟。涼吹香霧，酒迷歌扇，春筍傳杯送〔四〕。

【校】

〔題〕花庵作「憶舊」。

〔猶帶〕毛本、歸來集作「猶殢」。

【箋注】

〔一〕趙端禮：見前水調歌頭（最樂賢王子）注〔一〕。詞中有「記年少、金吾從」、「老去堂成更情重」等語，詞蓋於紹興中在福建作。

〔二〕金吾：指執金吾，漢時官名。金吾爲兩端塗金之銅棒，執之以示權威。又一説，見兩漢博聞卷三執金吾條引顔師古曰：「金吾，鳥名也，主辟不祥。天子出行，職主先導，以禦非常，故執此鳥之象，因以名官。」案，趙端禮爲皇族子弟，故有禁衛金吾侍從。宋史儀衛志：「國初鹵簿。……金吾及諸衛將軍駕及押仗，舊服紫衣，請以開元禮各服本色繡袍。」

〔三〕鞭鸞鳳：唐韓愈奉酬盧給事雲夫四兄曲江荷花……見寄詩：「上界真人足官府，豈如散仙鞭笞鸞鳳終日相追陪。」

〔四〕春筍：春筍纖嫩、尖細，以喻女子手指。宋蘇軾滿庭芳詞：「十指露、春筍纖長。」

前調　再和〔一〕

王孫陌上春風鞚〔二〕，蕊珠宴、雲軿從〔三〕。歸去笙歌常醉擁。蠟殘花炬，月侵冰簟，慣作凉堂夢。　玉人勸客釵斜鳳，條脱擎杯腕嫌重〔四〕。燕子入簾飛畫棟。雨餘深院，漏催清夜，更軋秦箏送〔五〕。

【校】

〔深院〕歷代詩餘作「深苑」。

【箋注】

〔一〕本詞用前韻再和，當作於同時。

〔二〕王孫：此指趙端禮。

〔三〕蕊珠：道家所稱天上宫闕。雲笈七籤卷十一黄庭内景經上清第一：「閑居蕊珠作七言。」注：「蕊珠，上清境宫闕名也。」

〔四〕條脱：見前祝英臺近（枕霞紅）注〔四〕。

〔五〕軋：唐有軋箏，用竹片軋其弦發音，見舊唐書音樂二。詞中「軋」字，恐亦指演奏方法。

前調　生朝〔一〕

花王獨佔春風遠，看百卉、芳菲遍。五福長隨今日宴〔二〕。粉光生艷，寶香飄霧，方響流蘇顫〔三〕。　壽祺堂上修篁畔，乳燕雙雙賀新院。玉斝明年何處勸〔四〕。旌幢滿路，貂蟬宜面〔五〕，歸覲黄金殿〔六〕。

【箋注】

〔一〕本詞有「壽祺堂上」、「乳燕雙雙賀新院」等語，據李彌遜感皇恩端禮節使生日詞云「華堂初建」、「花裏雙雙乍歸燕」，則此詞當壽趙端禮生朝，與前青玉案燕趙端禮堂成爲同年所作。

〔二〕五福：尚書正義卷十二洪範：「五福：一曰壽，二曰富，三曰康寧，四曰攸好德，五曰考終命。」正義曰：「五福者，謂人蒙福祐有五事也。」

〔三〕方響：樂器名。孟元老東京夢華録卷九：「次列鐵石方響，明金彩畫架子，雙垂流蘇。」又，夢粱録卷二十：「大凡動細樂……每只以簫、笙、篳篥、嵇琴、方響，其音韻清且美也。」

〔四〕玉斝：古代玉製酒器。詩經大雅行葦：「或獻或酢，洗爵奠斝。」正義曰：「斝，爵也；爵，酒器之大名。」唐杜牧杜秋娘詩：「秋持玉斝醉，與唱金縷衣。」

〔五〕貂蟬：此指冠飾。後漢書輿服志：「侍中、中常侍，冠武弁大冠，加黄金璫，附蟬爲文，貂尾爲飾，謂之趙惠文冠。」注引徐廣曰：「蟬，取其清高飲露而不食；貂，紫蔚柔縟而毛采不彰灼。」歸來集卷三葉少蘊生朝三首：「香凝燕寢森蘭玉，會見貂冠總附蟬。」宋時貂蟬冠爲朝服。宋史輿服志「朝服」有「一曰進賢冠，二曰貂蟬冠，三曰獬豸冠，皆朱衣朱裳」。

〔六〕黄金殿：指金鑾殿，唐宫殿名。殿與翰林院相接，故召見學士常在此殿。唐李白贈從弟南平太守之遥詩：「承恩初入銀臺門，著書獨在金鑾殿。」

【附録】

李彌遜感皇恩(端禮節使生日)詞：密竹剪輕綃，華堂初建。卷上蝦鬚待開宴。壽期春聚，芍藥一番開遍。砌成錦步帳，籠弦管。　絳節近頒，丹雛重見。花裏雙雙乍歸燕。重重樂事，憑仗東風拘管。一時分付與，金荷勸。

前調 筠翁生朝〔一〕

水芝香遠搖紅影〔二〕，泛瑞靄、横山頂〔三〕。縹緲笙歌雲不定，玉鈎斜挂，素蟾初滿，醉愜浮瓜冷〔四〕。　庭蘭戲彩傳金鼎〔五〕，小袖青衫更輝映。誰道筠溪歸計近。秋風催去，鳳池難老〔六〕，長把中書印。

【箋注】

〔一〕本詞紹興十年（一一四〇）後作於福州。筠翁，即李彌遜，見前八聲甘州（倚凌空、飛觀展營丘）注〔一〕。屢見，下不再注。

〔二〕水芝：即荷花。崔豹古今注卷下草木：「芙蓉，一名荷華，生池澤中，實曰蓮，花之最秀異者，一名水目，一名水芝，一名水花。」

〔三〕横山：指横山閣，李彌遜家樓閣名。

〔四〕浮瓜冷：魏曹丕與朝歌令吴質書：「浮甘瓜於清泉，沉朱李於寒水。」孟元老東京夢華録卷八是月巷陌雜賣條：「蓋六月中别無時節，往往風亭水榭，峻宇高樓，雪檻冰盤，浮瓜沉李，流杯曲沼，苞鮓新荷，遠邇笙歌，通夕而罷。」

〔五〕庭蘭：見前醉花陰（紫樞澤笏趨龍尾）注〔八〕。戲彩，藝文類聚卷二十八人部引列女傳：

「老萊子孝養二親,行年七十,嬰兒自娛,著五色采衣。」

〔六〕鳳池:即鳳凰池,禁苑中池沼。魏晉南北朝時中書省設於禁苑,接近皇帝,故稱中書省爲鳳凰池。晉書荀勖傳:「勖自中書監除尚書令,人賀之,勖曰:『奪我鳳凰池,諸君賀我邪!』」通典職官典:「中書省地在樞近,多承寵位,是以人固其位,謂之鳳凰池也。」李彌遜曾爲中書舍人,因忤秦檜而乞歸福建連江西山,故詞云「鳳池難老」也。

前調　生朝〔一〕

銀潢露洗冰輪皎,謫仙下、蓬萊島〔二〕。簾卷橫山珠翠繞。生朝香霧,玳筵絲管〔三〕,長醉壺天曉。　金鑾夜鎖麻新草〔四〕,入輔明光拜元老〔五〕。看取明年人總道。中興賢相,太平時世,分外風光好。

【箋注】

〔一〕本詞有「簾卷橫山珠翠繞」、「入輔明光拜元老」、「中興賢相」等語,當爲李彌遜生朝作,時在紹興七年李彌遜任中書舍人之後。

〔二〕謫仙:見前賀新郎(曳杖危樓去)注〔九〕。

〔三〕玳筵:以玳瑁裝飾坐具之宴席,此指盛宴。樂府詩集卷三十九南朝陳江總今日樂相樂詩:

「綺殿文雅遒，玳筵歡趣密。」

〔四〕金鑾：即金鑾殿。宋沈括夢溪筆談卷一：「唐翰林院在禁中，乃人主燕居之所。玉堂、承明、金鑾殿皆在其間。」又：「學士院玉堂……堂中設視草臺，每草制，則具衣冠據臺而坐。」唐李德裕長安秋夜詩：「内宫傳詔聞戎機，載筆金鑾夜始歸。」

〔五〕明光：即明光宫，漢宫殿名。唐張籍節婦吟詩：「妾家高樓連苑起，良人執戟明光裏。」此借指宋朝庭。

前調

月華冷沁花梢露，芳意戀、香肌住。心字龍涎饒濟楚〔一〕。素馨風味〔二〕，碎瓊流品，别有天然處。　圍爐屈曲宜深炷，留取春光向朱户。緑綺聲中誰暗許〔三〕。小窗歸去，夢回猶記，金鼎分雲縷。

【箋注】

〔一〕心字：心字香。南宋蔣捷一剪梅詞：「銀字笙調，心字香燒，流光容易把人拋。」明楊慎詞品卷二：「詞家多用心字香……范石湖驂鸞録云：『番禺人作心字香，用素馨、茉莉半開者，著净器中。以沉香薄劈，層層相間，密封之。日一易，不待花蔫。花過香成。』所謂心字香者，以香末縈篆成心字也。」

〔二〕素馨：宋吴曾能改齋漫録卷十五素馨花：「嶺外素馨花，本名耶悉茗花。……唯花潔白，南人極重之。以白而香，故易其名。婦人多以竹籤子穿之，像生物，置佛前供養。……今之龍涎香，悉以耶悉茗油爲主也。」

〔三〕緑綺：古琴名。文選張孟陽擬四愁詩：「佳人遺我緑綺琴，何以贈之雙南金。」

前調 賀方回所作，世間和韻者多矣。余經行松江，何啻百回，念欲下一轉語，了無好懷。此來偶有得，當與吾宗椿老子載酒浩歌西湖南山間，寫我滯思，二公不可不入社也〔一〕。

平生百繞垂虹路〔二〕，看萬頃、翻雲去。山澹夕暉帆影度。菱歌風斷，襪羅塵散〔三〕，總是關情處。　少年陳迹今遲暮〔四〕，走筆猶能醉時句。花底目成心暗許〔五〕。舊家春事〔六〕，覺來客恨，分付疏篷雨。

【校】

〔題〕「二公」，歸來集作「公等」。歷代詩餘無題。

〔醉時〕毛本、歸來集、歷代詩餘均作「醉詩」。

【箋注】

〔一〕賀方回：賀鑄（一〇五三—一一二五），字方回，號慶湖遺老。衛州（今河南衛輝）人。宋王偁東都事略卷一百二十六、宋史卷四百四十三有傳。賀鑄爲宋太祖孝惠后之族孫。初娶宗女，隸籍右選。元祐七年，以李清臣、范百禄、蘇軾薦，改西頭供奉，入文資，爲承事郎。後通判泗州，又倅太平州（均在今安徽當塗一帶），晚年退居蘇州。宣和七年（一一二五）卒於常州。所作青玉案詞爲世傳頌。椿老子：即張椿老，生平事迹不詳。詞蓋於紹興二十七年（一一五七）夏在臨安作。

〔二〕垂虹：見前念奴嬌（吴淞初冷）注〔三〕。

〔三〕韈羅塵散：文選曹植洛神賦：「凌波微步，羅韈生塵。」李善注：「凌波而韈生塵，言神人異也。」

〔四〕「少年」句：張元幹紹興二十六年重來臨安，時年近七十，故有遲暮之感。歸來集卷四上平江陳侍郎十絶序云：「辛亥休官，忽忽二十九載，行年七十矣，日暮途遠，恐懼失墜，輒追記平昔所得先生話言，裁爲十絶句。」

〔五〕目成：兩心相悦，用目傳意。屈原九歌少司命：「滿堂兮美人，忽獨與余兮目成。」

〔六〕舊家：猶云從前。詩詞曲語辭匯釋卷六：「家爲估量之辭，與作世家解之舊家異。」南宋陳與義和顏持約詩：「多少巫山舊家事，老來分付水東流。」

【附録】

宋賀鑄青玉案詞：凌波不過横塘路，但目送、芳塵去。錦瑟年華誰與度。月橋花院，瑣窗朱户，只有春知處。　飛雲冉冉蘅皋暮，彩筆新題斷腸句。若問閑情都幾許。一川煙草，滿城風絮，梅子黄時雨。

點絳唇　丙寅秋社前一日，溪光亭大雨作〔一〕

山暗秋雲，暝鴉接翅啼榕樹。故人何處？一夜溪亭雨〔二〕。　夢入新涼，只道消殘暑〔三〕。還知否？燕將雛去，又是流年度〔四〕。

【校】

〔題〕詞綜無「丙寅」二字。歷代詩餘作「秋社前一日溪光亭雨」。

【箋注】

〔一〕丙寅爲紹興十六年（一一四六）。歸來集卷十丙寅自贊云：「只用兩僕肩輿，不羨儻來軒冕，投閑二十餘年。」詞蓋於是年秋閑居故里作。　秋社：古習俗立秋後第五個戊日，鄉村中以此爲祭祀土神之節日。孟元老東京夢華録卷八秋社：「八月秋社，各以社糕、社酒相賫送。」

〔二〕溪亭：溪光亭。「故人」二句暗用白居易雨中招張司業宿「能來同宿否？聽雨對牀眠」詩意。

〔三〕只道：詩詞曲語辭匯釋卷四：「道，猶是也。……只道，只是也。」陳師道卜算子詞：「鑑裏朱顏歲歲移，只道花依舊。」

〔四〕流年：光陰易逝如流水，故稱流年。宋蘇軾洞仙歌詞：「又不道、流年暗中偷換。」

前調

水驛凝霜，夜帆風駛潮生曉。酒醒寒悄，枕底波聲小。　好去歸舟，有箇人風調。君行了，此歡應少，索共梅花笑〔一〕。

【校】

〔寒悄〕歸來集作「寒峭」。

【箋注】

〔一〕「索共」句：唐杜甫舍弟觀赴藍田取妻子到江陵喜寄詩：「巡簷索共梅花笑，冷蕊疏枝半不禁。」

前調

春曉輕雷,采蘋洲上清明雨〔一〕。亂雲遮樹,暗淡江村路。　今夜歸舟,綠潤紅香處。遥山暮,畫樓何許〔二〕?唤取潮回去〔三〕。

【箋注】

〔一〕采蘋洲:南朝梁柳惲江南曲:「汀洲采白蘋,日暖江南春。」

〔二〕何許:詩詞曲語辭匯釋卷三:「何許,猶云何處也。」唐白居易偶作詩:「若問此何許?此是無何鄉。」

〔三〕取:詩詞曲語辭匯釋卷三:「取,語助辭,猶着也;得也。」此作得字解。唐杜甫客至詩:「肯與鄰翁相對飲,隔籬呼取盡餘杯。」

前調

畫閣深圍,暖紅光裏芳林影。暗香成陣,上下花相映。　倒挂疏枝,月落參横冷〔一〕。休裝景,要人酒醒,除是花枝並。

【箋注】

〔一〕月落參横　宋洪邁容齋隨筆卷十：「今人梅花詩詞，多用『參横』字，蓋出柳子厚龍城録所載趙師雄事，然此實妄書，或以爲劉無言所作也。其語云：『東方已白，月落參横。』且以冬半視之，黄昏時參已見，至丁夜則西没矣，安得將旦而横乎？秦少游詩：『月落參横畫角哀，暗香消盡令人老。』承此誤也。惟東坡云：『紛紛初疑月桂樹，耿耿獨與參横昏。』乃爲精當。」

前調　生朝〔一〕

嵩洛雲煙〔二〕，間生真相耆英裔〔三〕。要知鮐背〔四〕，難老中和氣〔五〕。　報道玉堂〔六〕，已草調元制〔七〕。華夷喜，繡裳貂珥〔八〕，便向東山起〔九〕。

【箋注】

〔一〕本篇詞中有「間生真相耆英裔」、「便向東山起」等語，據李彌遜點絳唇（富季申生日）詞下片云：「麟閣丹青，眷注耆英裔。眉間喜，日邊飛騎，來促東山起。」可知此首當爲富直柔生朝而作。按宋史卷二百一十三宰輔表紹興元年（一一三一）八月，富直柔自「端明殿學士簽書樞密院事除同知樞密院事」。同年十一月，「富直柔罷同知樞密院事，以中大夫提舉臨安府洞霄宫」。又據汪藻浮溪集卷十三賜同知樞密院事富直柔生日詔：「隆冬方啓，上日惟良。

今賜卿生日羊酒米麵等，具如别録。」知富直柔生日在隆冬，本詞當作於紹興元年末。

〔二〕嵩洛：嵩山與洛水。嵩山，又作嵩高，在河南登封北。史記卷二十八封禪書：「昔三代之君，皆在河洛之間，故嵩高爲中岳。」

〔三〕耆英裔：宋司馬光洛陽耆英會序：「元豐中，潞國文公留守西都，韓國富公納政在里第，自餘士大夫以老自逸於洛者，於時爲多。潞公謂韓公曰：『凡所爲慕於樂天（白居易）者，以其志趣高逸也，奚必數與地之襲焉。』一旦悉集士大夫老而賢者於韓公之第，置酒相樂，賓主凡十有一人，既而圖形妙覺僧舍，時人謂之洛陽耆英會。」案，時在元豐五年正月，韓國公富弼年七十九歲。司馬光年最少，六十四歲。序中所寫十一人者不包括司馬光，實際相聚者共十二人。富直柔乃富弼後裔，故稱耆英裔。

〔四〕鮐背：爾雅釋詁第一：「黄髮、齯齒、鮐背、耇老，壽也。」注疏云：「鮐背，背皮如鮐魚。」又引劉熙釋名：「九十曰鮐背。」杜甫解悶第十二首：「雲壑布衣鮐背死，勞生重馬翠眉須。」

〔五〕中和氣：禮記中庸：「喜怒哀樂之未發謂之中，發而皆中節謂之和……致中和，天地位也，萬物育也。」舊唐書卷一百九十許景先傳稱其文「屬詞豐美，得中和之氣」。

〔六〕玉堂：此指翰林院。唐宋時翰林院在禁中，翰林學士嘗宿玉堂草制。

〔七〕調元：比喻宰相調和陰陽，執掌政事。范成大知郡檢計齋醮禱雨登時感通輒賦古風以附輿頌：「我評兹事與天通，知公小試調元手。」

〔八〕貂珥：即珥貂。曹植王仲宣誄：「戴蟬珥貂，朱衣皓帶。」後泛指貴近之臣。歸來集卷二張丞相生朝二十韻詩：「欲知貂珥貴，倍覺彩衣榮。」

〔九〕東山：見前水調歌頭（戎虜亂中夏）注〔一六〕。

前調 呈洛濱、筠溪二老〔一〕

清夜沈沈，暗蛩啼處簷花落〔二〕。乍涼簾幕，香繞屏山角。　堪恨歸鴻，情似秋雲薄〔三〕。書難托，儘交寂寞〔四〕，忘了前時約。

【校】

〔題〕歷代詩餘無。「呈」毛本作「皇」，朱居易毛刻宋六十家詞勘誤謂應作「呈」。

【箋注】

〔一〕洛濱，即富直柔。筠溪，即李彌遜。歸來集精嚴寺化鐘疏：「晉安郡西南隅，群山插天，林麓鬱老，彌望秀色。……有古道場，是名『精嚴』，今牓曰『顯忠資福院』。歲在戊辰（紹興十八年）僧結制日，洛濱、最樂、普現（即李彌遜）三居士，拉蘆川老隱過其所而宿焉。」詞蓋作於紹興十八年（一一四八）秋。

〔二〕「清夜」二句：唐杜甫醉時歌詩：「清夜沉沉動春酌，燈前細雨簷花落。」

〔三〕秋雲薄：唐杜甫雨晴詩：「天際秋雲薄，從西萬里風。」宋朱敦儒西江月詞：「世事短如春夢，人情薄似秋雲。」

〔四〕儘交：儘教，宋時方言，猶唐詩中之「遮莫」，即隨他、任他的意思。宋劉克莊乍歸詩：「儘教人貶駁，唤作嶺南詩。」

前調〔一〕

醉泛吴松〔二〕，小舟誰怕東風大。舊時經過，曾向垂虹卧。　月淡霜天，今夜空清坐〔三〕。還知麽，滿斟高和，只有君知我。

【箋注】

〔一〕詞有「舊時經過，曾向垂虹卧」之句，當爲晚年遊吴興時所作。

〔二〕吴松：即吴淞，見前念奴嬌（吴淞初冷）注〔二〕。

〔三〕空：王鍈詩詞曲語辭例釋：「空，獨，自，表示情態的副詞，有時並兼有一定的指代作用。」唐温庭筠河瀆神詞：「離别櫓聲空蕭索，玉容惆悵妝薄。」

前調〔一〕

減塑冠兒〔二〕，寶釵金縷雙綏結。怎教寧帖〔三〕，眼惱兒裏劣〔四〕。　　韻底人人，天與多磨折。休分說，放燈時節〔五〕，閑了花和月。

【校】

〔眼惱兒〕毛本作「眼兒惱」。

【箋注】

〔一〕本詞寫元夕放燈節，疑宣和年間在東都作。

〔二〕減塑：宋史輿服志三載「仁宗景祐二年……造冠冕，蠲減珍華，務簡約」，有「減翠」、「減絲」、「減輕」、「減稀」等。「減塑」或與有關。

〔三〕寧帖：猶言安定。唐白居易請罷兵第三狀云：「一軍若不寧帖，必扇諸軍之心，自此動摇，何慮不有？」

〔四〕眼惱：亦作眼腦，即眼睛。景德傳燈録卷九洪州黄蘗希運禪師：「有此眼腦，方辨得邪正。」

〔五〕放燈時節：宋趙德麟侯鯖録卷四：「京師元夕放燈三夜。錢氏納土進錢買兩夜，今十七、十八夜燈，因錢氏而添之。」

前調

水鷁風帆〔一〕,兩眉只解相思皺。悄然難受,教我怎唧噹〔二〕。待得書來,不管歸時瘦。嬌癡後,是事撋就〔三〕,只這難依口。

【箋注】

〔一〕水鷁:水鳥,色白,形如鷺,不畏風暴。文選張衡西京賦:「浮鷁首。」三國吴薛綜注:「船頭像鷁鳥,以厭水神。」

〔二〕唧噹:一作唧溜,亦作鯽溜。敏捷機靈之意。唐盧仝揚州送伯齡過江詩:「不唧溜鈍漢,何由通姓名。」宋祁宋景文公筆記卷上:「孫炎作反切語,本出於俚俗常言,尚數百種。故謂就爲鯽溜。凡人不慧者,即曰不鯽溜。」

〔三〕是事:猶言事事。宋柳永定風波詞:「自春來慘緑愁紅,芳心是事可可。」撋就:猶云遷就。宋秦觀滿園花詞:「我當初不合苦撋就,慣縱得軟頑,見底心先有。」

虞美人

廣寒蟾影開雲路,目斷愁來處。菊花輕泛玉杯空〔一〕,醉後不知星斗、亂西東。今宵入夢陽臺雨〔二〕，誰忍先歸去。酒醒長是五更鐘，休念舊遊吹帽、幾秋風〔三〕。

【箋注】

〔一〕「菊花」句：東晉陶潛飲酒詩：「秋菊有佳色，裛露掇其英。泛此忘憂物，遠我遺世情。」此化用其意。

〔二〕陽臺雨：見前念奴嬌（蕊香深處）注〔九〕。

〔三〕吹帽：晉書孟嘉傳：「（嘉）後爲征西桓温參軍，温甚重之。九月九日，温燕龍山，僚佐畢集。時佐吏並著戎服，有風至，吹嘉帽墮落，嘉不之覺。温使左右勿言，欲觀其舉止。嘉良久如廁，温令取還之，命孫盛作文嘲嘉，著嘉坐處。嘉還見，即答之，其文甚美，四坐嗟嘆。」

前調〔一〕

西郊追賞尋芳處，聞道衝寒去〔二〕。雨肥紅綻向南枝〔三〕，歲晚纔開應是、恨春遲。天涯樂事王孫貴〔四〕，花底還君醉。有人風味勝疏梅，醉裏折花歸去、更傳杯。

【校】

〔還君〕歸來集作「還須」。

【箋注】

〔一〕本詞有「西郊追賞尋芳處」、「天涯樂事王孫貴」等語，似早年在汴京時作。

〔二〕衝寒：唐杜甫小至詩：「山意衝寒欲放梅。」

〔三〕雨肥紅綻：唐杜甫陪鄭廣文遊何將軍山林十首詩：「緑垂風折笋，紅綻雨肥梅。」

〔四〕樂事：文選謝靈運擬魏太子鄴中集詩序：「天下良辰美景，賞心樂事，四者難並。」

前調〔一〕

菊坡九日登高路〔二〕，往事知何處？陵遷谷變總成空〔三〕，回首十年秋思、吹臺東〔四〕。

西窗一夜蕭蕭雨，夢繞中原去。覺來依舊畫樓鐘，不道木犀香撼、海山風。

【箋注】

〔一〕本詞紹興六年（一一三六）作於福州。張元幹於靖康元年丙午秋離汴京南下，詞中云「回首十年秋思、吹臺東」，則此詞當作於是年秋。

〔二〕登高：古代風俗，舊曆九月九日重陽節，有佩茱萸登高飲菊花酒可避邪之説。宋陳元靚歲時廣記卷三十四引續齊諧記：「汝南桓景，隨費長房遊學累年，長房因謂景曰：『九月九日汝家當有災厄，宜急去，令家人各作絳囊，盛茱萸以繫臂，登高飲菊酒，禍乃可消。』景如其言，舉家登山。夕還，見雞犬牛羊一時暴死。長房聞之曰：『此可代之矣。』今世人九日登高飲酒，婦人帶茱萸囊，因此也。」唐王維九月九日憶山東兄弟詩：「遥知兄弟登高處，遍插茱萸少一人。」孟元老東京夢華録卷八重陽：「九月重陽……都人多出郊外登高。」

〔三〕陵遷谷變：詩經小雅十月之交：「高岸爲谷，深谷爲陵。」毛傳：「言易位也。」鄭箋：「易位者，君子居下，小人處上之謂也。」孔穎達疏：「變異如此，禍亂方至。」歸來集卷一七月三日雨不止復一日作：「陵谷倘遷變，樓觀皆空虚。」

〔四〕「回首十年」句：歸來集卷二有感事四首丙午冬淮上作，其上張丞相（浚）十首云：「罪放丙午末，歸來辛亥初。」則回首十年，當在紹興六年。吹臺，古迹名。梁孝王吹臺在今河南開封市東南。阮籍詠懷詩：「駕言發魏都，南向望吹臺。」

漁家傲　題玄真子圖〔一〕

釣笠披雲青障繞，橛頭細雨春江渺。白鳥飛來風滿棹。收綸了，漁童拍手樵青笑〔二〕。　明月太虚同一照〔三〕，浮家泛宅忘昏曉。醉眼冷看城市鬧。煙波老，誰能惹得閑煩惱〔四〕。

【校】

〔調〕草堂詩餘正集作「漁父」。

〔題〕歷代詩餘作「題畫」。

〔青障〕草堂詩餘作「青嶂」。

〔橛頭〕草堂詩餘、歷代詩餘作「緑蓑」。

【箋注】

〔一〕玄真子：即張志和，見前臨江仙（露坐榕陰須痛飲）注〔三〕。宋黄昇唐宋諸賢絶妙詞選：「張志和，字子同，婺州金華人。居江湖，自稱『煙波釣徒』，著玄真子，亦以爲號。每垂釣不設餌，志不在魚也。」其詞今存漁歌子五首，極能道漁家之事。玄真子圖，即張志和像。宋黄庭堅鷓鴣天漁父詞序：「憲宗時，畫玄真子像，訪之江湖，不可得，因令集其歌詩上之。」詞蓋於里居時作。

〔二〕漁童樵青：唐顔真卿浪迹先生玄真子張志和碑銘：「肅宗嘗錫奴婢各一，玄真配爲夫妻。名夫曰漁童，妻曰樵青。人問其故，漁童使捧釣收綸，蘆中鼓枻；樵青使蘇蘭薪桂，竹裏煎茶。」

〔三〕「明月太虚」句：唐顔真卿浪迹先生玄真子張志和碑銘：「竟陵子陸羽、校書郎裴修，嘗詣問有何人往來？答曰：『太虚作室而共居，夜月爲燈以同照，與四海諸公未嘗離別，有何往來？』」

〔四〕閑煩惱：詩詞曲語辭匯釋卷四謂是：「没關係之煩惱、是非，或空煩惱、空是非也。」

【彙評】

宋胡仔苕溪漁隱叢話後集卷三十九：張仲宗有漁家傲詞，余往歲在錢塘，與仲宗從遊甚久，仲宗手寫此詞相示，云舊所作也。其詞第三句，原是「橛頭細雨春江渺」，余謂仲宗曰：「橛頭雖是船名，今以雨襯之，語晦而病。」因爲改作「緑蓑細雨」，仲宗笑以爲然。

宋羅大經鶴林玉露乙編卷三：山谷題玄真子圖詞，所謂「人間底是無波處，一日風波十二時」者，固已妙矣。張仲宗詞云（略）語意尤飄逸。仲宗年逾四十即挂冠，後因作詞送胡澹菴貶新州，忤秦檜，亦得罪。其標致如此，宜其能道玄真子心事。

明顧從敬類選草堂詩餘正集卷二：（眉批）洒然無塵。仲宗四十一後即挂冠，繼以胡澹菴貶作詞送之，忤秦檜得罪，標致若此，宜其能道玄真子神情。

前調〔一〕

樓外天寒山欲暮，溪邊雪後藏雲樹。小艇風斜沙觜露。流年度，春光已向梅梢住。　短夢今宵還到否？葦村四望知何處。客裏從來無意緒。催歸去，故園正要鶯花主。

【校】

〔雪後〕楊慎詞品、毛本、歸來集作「雪靄」。

〔沙觜露〕詞品作「沙觜路」。

【箋注】

〔一〕本詞有「客裏從來無意緒，催歸去」等語，似晚年重遊江、浙一帶時所作。

【彙評】

詞品卷一：「溪邊雪靄藏雲樹，小艇風斜沙觜路」，皆秀句也。詞中多以「否」呼爲「府」，與「主」、「舞」字同押，蓋閩音也。……曹元寵亦以「否」呼爲「府」。

類選草堂詩餘正集卷二：楊升庵以「否」與「主」同叶，呼「否」爲「府」，蓋閩音也。曹元寵梅詞亦以「否」爲「府」，皆非。及考中原音韻，却宜同協，升庵之論，不可盡信。

前調　奉陪富公季申探梅有作〔一〕

寒日西郊湖畔路，天低野闊山無數〔二〕。路轉斜崗花滿樹。絲吹雨，南枝佔得春光住〔三〕。　藉草携壺花底去，花飛酒面香浮處。老手調羹當獨步〔四〕。須記取，坐中都是芳菲侣。

【校】

〔題〕歷代詩餘無。

〔寒日〕毛本、百家詞、歷代詩餘作「寒食」。

〔老手〕歷代詩餘作「老子」。

【箋注】

〔一〕富公季申：即富直柔。李彌遜筠溪樂府十月桃二首，有同富季申賦梅花。歸來集卷二與富樞密同集天宫寺詩：「和氣從容一笑春，如公今是暫閑身。」詞蓋於紹興十六年（一一四六）後在福州作。

〔二〕天低野闊：唐孟浩然宿建德江詩：「野曠天低樹，江清月近人。」

〔三〕南枝：宋朱翌猗覺寮雜記卷上：「梅用南枝事，共知青瑣紅梅詩云：『南枝向暖北枝寒。』李嶠云：『大庾天寒少，南枝獨早芳。』張方注云：『大庾嶺上梅，南枝落，北枝開。』南唐馮延巳詞：『北枝梅蕊犯寒開。』則南北枝事，其來遠矣。」

〔四〕調羹：尚書説命下：「若作和羹，爾惟鹽梅。」注疏：「鹽鹹梅醋，羹須鹹醋以和之。」此謂商王武丁立傅説爲相，欲其治理國家，如調鼎中之味，使之協調。故以調鼎、調羹比喻宰相之職事。

謁金門〔一〕

鴛鴦渚〔二〕，春漲一江花雨。別岸數聲初過櫓，晚風生碧樹。　艇子相呼相語，載取暮愁歸去〔三〕。寒食煙村芳草路，愁來無着處。

【校】

〔調〕毛本、歸來集調下有「或刻秦處度」。全宋詞案：此首類編草堂詩餘卷一誤作秦湛詞。

【箋注】

〔一〕本詞紹興二十七年（一一五七）暮春作於嘉興。歸來集卷九跋蘇詔君楚語後署：「蘆川老人于檇李弭棹亭中，丁丑仲夏望日。」詞中有「鴛鴦渚」、「艇子相呼相語」等語，此詞應是晚年滯留嘉興時所作。

〔二〕鴛鴦渚：即鴛鴦湖。宋王象之輿地紀勝卷三嘉興府：「鴛鴦湖，乃郡之南湖也。湖多鴛鴦，故以名之。」嘉慶一統志嘉興府：「南湖，其中多鴛鴦；或云東南兩湖相接，有如鴛鴦，故名。」

〔三〕「艇子」二句：唐温庭筠西州詞：「艇子摇兩槳，催過石頭城。」宋李清照武陵春詞：「只恐雙溪舴艋舟，載不動、許多愁。」

前調　道山亭餞張椿老赴行在〔一〕

風露底，石上岸巾愁起〔二〕。月到房心天似水〔三〕，亂峰清影裏。　此去登瀛須記〔四〕，今日道山同醉〔五〕。春殿明年人共指〔六〕，玉皇香案吏〔七〕。

【校】

〔調〕全宋詞案：此首誤入朱翌灊山集補遺。

〔題〕歷代詩餘作「道山亭餞别」。

〔風露底〕原作「風露低」，據百家詞改。

〔今日〕毛本、歷代詩餘作「今夕」。

〔香案吏〕原作「香案史」，據百家詞、毛本改。

【箋注】

〔一〕張椿老：見前青玉案（平生百繞垂虹路）注〔一〕。其赴行在之具體年代不能確知，詞約紹興中作於福州。

〔二〕岸巾：謂冠高露額，與「岸幘」意相同。新唐書宋璟傳：「帝（唐中宗）怒，岸巾出側門。」

〔三〕房心：星宿名，即房宿與心宿。史記天官書：「月行中道。」索隱：「中道，房星之中間也。房有四星，若人之房三間有四表然……故房是日月五星之行道，然黄道亦經房心。」月到房心，即月運行到中天。

〔四〕登瀛：登瀛洲之省稱。比喻士人取得榮寵，猶如登仙界。新唐書褚亮傳載，唐武德四年（六二一），太宗爲太子，於宫城西開文學館，以房玄齡、杜如晦等十八人爲學士，凡分三番，備顧問，訪以政事。在選中者，爲人所慕向，謂之「登瀛洲」。宋劉克莊哭毛易甫詩：「垂二十年猶入幕，後三四榜盡登瀛。」

〔五〕道山：道山亭。福建通志名勝志侯官縣：「道山亭，在烏石山天章臺左。三山志：宋熙寧三年郡守程師孟建，以其前際海門，回覽城市，宜比道家蓬萊山，因篆書道山亭三字刻石。」宋曾鞏元豐二年作道山亭記云：「福州治侯官，於閩爲土中，所謂閩中也。……程公（師孟）爲是州，得閩嶔崟之際，爲亭於其處……以謂在江海之上，爲登覽之觀，可比於道家所謂蓬萊、方丈、瀛州之山，故名之曰道山亭。」

〔六〕春殿：長春殿。宋李攸宋朝事實卷十二：「國初因唐與五代之制，文武官每日赴文明殿（原注：即文德殿），正衙常參，宰相一人押班，五日起居，即崇德、長春二殿（原注：崇德即紫宸，長春即垂拱）。中書門下爲班首，其長春殿常朝。」歸來集卷六醉花陰詞：「春殿聽宣麻，争喜登庸，何似今番喜。」

〔七〕「玉皇」句：新唐書儀衛志：「朝日，殿上設黼扆、躡席、熏爐、香案。」唐元稹以州宅誇於樂天詩：「我是玉皇香案吏，謫居猶得住蓬萊。」

前調　送康伯檜〔一〕

清光溢，影轉畫簷涼入。風露一天星斗濕，無雲天更碧。　滿引送君何惜，記取吾曹今夕。目斷秋江君到日，潮來風正急。

【箋注】

〔一〕康伯檜：生平事迹不詳。歸來集卷十康伯檜畫贊：「元紫芝眉宇澹然簡古，謝幼輿丘壑正爾卓犖。乃若吾子以邁往不群之氣，與神鋒太雋之姿，方幼輿，恐未免於富貴；慕紫芝，雅有志於文辭。蓋浮遊物表，殆仿佛其如此。彼輪囷胸次，亦孰得而知耶？」據畫贊，此詞約作於歸隱後。

瑞鷓鴣

雛鶯初囀鬥尖新〔一〕，雙蕊花嬌掌上身〔二〕。總解滿斟偏勸客，多生俱是綺羅人〔三〕。回波偷顧輕招拍，方響低敲更合纂。豆蔻梢頭春欲透〔四〕，情知巫峽待爲雲〔五〕。

【校】

〔纂〕毛本作「箏」。

【箋注】

〔一〕門尖新：宋晏殊山亭柳（贈歌者）詞：「家住西秦，賭薄藝隨身。花柳上，鬥尖新。」

〔二〕掌上身：南史羊侃傳：「舞人張浄琬腰圍一尺六寸，時人咸推能掌上舞。」此指身體輕盈，唐羅隱嘲鍾陵妓雲英詩：「鍾陵醉別十餘春，重見雲英掌上身。」

〔三〕綺羅人：宋張俞蠶婦詩：「遍身羅綺者，不是養蠶人！」

〔四〕豆蔻梢頭：唐杜牧贈别詩：「娉娉裊裊十三餘，豆蔻梢頭二月初。」

〔五〕巫峽待爲雲：借用巫山神女傳説，喻此女因年幼而未經巫山雲雨之事。

前調　彭德器出示胡邦衡新句次韻〔一〕

白衣蒼狗變浮雲〔二〕，千古功名一聚塵〔三〕。好是悲歌將進酒〔四〕，不妨同賦惜餘春〔五〕。風光全似中原日，臭味要須我輩人〔六〕。雨後飛花知底數，醉來贏取自由身〔七〕。

【箋注】

〔一〕彭德器：生平事迹不詳。曾任學士，與元幹交遊酬唱。歸來集卷二有彭德器北堂太夫人挽詩，卷三有病中示彭德器。卷十彭德器畫贊云：「凜然其容也雖甚莊，視江左風流兮所長。琅然其辭也雖甚辯，異戰國縱横兮可賤。蓋氣節勁而論議公，心術正而識度遠。使之臨敵對壘，則必巾幗遺人；若夫委質策勛，自當以劍履上殿。野服兮蕭散，用未用兮又何怨？知我者無取八州督，不知我者聊復三語掾。」胡邦衡，即胡銓，見前賀新郎（夢繞神州路）注〔一〕。胡邦衡新句，今不見著録。宋王明清揮麈録後録卷十：「邦衡在新州，嘗賦詞云：『富貴本無心，何事故鄉輕別。空使猿驚鶴怨，誤薜蘿風月。囊錐剛要出頭來，不道甚時節。欲駕巾車歸去，有豺狼當轍。』郡守張棣繳上之，以謂譏訕，秦（檜）愈怒，移送吉陽軍編管。」詞蓋於紹興十八年（一一四八）前胡邦衡編管新州時作。

〔二〕「白衣」句：唐杜甫可嘆詩：「天上浮雲如白衣，斯須改變如蒼狗。」

〔三〕一聚塵：經籍纂詁卷六十六：「聚，土積也。」宋黄庭堅出城送客故人東平侯趙景珍墓詩：「意氣都成一聚塵。」

〔四〕將進酒：古樂府，漢鐃歌名，見樂府詩集卷十六。唐李白將進酒：「君不見黄河之水天上來……將進酒，君莫停。與君歌一曲，請君爲我傾耳聽。」

〔五〕惜餘春：指李白所作惜餘春賦。

〔六〕臭味：臭，通「嗅」。臭味，即氣味。左傳襄公八年：「今譬於草木，寡君在君，君之臭味也。」杜氏注：「言同類。」

〔七〕自由身：五代李珣定風波詞：「此時方認自由身。」

好事近〔一〕

老去更思歸，芳草正薰南陌。上巳又逢寒食，嘆三年爲客。　吹花小雨濕秋千，閑却好春色。天甚不憐人老，早教人歸得。

【箋注】

〔一〕本詞有「老去更思歸」、「天甚不憐人老」、「早教人歸得」等語，約紹興末年重遊江、浙一帶時作。

前調

梅潤乍晴天，簾卷畫堂風月。珠翠共迷香霧，是長年時節〔一〕。　瑶池清夜宴群仙〔二〕，鸞笙未吹徹。西母醉中微笑〔三〕，看蟠桃初結〔四〕。

【箋注】

〔一〕長年：此指長壽。宋晏殊訴衷情詞：「多福莊嚴，富貴長年。」

〔二〕瑤池：穆天子傳卷三：「天子觴西王母於瑤池之上。」唐李商隱瑤池詩：「瑤池阿母綺窗開，黄竹歌聲動地哀。」

〔三〕西母：即西王母，古代神話中人物。宋曾慥類説引漢武帝内傳謂西王母乃容顔絶世之女神。桓驎西王母傳稱「西王母者，九靈太廟龜山之金母也。一號太虚九光龜臺金母元君。」

〔四〕蟠桃：古代神話傳説中之仙桃，三千年一熟。類説引漢武帝内傳：「王母上殿自設精饌，以盤盛桃一枚，帝食之甘美。母曰：『此桃三千歲一生實。』」宋晏殊鵲踏枝詞：「蟠桃一熟三千歲。」

前調

春色到花房，芳信一枝偏好。勾引萬紅千翠，爲化工呈巧。　花姑玉貌笑東風〔一〕，今朝放春早。看取鬢邊幡勝〔二〕，永宜春難老。

【校】

〔今朝〕歸來集作「今日」。

【箋注】

〔一〕花姑：指花神。宋曾慥類説卷十三花木録花姑：「（晉南岳）魏夫人李弟子善種花，謂之花姑。」

〔二〕幡勝：幡與勝，皆是紙剪頭飾。宋蘇軾減字木蘭花（已卯儋耳春詞）：「春幡春勝，一陣春風吹酒醒。」合稱爲「幡勝」。蘇軾次韻曾仲錫元日見寄詩：「蕭蕭東風兩鬢華，年年幡勝剪宮花。」宋孟元老東京夢華録卷六立春：「春日宰執親王百官皆賜金銀幡勝，入賀訖，戴歸私第。」

前調

斗帳炷爐熏，花露裛成薌澤〔一〕。縈透雪兒金縷，醉玉壺春色。　非煙非霧鎖窗中〔二〕，王孫倦留客。不道粉牆南畔，也有人聞得。

【校】

〔留客〕毛本作「遊客」。

【箋注】

〔一〕薌澤：同「香澤」，香氣。史記滑稽列傳：「羅襦襟解，微聞薌澤。」

〔二〕非煙：史記天官書：「若煙非煙，若雲非雲，郁郁紛紛，蕭索輪囷，是謂卿雲。卿雲，喜氣也。」

怨王孫

小院春晝，晴窗霞透。把雨燕脂，倚風翠袖。芳意惱亂人多〔一〕，暖金荷〔二〕。多情不分群葩後，傷春瘦。淺黛眉尖秀。紅潮醉臉，半掩花底重門，怨黄昏。

【校】

〔題〕歸來集作「海棠」。

〔把雨〕毛本、歷代詩餘作「著雨」。

【箋注】

〔一〕惱亂：詩詞曲語辭匯釋卷五：「惱亂，爲其所撩所亂也。」宋黄庭堅步蟾宫詞：「蟲兒真個忒靈利，惱亂得、道人眼起。」

〔二〕金荷：指酒杯。宋楊萬里仲秋前兩日別劉彦純彭仲莊於白馬山下詩：「長亭更放金荷淺，後夜誰同璧月圓。」

【彙評】

草堂詩餘別集卷一：（眉批）美人圖。　是得之温飛卿「鬢雲欲度香腮雪」句。

前調 紹興乙丑春二月既望，李文中置酒溪閣。日暮雨過，盡得雲煙變態，如對嵤丘著色山。坐客有歌怨王孫者，請予賦其情抱。葉子謙爲作三弄，吹雲裂石，旁若無人，永福前此所未見也。老子於此，興復不淺〔一〕。

霽雨天迴，平林煙暝〔二〕。燈閃沙汀，水生釣艇。樓外柳暗誰家，亂昏鴉。

想思怪得今番甚〔三〕。寒食近，小研魚箋信〔四〕。屏山交掩，微醉獨倚闌干，恨春寒。

【校】

〔題〕歷代詩餘無。

〔交掩〕毛本、歷代詩餘作「半掩」。

〔小研〕毛本、歷代詩餘作「小研」，詞綜作「小硯」，朱居易毛刻宋六十家詞勘誤作「小研」。

【箋注】

〔一〕本詞紹興十五年（一一四五）春二月作於永福（今福建永泰縣）。李文中：曾任主簿，生平事迹不詳。歸來集卷二有送李文中主簿受代歸庭闈詩。嵤丘：見前八聲甘州（倚凌空、飛觀展嵤丘）注〔二〕。葉子謙，不詳。老子於此，興復不淺：世說新語容止：「庾太尉

（亮）在武昌，秋夜氣佳景清，使吏殷浩、王胡之之徒登南樓……庾公俄而率左右十許人步來，諸賢欲起避之。公徐云：『諸公少住，老子於此處興復不淺。』」

〔二〕平林煙暝：唐李白菩薩蠻詞：「平林漠漠煙如織。」

〔三〕怪得：詩詞曲語辭匯釋卷一引此詞作「難怪義」解。

〔四〕小研魚箋：宋賀鑄鳳棲梧詞：「小研綾箋，倫寄西飛燕。」魚箋，紙名，即魚子箋。唐王維送李員外賢郎詩：「魚箋請詩賦，橦布作衣裳。」

喜遷鶯令 送何晉之大著兄趨朝，歌以侑酒〔一〕

文倚馬〔二〕，筆如椽〔三〕，桂殿早登仙〔四〕。舊遊册府記當年〔五〕，衮繡合貂蟬〔六〕。

慶天申〔七〕，瞻玉座〔八〕，鵷鷺正陪班〔九〕。看君穩步過花磚〔一〇〕，歸院引金蓮〔一一〕。

【校】

〔調〕詞律、歷代詩餘作「喜遷鶯」。

〔過花磚〕歷代詩餘作「上花磚」。

【箋注】

〔一〕本詞紹興二十年(一一五〇)作於福州。何晉之,即何大圭,宋詩紀事卷三十九:「何大圭,字晉之,廣德(今屬安徽)人。政和八年,嘉王榜進士,仕爲秘書省著作郎。」高宗建炎四年(一一三〇)爲滕康、劉珏屬官,坐失洪州除名嶺南編管。紹興五年放逐自便。宋李心傳建炎以來繫年要録卷一百六十一:「紹興二十年,左朝郎何大圭直秘閣。」孝宗隆興元年,晉之由浙西安撫司參議官主管台州崇道觀。卒年不詳。詞題云「大著兄」,乃用其著作郎原官耳。

〔二〕倚馬:世説新語文學:「桓宣武(温)北征,袁虎時從,被責免官。會須露布文,唤袁倚馬前令作,手不輟筆,俄得七紙,殊可觀。」後稱文思敏捷者爲「倚馬才」。唐李白與韓荆州書:「請日試萬言,倚馬可待。」

〔三〕筆如椽:即如椽筆,猶云大手筆。晉書王珣傳:「珣夢人以大筆如椽與之,既覺,語人曰:『此當有大手筆事。』」

〔四〕「桂殿」句:舊謂登第爲蟾宫折桂。此指何大圭早年即獲進士及第。

〔五〕册府:古代帝王藏書之所,亦作「策府」。穆天子傳卷二:「天子北征東還,乃循黑水。癸巳,至於群玉之山……阿平無險,四徹中繩,先王之所謂策府。」注:「言往古帝王以爲藏書册之府,所謂藏之名山者也。」晉書葛洪傳:「紬奇册府,總百代之遺編。」此指秘書省。

〔六〕貂蟬：見前青玉案（花王獨佔春風遠）注〔五〕。

〔七〕天申：即天申節。宋史禮志：「建炎元年五月，宰臣等上言，請以五月二十一日爲天申節。」錢大昕十駕齋養新録卷七：「宋制，諸帝生辰聖節，各立嘉名。……高宗曰天申。」

〔八〕玉座：指御座。文選謝朓同謝諮議銅爵臺詩：「玉座猶寂寞，況乃妾身輕。」鄭玄曰：「坐玉牀，處天之位也。」

〔九〕鵷鷺：鵷和鷺，飛行有序，因以比喻百官朝見時秩序井然。隋書音樂志：「懷黄綰白，鵷鷺成行。」

〔一〇〕花磚：唐時内閣北廳前階有花磚道，冬季日至五磚，爲學士入值之候。唐李肇國史補卷下：「御史故事，大朝會則監察押班……紫宸最近，用六品，殿中得立五花磚。」亦有過八磚者，唐翰林學士李程性懶，每入必逾八磚，時人呼爲八磚學士。宋陸游晚起詩：「欠伸看起東窗日，也似金鑾過八磚。」此言何大圭回朝任直秘閣之職。

〔一一〕歸院引金蓮：五代王定保唐摭言卷十五：「令狐趙公，大中初在内庭，恩澤無二，常便殿召對，夜艾方罷，宣賜金蓮花送歸院。院使已下，謂是駕來，皆鞠躬階下，俄傳吟曰：『學士歸院。』莫不驚異。金蓮花，燭柄耳，唯至尊方有之。」清趙翼陔餘叢考卷二十宋金蓮燭送歸院者六人：「晁迥常夜召對，帝命内侍持燭送歸院。」

前調　呈富樞〔一〕

雲葉亂，月華光，羅幕卷新涼。玉醅初泛嫩鵝黄〔二〕，花露滴秋香〔三〕。　地行仙〔四〕，天上相，風度世間人樣。懸知洗盞徑開嘗〔五〕，誰醉伴禪牀。

【校】

〔調〕毛本作「鶴沖天」。

〔題〕毛本作「呈富樞密」。

【箋注】

〔一〕本詞紹興十六年後作於福建。富樞密，即富直柔。

〔二〕玉醅：指美酒。梁蕭統錦帶書十二月啓南吕八月：「傾玉醅於風前，弄瓊駒於月下。」

〔三〕秋香：指秋香酒，李彌遜有鶴沖天張仲宗以秋香酒見寄並詞次其韻詞。

〔四〕地行仙：楞嚴經八：「有十種仙，阿難，彼諸衆生，堅固服餌，而不休息，食道圓成，名地行仙。」宋蘇軾樂全先生生日以鐵拄杖爲壽二首之一：「先生真是地行仙，住世因循五百年。」

〔五〕洗盞徑開嘗：唐杜甫謝嚴中丞送青城山道士乳酒一瓶詩：「洗盞開嘗對馬軍。」

【附録】

李彌遜鶴沖天（張仲宗以秋香酒見寄並詞次其韻）詞：篘玉液，釀花光，來乘北窗涼。爲君小摘蜀葵黄，一似嗅枝香。　飲中仙，山中相，也道十分宫樣。一般時候最宜嘗，竹院月侵牀。

喜遷鶯慢　鹿鳴宴作〔一〕

雁塔題名〔二〕，寶津肦宴〔三〕，盛事簪紳常説〔四〕。文物昭融〔五〕，聖代搜羅，千里争趨丹闕。元侯勸駕〔六〕，鄉老獻書，發軔龜前列〔七〕。山川秀，圜冠衆多，無如閩越豪傑〔八〕。　姓標紅紙，帖報泥金〔九〕，喜信歸來俱捷。驕馬蘆鞭〔一〇〕，醉垂藍綬〔一一〕，吹雪□□芳月。素娥情厚，桂花一任郎君折〔一二〕。須滿引，南臺又是，合沙時節〔一三〕。

【校】

〔圜冠〕毛本、詞律作「圜觀」。

〔豪傑〕毛本屬下片。

〔吹雪□□〕「吹雪」下無缺字，據毛本、詞律補。

【箋注】

〔一〕本詞有「雁塔題名」、「盛事簪紳常説」、「南臺又是合沙時節」等語，當爲北宋政和、宣和年間作。時元斡在福建應邀赴當地州郡長官爲中式舉子所設鹿鳴宴。新唐書卷四十四選舉志上：「每歲仲冬，州、縣、館、監舉其成者送之尚書省；……試已，長吏以鄉飲酒禮，會屬僚，設賓主,陳俎豆,備管弦,牲用少牢,歌鹿鳴之詩,因與耆艾叙長少焉。」宋吴自牧夢粱録卷三士人賦殿試唱名謂文、武兩榜狀元設宴,同年團拜,亦稱爲鹿鳴宴。

〔二〕雁塔題名:雁塔,在今陝西省西安市慈恩寺中,世稱大雁塔。唐代新進士有雁塔題名之舉。五代王定保唐摭言卷三慈恩寺題名遊賞賦詠雜記:「進士題名,自神龍(唐中宗年號)之後,過關宴後,率皆期集於慈恩塔下題名。」又,宋錢易南部新書:「韋肇初及第,偶於慈恩寺塔下題名,後進慕效之,遂成故事。」案,此故事傳説不一,而雁塔留題姓名者尚有僧道士庶等,非止進士。

〔三〕寶津肦宴:肦,通「頒」,頒賜。五代王定保唐摭言卷一:「元和中,中書舍人李肇撰國史補。其略曰:『進士爲時所尚久矣。……既捷,列名於慈恩寺塔,謂之題名;大燕於曲江亭子,謂之曲江會。』」原注:「曲江大會在關試後,亦謂之關宴。宴後同年各有所之,亦謂之離會。」宋初亦有賜宴進士之習。江少虞宋朝事實類苑卷第三十試進士沿革:「進士之舉,至本朝尤盛,而沿革不一。……賜宴自吕蒙正榜始。」案,吕蒙正榜,時在太平興國二年(九七七)。宋陳濟翁驀山溪詞:「寶津南殿,宴坐近天顔。」

〔四〕盛事:宋韓元吉南澗甲乙稿卷四鹿鳴宴詩:「明年貢籍還增倍,定作東州盛事傳。」

〔五〕文物:此指禮樂典章制度。後漢書南匈奴傳論:「制衣裳,備文物,加璽紱之綬,正單于之名。」

〔六〕元侯勸駕：此指州郡薦送舉子赴京師應省試。左傳襄公四年：「三夏，天子所以享元侯也。」杜氏注：「元侯，牧伯。」勸駕，漢書卷一高帝紀下：「賢士大夫有肯從我遊者，吾能尊顯之。……御史中執法下郡守，其有意稱明德者，必身勸爲之駕。」注引文穎曰：「有賢者，郡守身自往勸勉，令至京師，駕車遣之。」後人謂促人起行或出任爲「勸駕」。

〔七〕發軔：楚辭離騷：「朝發軔於蒼梧兮，夕吾至乎縣圃。」

〔八〕閩越：王定保唐摭言卷十五：「歐陽詹卒，韓文公（愈）爲哀辭序云：『德宗初即位，宰相常衮爲福建觀察使，治其地。衮以文辭進。鄉縣小民有能讀書作文辭者，親與之爲主客之禮，觀遊宴饗，必召與之。時未幾，皆化翕然。於時詹獨秀出，衮加敬愛，諸生皆推服。閩越之人舉進士，繇詹始也。』」閩越，古國，七閩地。史記東越列傳：「漢五年，復立無諸爲閩越王。」

〔九〕泥金：即泥金帖。王仁裕開元天寶遺事泥金帖子：「新進士才及第，以泥金書帖子，附書家中，用報登科之喜。」

〔一〇〕蘆鞭：一種短小馬鞭。宋晏幾道采桑子詞：「蘆鞭墜遍楊金陌。」

〔一一〕藍綬：繫印環之絲帶。宋趙師俠漢宮春詞：「藍綬孃，蘆鞭駿馬，長安走遍天街。」

〔一二〕「素娥情厚」二句：用蟾宫折桂故事。唐段成式酉陽雜俎前集卷一天咫：「舊言月中有桂，有蟾蜍，故異書言月桂高五百丈，下有一人常斫之，樹創隨合。人姓吴名剛，西河人，學仙有道，謫令伐樹。」又晉書郤詵傳：「臣舉賢良對策，爲天下第一，猶桂林之一枝，崑山之片玉。」宋葉夢得避暑録話卷下：「世以登科爲折桂。……自唐以來用之。温庭筠詩云：『猶喜故人新折桂，自憐羈客尚飄蓬。』其後以月中有桂，故又謂之月桂。而月中又言有蟾，故又改桂爲蟾，以登科爲登蟾宫。」

〔三〕「南臺」二句：宋王明清揮麈録前録卷四引兩朝史章文憲傳：「初閩人謡曰：『南臺沙合出宰相。』至得象相時，沙湧可涉。」又：「政和六年，沙復湧，已而余丞相（深）大拜。十餘年前，外舅方公務德帥福唐，南臺沙忽再湧，已而朱漢章、葉子昂相繼登庸。」

鷓鴣天

不怕微霜點玉肌，恨無流水照冰姿。與君著意從頭看，初見東南第一枝。

人散後，雪晴時，隴頭春色寄來遲〔一〕。使君本是花前客，莫怪殷勤爲賦詩。

【校】

〔調〕全宋詞案：此首又見葉夢得石林詞。葉夢得鷓鴣天此詞題作「十二月二十二日與許幹譽賞梅」。詞中文字小有出入。全宋詞再案：此首又見張元幹蘆川詞卷下，疑是誤入。案：許亢宗，字幹譽，生平事迹不詳。幹譽與葉夢得相交唱和，葉夢得有鷓鴣天元夕次韻幹譽等四首，而元幹無唱和之作，故疑混入，俟考。

【箋注】

〔一〕「隴頭」句：荆州記：「吴陸凱與范曄善，自江南寄梅花與曄，並贈詩曰：『折梅逢驛使，寄與隴頭人。江南無所有，聊贈一枝春。』」

憶秦娥〔一〕

征衫

桃花萼，雨肥紅綻東風惡〔二〕。東風惡，長亭無寐〔三〕，短書難托〔四〕。

辜負深閨約，禁煙時候春羅薄〔五〕。春羅薄，多應消瘦，可忺梳掠。

【校】

〔東風惡〕百家詞本作「惡、惡、惡」。

〔無寐〕歷代詩餘作「無際」。

〔春羅薄〕百家詞本作「薄、薄、薄」。

【箋注】

〔一〕本詞有「長亭無寐，短書難托」之語，當爲南渡後作。

〔二〕雨肥紅綻：見前虞美人（西郊追賞尋芳處）注〔三〕。

〔三〕長亭：北周庾信哀江南賦：「十里五里，長亭短亭。」唐李白菩薩蠻詞：「何處是歸程，長亭更短亭。」白孔六帖：「十里一長亭，五里一短亭。」

〔四〕短書：指短書札。宋趙彦衛雲麓漫鈔卷七：「唐國子祭酒李涪刊誤云：『短書出晉、宋兵革之際，時國禁書疏，非吊喪問疾不得行尺牘。』……啓事論兵，皆短而緘之，貴易於隱藏。」

〔五〕禁煙：亦稱「禁火」，指寒食節。王禹偁寒食詩：「郊原曉緑初經雨，巷陌春陰乍禁煙。」

明月逐人來　燈夕趙端禮席上〔一〕

花迷珠翠，香飄羅綺，簾旌外、月華如水。暖紅影裏，誰會王孫意？最樂昇平景致。　長記宮中五夜〔二〕，春風鼓吹。遊仙夢、輕寒半醉〔三〕。鳳幃未暖，歸去熏濃被。更問陰晴天氣。

【校】

〔題〕歷代詩餘無。

〔春風〕歲時廣記作「東風」。

【箋注】

〔一〕趙端禮：見前水調歌頭（最樂賢王子）注〔一〕。據南宋陳元靚歲時廣記卷十引本事詞載「宣和盛時，京師宮禁五夜上元燈，少監張仲宗上元詞」云云，則知此詞乃北宋宣和年間赴趙端禮宴席上所作。

〔二〕宮中五夜：指京都上元放燈五夜。陳元靚歲時廣記卷十：「國朝會要……上元可更增兩夜，起於十四，止於十八。」宋孔平仲談苑卷四：「京師上元放燈三夕。錢氏納土，進錢買兩夜，今十七、十八是也。」

〔三〕遊仙夢：五代王仁裕開元天寶遺事：「龜兹國進奉枕一枚，其色如瑪瑙，温潤如玉，製作甚工。枕之寢，則十洲三島、四海五湖盡在夢中，帝因立名爲遊仙枕。」

小重山〔一〕

誰向晴窗伴素馨？蘭芽初秀發，紫檀心〔二〕。國香幽艷最情深〔三〕。歌白雪〔四〕，祇少一張琴。　新月冷光侵。醉時花近眼〔五〕，莫頻斟。薛濤箋上楚妃吟〔六〕。空凝睇，歸去夢中尋。

【箋注】

〔一〕本詞歸隱後出遊思閨之作。

〔二〕紫檀：亦稱栴木。晉崔豹古今注卷下草木：「紫栴木，出扶南而色紫，亦曰紫檀。」紫檀心，言蘭花初發時,花心如紫檀色。

〔三〕國香:左傳宣公三年:「以蘭有國香,人服媚之如是。」後稱蘭爲國香,謂花之極香者。

〔四〕白雪:即陽春白雪。宋玉對楚王問:「客有歌於郢中者,其始曰下里巴人,國中屬而和者數千人……其爲陽春白雪,國中屬而和者不過數十人。」

〔五〕「醉時」句:唐杜甫即事詩:「笑時花近眼,舞罷錦纏頭。」此化用其詩意。

〔六〕薛濤:唐女詩人,字洪度,長安人。幼年隨父入蜀,後爲樂妓。曾居成都浣花溪,能詩。蜀箋譜:「濤躬撰深紅小彩箋,時謂之薛濤箋。」楚妃吟:樂府詩集卷二十九石崇楚妃歎引劉向列女傳曰:「楚姬,楚莊王夫人也。莊王好狩獵畢弋,樊姬諫不止,乃不食禽獸之肉。王嘗與虞丘子語,以爲賢。樊姬笑之,王曰:『何笑也?』對曰:『虞丘子賢矣,未忠也。……虞丘子相楚十年,而所薦者非其子孫,則族昆弟,未聞進賢退不肖也。妾之笑不亦宜乎?』王於是以孫叔敖爲令尹,治楚三年而莊王以霸。」梁王筠有楚妃吟。

上西平〔一〕

卧扁舟,聞寒雨,數佳期。又還是、輕誤仙姿。小樓夢冷,覺來應恨我歸遲。鬢雲鬆處,枕檀斜露泣花枝。名與利,空縈繫,添憔悴〔二〕,謾孤悽。得見了、説與教知。偎香倚暖，夜爐圍定酒温時。任他飛雪灑江天，莫下層梯。

【校】

〔調〕毛本下注：「一作金人捧露盤。」

〔名與利〕原無「與」字，據毛本、詞律補。

【箋注】

〔一〕詞中有「名與利，空縈繫，添憔悴，謾孤恓」等句，當爲歸隱後所作。

〔二〕「名與利」三句：宋柳永戚氏詞：「念利名、憔悴長縈絆。」

春光好 爲楊聰父侍兒切鱠作〔一〕

花恨雨，柳嫌風，客愁濃。坐久霜刀飛碎雪〔二〕，一尊同。　勞煩玉指春葱〔三〕，未放筯、金盤已空〔四〕。更與箇中尋尺素〔五〕，兩情通。

【箋注】

〔一〕本詞紹興十一年（一一四一）作於福建。楊聰父，生平事迹不詳。張元幹與之交遊酬唱頗多，歸來集卷三有和楊聰父聞雨書懷、次韻聰父見遺二首、次聰父見遺韻、再用韻奉留聰父以及辛酉别楊聰父等詩作。其辛酉别楊聰父詩云:「春風著意送將歸,爲賦清江落日低。惜别更留烹玉鱠,寓居長記對青猊。家山彼此歸心速,岐路東西客夢迷。重把一樽成悵望,鶯啼緑暗草淒淒。」次韻聰父見遺二首有云:「十年遷客北歸時,旁海相逢嘆渺瀰。」辛酉,即紹興十一年,此詞當爲一時之作。

〔二〕霜刀飛碎雪:唐杜甫觀打魚歌詩:「饔子左右揮霜刀,鱠飛金盤白雪高。」又閿鄉姜七少府設鱠戲贈長歌詩:「無聲細下飛碎雪。」

〔三〕玉指春葱:古詩爲焦仲卿妻作:「指如削葱根,口如含朱丹。」唐白居易等詩:「雙眸剪秋水,十指剥春葱。」

〔四〕「未放筯」句:唐杜甫閿鄉姜七少府設鱠戲贈長歌詩:「放筯未覺金盤空。」

〔五〕「更與」句:玉臺新詠漢蔡邕飲馬長城窟行:「客從遠方來,遺我雙鯉魚。呼兒烹鯉魚,中有尺素書。」

【彙評】

本事詞卷下:張元幹仲宗,善詞翰。……然小詞每寄閑情,如爲楊聰父侍兒切鱠賦春光好。

前調

寒食近,踏青時,畫堂西。可是春來偏倦繡,乍生兒。　香綿輕拂胭脂,加文褓、初試斑衣〔一〕。誚没工夫存問我〔二〕，且憐伊。

【校】

〔斑衣〕原作「班衣」，據百家詞毛本改。

【箋注】

〔一〕文褓：文繡之襁褓。史記趙世家：「乃二人謀取他人嬰兒負之，衣以文葆，匿山中。」「文葆」，漢劉向新序作「文褓」。斑衣：即彩衣，見前青玉案（水芝香遠揺紅影）注〔五〕。唐錢起送韋信愛子歸覲詩：「才子學詩趨露冕，棠花含笑侍斑衣。」

〔二〕誚：詩詞曲語辭匯釋卷二：「誚，猶渾也，直也。字亦作悄、作俏。」唐劉禹錫送李策秀才還湖南詩：「悄如促柱弦，掩抑多不平。」

清平樂

亂山深處，雪擁溪橋路。曉日乍明催客去，驚起玉鴉翻樹。　翠衾香暖檀灰，一枝想見疏梅。憑仗東風説與，畫眉人共春回〔一〕。

【校】

〔題〕歸來集調下有題「雪晴送别」。

【箋注】

〔一〕畫眉：漢書張敞傳：「又爲婦畫眉，長安中傳張京兆眉憮。」

前調〔一〕

明珠翠羽〔二〕，小綰同心縷〔三〕。好去吴松江上路，寄與雙魚尺素〔四〕。　　蘭橈飛取歸來，愁眉待得伊開。相見嫣然一笑〔五〕，眼波先入郎懷。

【箋注】

〔一〕本詞有「好去吴松江上路，寄與雙魚尺素」等語，當作於南渡後。

〔二〕明珠翠羽：指美人頭上之飾物。文選曹植洛神賦：「或采明珠，或拾翠羽，從南湘之二妃，携漢濱之遊女。」

〔三〕同心縷：把絲帶打成同心結，以象徵男女之愛情。南朝樂府蘇小小歌：「何處結同心，西陵松柏下。」

〔四〕雙魚尺素：見前春光好（花根雨）注〔五〕。

〔五〕嫣然一笑：宋玉登徒子好色賦序：「嫣然一笑，惑陽城，迷下蔡。」

【彙評】

詞則閑情集卷二眉批：傳神之筆，麗而不佻。

菩薩蠻

天涯客裏秋容晚，妖紅聊戲思鄉眼。一朵醉深妝，羞渠照鬢霜。　開時誰斷送，不待司花共〔一〕。有脚號陽春〔二〕，芳菲屬主人。

【校】

〔題〕毛本、歸來集調下有題「見芙蓉」。　案百家詞本此首後有注：「道人殷七七，能開頃刻花，潤州鶴林寺常有紅裳女子相共開之。宋璟所至愛物，人謂之有脚陽春。」

【箋注】

〔一〕司花：指司花女。説郛卷七十八顔師古隋遺録：「隋煬帝時，洛陽進合蒂迎輦花，帝命御車女袁寶兒持之，號曰司花女。」

〔二〕「有脚」句：王仁裕開元天寶遺事有脚陽春：「宋璟愛民恤物，朝野歸美，時人咸謂璟爲有脚陽春，言所至之處，如陽春煦物也。」

前調　戲呈周介卿〔一〕

拍堤緑漲桃花水〔二〕，畫船穩泛東風裏。絲雨濕苔錢〔三〕，淺寒生禁煙。　江山留不住，却載笙歌去。醉倚玉搔頭〔四〕，幾曾知旅愁？

【箋注】

〔一〕周介卿：生平事迹不詳。宋洪邁夷堅支庚卷十謂周介卿石之子，買湖州吴秀才女爲妾云云，則周介卿，名石。詞約紹興末重遊江、浙時作。

〔二〕桃花水：唐王維桃源行：「春來遍是桃花水，不辨仙源何處尋。」

〔三〕苔錢：青苔之别名。梁劉孝威怨詩：「丹庭斜草徑，素壁點苔錢。」

〔四〕玉搔頭：即玉簪。晉葛洪西京雜記卷二：「武帝過李夫人，就取玉簪搔頭。自此後宫人搔頭皆用玉，玉價倍貴焉。」唐白居易長恨歌：「花鈿委地無人收，翠翹金雀玉搔頭。」

前調　三月晦，送春有集，坐中偶書〔一〕

春來春去催人老，老夫争肯輸年少。醉後少年狂〔二〕，白髭殊未妨。　插花還起舞，管領風光處。把酒共留春，莫教花笑人。

【箋注】

〔一〕本詞有「老夫争肯輸年少」、「白髭殊未妨」等語，當爲晚年所作。

〔二〕少年狂：宋蘇軾江城子詞：「老夫聊發少年狂。」

前調〔一〕

雨餘翠袖瓊膚潤，一枝想像傷春困〔二〕。老眼見花時，惜花心未衰。醸成誰與醉？應把流蘇綴。淚沁枕囊香，惱儂歸夢長。

【箋注】

〔一〕詞云：「老眼見花時，惜花心未衰。」當爲歸隱後作。

〔二〕一枝：唐白居易長恨歌：「梨花一枝春帶雨。」

前調　政和壬辰東都作〔一〕

黄鶯啼破紗窗曉，蘭釭一點窺人小〔二〕。春淺錦屏寒，麝煤金博山〔三〕。夢回無處覓，細雨梨花濕〔四〕。正是踏青時，眼前偏少伊。

【箋注】

〔一〕本詞徽宗政和二年（一一一二）春作於汴京。時年元幹二十二歲，爲太學上舍生。

〔二〕一點窺人：宋蘇軾洞仙歌詞：「繡簾開，一點明月窺人。」

〔三〕金博山：指博山香鑪。西京雜記卷一：「長安巧工丁緩者……又作九層博山香鑪，鏤爲奇禽怪獸，窮諸靈異，皆自然運動。」

〔四〕「夢回」二句：南唐李璟攤破浣溪沙詞：「細雨夢回雞塞遠。」

前調

甘林玉蕊生香霧〔一〕，遊蜂争采清晨露。芳意著人濃，微烘曲室中。　春來瀛海外〔二〕，沈水迎風碎。好事富餘熏，頻分幾縷雲。

【校】

〔甘林〕歸來集作「芳林」。

【箋注】

〔一〕玉蕊：花名。唐、宋詩詞中詠玉蕊者甚多。唐劉禹錫和嚴給事聞唐昌觀玉蕊花下遊仙二絶：「玉女來看玉蕊花，異香先引七香車。」

〔二〕瀛海：史記孟子荀卿列傳附騶衍：「赤縣神州内自有九州……如此者九，乃有大瀛海環其外，天地之際焉。」

樓上曲

樓外夕陽明遠水，樓中人倚東風裏。何事有情怨別離？低鬟背立君應知。東望雲山君去路，斷腸迢迢盡愁處。明朝不忍見雲山，從今休傍曲闌干。

【校】

〔樓外〕詞律作「樓上」。

〔斷腸〕歷代詩餘作「羊腸」。

〔迢迢〕歷代詩餘作「迢遞」。

【彙評】

白雨齋詞話卷七：「樓外夕陽明遠水（下略）」意味深長，音調古雅，艷體中陽春白雪也。

前調〔一〕

清夜燈前花報喜〔二〕，心隨社燕涼風起。雲路修成寶月時〔三〕，東樓悵望君先歸。沆瀣秋香生玉井〔四〕，畫檐深轉梧桐影。看君西去侍明光〔五〕，杯中丹桂一枝芳〔六〕。

【校】

〔先歸〕毛本、歷代詩餘作「先期」，非。

【箋注】

〔一〕本詞有「看君西去侍明光」之句，與前青玉案生朝詞中「入輔明光拜元老」意相合，此君指李彌遜，當爲同時之作。

〔二〕燈前花報喜：唐杜甫獨酌成詩：「燈花何太喜。」

〔三〕雲路：以比喻仕途。南朝宋鮑照侍郎滿辭閣：「金閨雲路，從兹自遠。」修成寶月：吴曾能改齋漫録卷八引王荆公詩：「玉斧修成寶月團，月邊仍有女乘鸞。」參見前念奴嬌（吴淞初冷）注〔五〕。

〔四〕沆瀣：屈原遠遊：「飡六氣而飲沆瀣兮，漱正陽而含朝霞。」秋香：指秋香酒。宋李彌遜鶴沖天詞序：「張仲宗以秋香酒見寄並詞，次其韻。」

〔五〕明光：見前青玉案（銀潢露洗冰輪皎）注〔五〕。

〔六〕丹桂一枝芳：此借用五代竇禹鈞五子俱登科典故。宋范仲淹范文正公集別集卷四竇諫議録：「竇禹鈞，范陽人，爲左諫議大夫，致仕。諸子進士登第，義風家法爲一時標表。馮道贈禹鈞詩云：『燕山竇十郎，教子以義方。靈椿一株老，仙桂五枝芳。』人多傳誦。」

豆葉黄　唐腔也，爲伯南賦早梅，復和韻〔一〕

冰溪疏影竹邊春，翠袖天寒烔暮雲〔二〕。雪裏精神澹佇人。隔重門，竇粟生香玉半温。

【校】

〔題〕歸來集無「唐腔也」三字。

〔翠袖〕毛本、百家詞作「翠岫」。

【箋注】

〔一〕本詞歸隱後作。伯南，即晁伯南，生平事迹不詳。歸來集卷二有次韻晁伯南飲董顔達官舍心遠堂詩，卷三有奉送晁伯南歸金溪詩等。其奉送晁伯南歸金溪詩云：「君家諸父多人傑，半是平生親舊問。莫話故園空矯首，相從逆旅足開顔。文元勛業金甌字，昭德風流玉筍班。此去騰驤吐虹氣，何由來伴老夫閑？」知此晁伯南乃晁迥之後裔，其先祖爲澶州清豐人。

〔三〕「翠袖」句：唐杜甫佳人詩：「天寒翠袖薄，日暮倚修竹。」

前調〔一〕

疏枝冷蕊忽驚春〔二〕，一點芳心入鬢雲。風韻情知似玉人。笑迎門，香暖紅爐酒未温。

【箋注】

〔一〕本首與前詞同調同韻，當爲一時之作。

〔二〕疏枝冷蕊：唐杜甫舍弟觀赴藍田取妻子到江陵喜寄詩：「巡簷索共梅花笑，冷蕊疏枝半不禁。」

滿庭芳　壽〔一〕

梁苑春歸〔二〕，章街雪霽〔三〕，柳梢華蕚初萌。非煙非霧〔四〕，新歲樂昇平。京兆雍容報政〔五〕，金狨過、九陌塵輕〔六〕。朝回處，青霄路穩，黄色起天庭〔七〕。東風，吹緑鬢，薄羅剪綵，小綰流鶯。比渭濱甲子〔八〕，尚父難兄〔九〕。滿泛椒觴獻壽〔一〇〕，斑衣侍、雲母分屏〔一一〕。明年會，雙衣對引〔一二〕，談笑秉鈞衡。

【箋注】

〔一〕本詞云：「新歲樂昇平。」據歸來集卷三有次友人寒食書懷二首云：「往昔昇平客大梁，新煙燃燭九衢香。」則此詞當爲政和、宣和年間作於汴京。

〔二〕梁苑：亦稱「梁園」。在今河南開封市東南。漢梁孝王（劉武）所築，爲遊賞與延賓之地。司馬相如、枚乘、鄒陽等皆爲座上客。宋晏殊木蘭花詞：「東風昨夜回梁苑。」

〔三〕章街：即章臺街，古址在陝西長安城西南。漢書張敞傳：「（京兆尹張敞）時罷朝會，走馬過章臺街。」此借指東京開封。

〔四〕非煙：見前好事近（斗帳炷爐熏）注〔二〕。

〔五〕京兆：即京兆尹之省稱。漢書張敞傳：「敞爲京兆。」此借指北宋都城京官。

〔六〕金狨：見前水調歌頭（戎虜亂中夏）注〔一四〕。

〔七〕「黄色」句：雲笈七籤黄庭内景經卷四黄庭：「天庭地關列斧斤。」注：「兩眉間爲天庭。」宋蘇軾次韻子由述懷四絶之一：「坐閲諸公半廊廟，時看黄色起天庭。」集註分類東坡詩注：

「人面有天庭，相書以黄色爲喜色也。」

〔八〕渭濱甲子：史記齊太公世家：「呂尚蓋嘗窮困，年老矣，以漁釣奸周西伯。周西伯獵，遇太公於渭之陽。」

〔九〕尚父：周武王稱呂尚爲尚父。詩經大雅大明：「維師尚父，時維鷹揚。」傳云：「師，大師也；尚父，可尚可父。」難兄：世説新語德行：「陳元方子長文，有英才；與季方子孝先，各論其父功德，争之不能決，咨于太丘。太丘曰：『元方難爲兄，季方難爲弟。』」

〔一〇〕椒觴獻壽：椒觴，盛椒酒之杯。北周庾信晉朝饗樂章舉酒詩：「椒觴再獻，寶曆萬年。」

〔一一〕斑衣侍：藝文類聚卷二十引列女傳：「老萊子孝養二親，行年七十，嬰兒自娱，著五色彩衣。」唐錢起送韋信愛子歸覲詩：「才子學詩趨露冕，棠花含笑侍斑衣。」

〔一二〕雙衣對引：宋孔平仲談苑卷四：「學士在内中，院吏朱衣雙引。太祖朝，李昉爲學士，太宗在南衙，朱衣一人前引，昉因去其一。」

前調　壽富樞密〔一〕

韓國殊勛〔二〕，洛都西内，名園甲第相連〔三〕。當年緑鬢，獨佔地行仙〔四〕。文彩風流瑞世〔五〕，延朱履、絲竹喧闐〔六〕。人皆仰，一門相業，心許子孫賢。中興方慶會，再逢甲子〔七〕，重數天元〔八〕。問千齡誰比，五福俱全。此去沙堤步穩〔九〕，調金鼎、七葉貂蟬〔一〇〕。香檀緩〔一一〕，杯傳鸚鵡〔一二〕，新月正娟娟。

【校】

〔當年〕歸來集作「當筵」。

〔天元〕毛本作「天先」，誤。

【箋注】

〔一〕富樞密：即富直柔。詞云：「中興方慶會，再逢甲子，重數天元。」「甲子」，乃紹興十四年（一一四四）。詞蓋於是年在福州作。

〔二〕韓國殊勳：富直柔之祖父乃北宋宰相富弼。宋史卷三百十三富弼傳：「富弼，字彥國，河南人。……弼爲相，守典故，行故事，而傅以公議，無容心於其間。……（熙寧二年）二月，召拜司空兼侍中，賜甲第……王安石用事，雅不與弼合。……遂請老，加拜司空，進封韓國公致仕。」

〔三〕「洛都西内」二句：宋江少虞宋朝事實類苑卷二十四洛陽耆英會：「富韓公（弼），熙寧四年以司空歸洛陽，時年六十八。」司馬光司馬文正公傳家集卷六十八洛陽耆英會序：「元豐中（五年正月），潞國文公留守西都，韓國富公納政在里第，自餘士大夫以老自逸於洛者，於時爲多。……一日，悉集士大夫老而賢者於韓公之第，置酒相樂，賓主凡十有一人。」序中未包括司馬光，實有十二人。

〔四〕地行仙：見前喜遷鶯令（雲葉亂）注〔四〕。

〔五〕文彩風流：唐杜甫丹青引贈曹將軍霸：「英雄割據雖已矣，文彩風流今尚存。」

〔六〕朱履：即珠履。見前水調歌頭（最樂賢王子）注〔二〕。

〔七〕再逢甲子：洛陽耆英會在元豐五年（一〇八二），至元豐七年甲子（一〇八四）文彦博歸洛。再逢甲子，指紹興甲子年，即十四年（一一四四）。

〔八〕天元：史記曆書：「改正朔，易服色，推本天元，順承厥意。」儒家謂周得天正，故稱天元。

〔九〕沙堤：唐天寶三年（七四四）京兆尹蕭炅請於要路築甬道以通車騎，覆沙道上，稱爲沙堤。唐李肇國史補卷下：「凡拜相，禮絶班行，府縣載沙填路，自私第至于城東街，名曰沙堤。」唐白居易行簡初授拾遺同早朝入閣因示十二韻詩：「宿雨沙堤潤，秋風樺燭香。」歸來集卷二張丞相（浚）生朝二十韻詩：「象闕鋒車召，沙堤相印迎。」

〔一〇〕七葉貂蟬：此言累世富貴。文選左思詠史詩：「金張藉舊業，七葉珥漢貂。」李善注：「七葉，自武（漢武帝）至平（漢平帝）也。」

〔一一〕香檀：指檀木拍板，掌握節拍之打擊樂器。唐杜牧自宣州赴官入京路逢裴坦判官歸宣州因題贈詩：「畫堂檀板秋拍碎，一飲有時聯十觥。」

〔二三〕杯傳鸚鵡：唐李白襄陽歌：「鸕鷀杓，鸚鵡杯。」以鸚鵡螺爲酒杯。唐劉恂嶺表録異卷下：「鸚鵡螺，旋尖處屈而朱，如鸚鵡嘴，故以此名。殼上青絲斑文。大者可受二升。殼内光瑩如雲母，製爲酒杯，奇而可玩。」

前調 爲趙西宗壽〔一〕

玉葉聯芳〔二〕，天潢分潤〔三〕，壽筵長對熏風〔四〕。間平襟度〔五〕，濮邸行尊崇〔六〕。忠孝家傳大雅，無喜慍、一種寬容〔七〕。芝蘭盛〔八〕，綵衣嬉戲〔九〕，親睦冠西宗〔一〇〕。

綸膺重寄〔一一〕，遥防遷美，本鎮恩隆。應萱堂齊福〔一二〕，誕月仍同。花蕊香濃氣暖，凝瑞露、滿酌金鍾。龍光近〔一三〕，星飛驛馬，宣入嗣王封〔一四〕。

【校】

〔喜慍〕毛本作「喜恨」。

【箋注】

〔一〕本詞作於建炎元年（一一二七）夏。趙西宗名仲湜，宋宗室。宋史宗室濮王允讓傳：「仲湜字巨源，楚榮王宗輔之子，（濮）安懿王孫也，初名仲洎。熙寧十年，授右内率府副率。累遷密州觀察使、知西外宗正事、保大軍承宣使。欽宗嗣位，授靖海節度使，更今名。召知大宗正事，未行，汴京失守。康王即帝位於南京，仲湜由漢上率衆徑謁。時嗣濮王仲理北遷，乃詔仲湜襲封，加開府儀同三司，歷檢校少保、少傅。紹興元年，充明堂亞獻。七年，薨。帝爲輟朝，賜其家銀帛，追封儀王，謚恭孝。仲湜事母以孝聞，喜親圖史。」

〔二〕玉葉：此喻皇族。唐蕭仿享太廟樂章：「金枝繁茂，玉葉延長。」

〔三〕天潢：猶言天池。古時謂皇族支流派别，如導源於天池，故稱「天潢」。北周庾信故周大將軍義興公蕭公墓銘：「派别天潢，支分若木。」

〔四〕「壽筵」句：宋葉紹翁四朝聞見録卷一恭孝儀王大節：「恭孝儀王，諱仲湜。嘗自贊其容曰：『熙寧六載，歲在癸丑，月當孟夏，二十有九，予乃始生，濮祖之後。』」趙仲湜生日在夏季，故云。

〔五〕間平襟度：間，漢河間獻王劉德；平，後漢東平憲王劉蒼。二人皆漢宗室之賢者，以擬趙仲湜。漢書景十三王傳：「河間獻王德以孝景前二年立，修學好古，實事求是。……修禮樂，被服儒術，造次必於儒者，山東諸儒多從而遊。」後漢書光武十王列傳載明帝手詔云：「日者問東平王處家何等最樂，王言爲善最樂，其言甚大。」

〔六〕濮邸句：宋李心傳建炎以來朝野雜記甲集卷十二：「知大宗正事，仁宗始置，用太祖、太宗之後屬近行尊者各一人，於是首命濮安懿王爲之。」此以指仲湜。宋史宗室濮王允讓傳：「臣僚上言：『嗣濮王元降指揮，雖有擇高年行尊之文，然高宗朝儀王仲湜以德望俱隆，越仲琮而選拜。』」

〔七〕無喜愠：論語公冶長：「令尹子文三仕爲令尹，無喜色；三已之，無愠色。」

〔八〕芝蘭盛：芝蘭，見前醉花陰（紫樞澤笏趨龍尾）注〔八〕。此言趙仲湜諸子。宋史宗室濮王允讓傳載仲湜子有士從、士街、士籛、士衎、士歆，宗室表中士衎下又有士程、士摯、士石、士歆、士峴；士歆爲第十一子，後亦封嗣濮王。

〔九〕綵衣嬉戲：見前青玉案（水芝香遠摇紅影）注〔五〕。

〔一〇〕西宗：宋史職官志四大宗正司：「景祐三年始制司，以皇兄寧江軍節度使濮王知大宗正事。……崇寧三年，置南外宗正司於南京，西外宗正司於西京，各置敦宗院。初，講議司言：『宗室疏屬願居兩京輔郡者，各置敦宗院，其兩京各置外宗正司。』從之。仍詔各擇宗室之賢者一人爲知宗，掌外居宗室。……南渡初，先徙宗室於江、淮，於是大宗正司移江寧，南外移鎮江，西外移揚州。」李心傳建炎以來繫年要録卷四十七：「紹興元年九月甲午朔，壬子，嗣濮王仲湜請合西南外宗正爲一司，以省官吏。事下給舍，中書舍人胡交修等言泉州乏財，不許。是時，兩外宗子女婦合五百餘人……西外一百七十六人，歲費約三萬緡。」

〔一一〕絲綸：禮記緇衣：「王言如絲，其出如綸；王言如綸，其出如綍。」注：「言言出彌大也。」故後稱帝王詔書爲絲綸。

〔一二〕萱堂：詩經衛風伯兮：「焉得諼草，言樹之背？」毛傳：「諼草令人忘憂；背，北堂也。」諼同萱，謂北堂樹萱。後以萱堂指母。

〔三〕龍光：猶寵光。詩經小雅蓼蕭：「既見君子，爲龍爲光。」陳奂傳疏：「龍，古寵字，古文以龍爲寵也。」鄭氏箋：「爲寵爲光，言天子恩澤光耀被及己也。」

〔四〕嗣王封：宋史宗室濮王允讓傳：「嗣濮王者，英宗本生父後也。治平三年，立濮王園廟。元豐七年，封王子宗暉爲嗣濮王，世世不絶封。」宋李心傳建炎以來繫年要録卷六記趙仲湜爲高宗趙構叔祖，襲封嗣濮王在建炎元年六月庚申。是月己未朔，庚申爲初二日。並謂安懿王孫百二十六人，至此紹封者五人。

前調〔一〕

三十年來，雲遊行化〔二〕，草鞋踏破塵沙。遍參尊宿〔三〕，曾記到京華。衲子如麻似粟〔四〕，誰會笑、瞿老拈花〔五〕。經離亂，青山盡處，海角又天涯。

今宵閑打睡，明朝粥飯〔六〕，隨分僧家〔七〕。把木佛燒却，除是丹霞〔八〕。撞著門徒施主〔九〕，驀然箇、喜捨由他。盧陵米〔一〇〕，還知價例，毫髮更無差。

【箋注】

〔一〕詞云「經離亂，青山盡處，海角又天涯」，則知此詞爲南渡後爲僧某作。

〔二〕雲遊行化：此指和尚漫遊四方化緣。唐李益入華山訪隱者經仙人石壇詩：「夙駕昇天行，雲遊恣霞宿。」景德傳燈録卷三：「僧璨大師者，不知何許人也。……後往鄴都行化，三十年方終。」

〔三〕尊宿：對前輩有聲望者之敬稱。景德傳燈録令導禪師：「諸上坐盡是久處叢林，遍參尊宿，且作麽生會佛意，試出來大家商量。」歸來集卷十慧照譽和尚真贊：「果位中古聖賢，叢林中老尊宿。」

〔四〕衲子：僧衣常用衆多碎布補綴而成，因以作僧徒之别稱。宋樓鑰徑山興聖萬壽禪寺記：「紹興七年，大慧禪師來主法席，衲子雲集，至千七百衆。」歸來集卷一奉送真歇禪師往阿育山兼簡黄檗雲峰諸老詩：「所尚古道場，衲子悉傾至。」

〔五〕瞿老拈花：瞿老，指瞿曇。佛教創始人釋迦牟尼，本姓瞿曇，字悉達多，亦作喬達摩。乃梵語音譯，後以瞿曇爲佛之代稱。五燈會元卷一釋迦牟尼佛：「世尊在靈山會上，拈花示衆。是時衆皆默然，唯迦葉尊者破顔笑。世尊曰：『吾有正法眼藏，涅槃妙心，實相無相，微妙法門，不立文字，教外别傳，付囑摩訶迦葉。』」

〔六〕粥飯：景德傳燈録卷十一鄧州香巖智閑禪師：「此生不學佛法也，且作箇長行粥飯僧，免役心神。」

〔七〕隨分：詩詞曲語辭匯釋卷四：「隨分，猶云隨便也，含有隨遇、隨處、隨意各義。」

〔八〕「木佛」二句：景德傳燈録卷十四：「丹霞禪師……後於慧林寺遇大寒，師取木佛焚之。」

〔九〕施主：梵語爲陀那鉢底。佛教寺院對布施者之敬稱。唐義净南海寄歸内法傳受齋規則：「梵云陀那鉢底，譯爲施主。陀那是施，鉢底是主，而云檀越者，本非正譯。」

〔一〇〕廬陵米：景德傳燈録卷五吉州清原山行思禪師：「僧問如何是佛法大意。師曰：『廬陵米作麼價？』」

瑞鶴仙　壽〔一〕

倚格天峻閣〔二〕。舞庭槐陰轉，盆榴紅爍。香風泛簾幕。擁霞裾瓊珮，真珠瓔珞〔三〕。華陽慶渥〔四〕，誕蘭房、流芳秀蕚。有赤繩繫足〔五〕，從來相門，自然媒妁。

遊戲人間榮貴，道要元微，水源清濁。長生大藥〔六〕。彩鸞韻〔七〕，鳳簫鶴〔八〕，對木公金母〔九〕，子孫三世，婦姑爲壽滿酌。看千齡，舉家飛昇，玉京更樂〔一〇〕。

【校】

〔大藥〕百家詞、毛本作「大樂」，朱居易毛刻宋六十家詞勘誤作「大藥」。

【箋注】

〔一〕此首壽詞大意似壽秦氏女嫁爲貴人婦者，時在紹興十六年（一一四六）後。

〔二〕「倚格天」句：李心傳建炎以來繫年要録卷一百五十三：紹興十五年「夏四月丙子朔，（高宗)賜太師秦檜甲第一區。戊寅，檜遷居賜第。」吳曾能改齋漫録卷十一：「光堯賜御書秦益公(檜)『一德格天之閣』牌，一時縉紳獻詩以賀。」

〔三〕瓔珞：同「纓絡」。南史林邑國傳：「其王者著法服，加瓔珞，如佛像之飾。」

〔四〕華陽：尚書禹貢：「華陽黑水惟梁州。」注：「東據華山之南，西距黑水。」秦宣太后弟芈戎封華陽君，昭王立太子愛姬爲華陽夫人，即此地。

〔五〕赤繩繫足：唐李復言續玄怪録卷四定婚店載，韋固夜經宋城，遇一老人倚布囊而坐，向月檢書。因問所檢何書？囊中何物？答曰：「此非世間書。」又謂囊中赤繩子，以繫夫妻之足。雖仇家異域，此繩一繫，終不可避。民間傳説此主管男女婚配之神爲月下老人。

〔六〕長生大藥：道家所謂仙藥。抱朴子内篇卷十一仙藥：「仙人以一囊藥賜之，教其服法。……此山中更多此物，汝鍊之服，可以長生不死。」

〔七〕彩鸞韻：宋陳元靚歲時廣記文簫，記唐大和末有書生文簫，與仙姝吳彩鸞爲夫婦，「生素窮寒，不能自贍。姝曰：『君但具紙，吾寫孫愐唐韻。』日一部，運筆如飛，每鬻獲五緡。……今鍾陵人多有吳氏所寫唐韻在焉。」

〔八〕鳳簫鶴：用簫史、弄玉故事。

〔九〕木公金母：陶弘景真誥卷五甄命授引漢時童謡云：「著青裙，入天門，揖金母，拜木公。」並謂「金母者，西王母也；木公者，東王公也」。蘇軾贈陳守道詩：「樓臺十二紅玻璃，木公金母相東西。」舊時以西王母爲長壽之象徵。

〔一〇〕玉京：此指天闕。魏書釋老志：「道家之原，出於老子，其自言也，先天地生，以資萬類。上處玉京，爲神王之宗；下在紫微，爲飛仙之主。」唐李白廬山謠寄盧侍御虛舟詩：「遥見仙人綵雲裏，手把芙蓉朝玉京。」

【彙評】

蒿庵論詞：蘆川居士以賀新郎一詞送胡澹菴謫新州，致忤賊檜，坐是除名。與楊補之之屢徵不起，黄師憲之一官遠徙，同一高節。然其集中壽詞實繁，而所壽之人，則或書或不書。其瑞鶴仙一闋，首云「倚格天峻閣」，疑即壽檜者。蓋檜有「一德格天閣」也。意居士始亦與檜周旋，至穢德彰聞，乃存詞而削其名邪？

前調　壽〔一〕

喜西園放鑰。對燕寢香潤〔二〕，棠陰寒薄〔三〕。東風夜來惡。禁煙時天氣，鶯啼花落，新晴共約。怕韶光、容易過却。把銅壺緩浮，金杯祓禊〔四〕，嬉遊行樂。　弦索。笙簧聲裏，還記蘭房，正垂羅幕。初眠柳弱。梅如豆〔五〕，玉如琢。向鳳凰池上〔六〕，鴛鴦影裏，他年何啻紫槖。看流芳，繼踵韋平〔七〕，盛傳鞏洛〔八〕。

【校】

〔題〕歷代詩餘無。

〔金杯二句〕原作「把銅壺，緩浮金杯，禊遊行樂」，據毛本、歷代詩餘改。

【箋注】

〔一〕本詞所壽之人不詳，其作年亦不能確知。

〔二〕燕寢：禮記曲禮下第二：「天子有后，有夫人，有世婦，有嬪，有妻，有妾。」孔穎達疏：「周禮王有六寢，一是正寢，餘五寢在後，通名燕寢。」唐韋應物郡齋雨中與諸文士燕集詩：「燕寢凝清香。」

〔三〕棠陰：傳説周召公奭巡行南國，在棠樹下聽訟斷案。後人思之，不忍伐其樹。見詩經召南甘棠。唐劉長卿餞前蘇州韋使君詩：「幸容棲托分，猶戀舊棠陰。」

〔四〕祓禊：見前念奴嬌（蕊香深處）注〔八〕。

〔五〕梅如豆：宋歐陽修阮郎歸詞：「青梅如豆柳如眉。」

〔六〕鳳凰池：見前青玉案（水芝香遠搖紅影）注〔六〕。

〔七〕繼踵韋平：西漢韋賢、韋玄成和平當、平晏皆父子宰相，爲世所重。唐李商隱爲李貽孫上李相公（德裕）啓：「叙漢代之名門，韋平掩耀。」

〔八〕鞏洛：鞏，縣名。周畿内邑。今河南鞏義。宋史樂志十五：「鞏洛靈光，鬱鬱起嘉祥。」

瑶臺第一層〔一〕

寶曆祥開飛練上〔二〕，青冥萬里光。石城形勝〔三〕，秦淮風景〔四〕，威鳳來翔〔五〕。臘餘春色早，兆鈞璜、賢佐興王〔六〕。對熙旦，正格天同德〔七〕，全魏分疆〔八〕。　熒煌。五雲深處〔九〕，化鈞獨運斗魁旁。繡裳龍尾〔一〇〕，千官師表，萬事平章。景鍾文瑞世〔一一〕，醉尚方、難老金漿。慶垂芳。看雲屏間坐，象笏堆牀〔一二〕。

【校】

〔題〕毛本調下有題「壽」。

〔垂芳〕百家詞、毛本作「垂裳」，誤。

【箋注】

〔一〕本詞作於紹興十五年（一一四五）末。

〔二〕寶曆：指國祚。南齊謝朓三日侍宴曲水代人應詔詩：「寶曆載暉，瑶光重踐。」

〔三〕石城：又稱石頭城，亦稱石首城。宋吳曾能改齋漫録卷九石城：「王彦輔石城辨疑曰：『左太沖（思）謂戎車盈于石城（見吳都賦），即金陵之石頭城也。』」相傳漢末劉備使諸葛亮至金陵，謂孫權曰：「秣陵地形，鍾山龍蟠，石城虎踞，此帝王之宅。」見晉張勃吳録。

〔四〕秦淮風景：宋史河渠志：「乾道五年，建康守臣張孝祥言：『秦淮之水流入府城，别爲兩派……又言秦淮水三源，一自華山由句容，一自廬山由溧水，一自溧水由赤山湖，至府城東南，合而爲一，縈迴綿亘三百餘里。』」唐杜牧泊秦淮詩：「煙籠寒水月籠沙，夜泊秦淮近酒家。」

〔五〕威鳳：唐杜甫晦日尋崔戢李封詩：「威鳳高其翔，長鯨吞九州。」

〔六〕釣璜：唐杜甫奉贈太常張卿垍二十韻詩：「幾時陪羽獵，應指釣璜溪。」據尚書大傳謂周太公望（即吕尚），曾釣于磻溪得玉璜，故又稱璜溪，在今陝西寶鷄。

〔七〕格天：見前瑞鶴仙（倚格天峻閣）注〔二〕。

〔八〕全魏分疆：宋史秦檜傳：「（紹興）十二年九月，（秦檜）加太師，進封魏國公。……十五年十月，帝（高宗）親書『一德格天』扁其閣。……十七年，改封檜益國公。」

〔九〕五雲：見前風流子（飛觀插雕梁）注〔二〕。

〔一〇〕黼裳：詩經秦風終南：「君子至止，黼衣黼裳。」　龍尾：即龍尾道，見前醉花陰（紫樞澤笏趨龍尾）注〔二〕。

〔一一〕景鍾：國語卷十三晉語：「昔克潞之役，秦來圖敗晉功，魏顆以其身却退秦師于輔氏，親止杜回，其勛銘于景鍾。」注：「景鍾，景公鍾。」後以景鍾爲褒功之出典。

〔一二〕象笏堆牀：禮記玉藻：「史進象笏，書思對命。」孔穎達疏：「史進象笏者，史謂大夫，亦有史官也。熊氏云,按下大夫不得有象笏。」宋時尚書執笏。舊唐書崔神慶傳:「每歲時家宴,組珮輝映,以一榻置笏,重疊於其上。」

前調〔一〕

江左風流鍾間氣〔二〕,洲分二水長〔三〕。鳳凰臺畔〔四〕,投懷玉燕〔五〕,照社神光〔六〕。豆花初秀雨,散暑空、洗出秋涼。慶生旦,正圓蟾呈瑞,仙桂飄香。肝腸。掞文摛錦〔七〕,駕雲乘鶴下鵷行〔八〕。紫樞將命,紫微如綍,常近君王。舊山同梓里,荷月旦、久已平章〔九〕。九霞觴〔一〇〕。薦刀圭丹餌〔一一〕,衮繡朝裳〔一二〕。

【箋注】

〔一〕本首壽詞未詳所壽之人,作年亦不能確知。

〔二〕江左:晉書温嶠傳:「嶠見王導共談,歡然曰:『江左自有管夷吾(管仲),吾復何慮?』」此指長江下游以東,即今江蘇省一帶。清魏禧日録雜説:「江東稱江左,江西稱江右。蓋自江北視之,江東在左,江西在右耳。」間氣:太平御覽三〇六引春秋演孔圖:「正氣爲帝,間氣爲臣,宮商爲姓,秀氣爲人。」古代讖緯之説,以五行附會人事。唐柳宗元祭楊憑詹事文:「公稟間氣,心靈洞開。」

〔三〕洲分二水長：唐李白登金陵鳳凰臺詩：「三山半落青天外，二水中分白鷺洲。」宋史河渠志引建康守臣張孝祥言：「秦淮之水流入府城，別爲兩派。」

〔四〕鳳凰臺：唐李白登金陵鳳凰臺詩：「鳳凰臺上鳳凰遊，鳳去臺空江自流。」宋陸游入蜀記：「三山自石頭及鳳凰臺望之，杳杳有無中耳。及過其下，則距金陵才五十餘里。」按，鳳凰臺故址在今南京城南之鳳凰山上。

〔五〕「投懷」句：王仁裕開元天寶遺事卷上夢玉燕投懷條記載，傳説唐張説母夢玉燕飛投入懷，因而有孕，生張説。後爲宰相。後人因以爲誕生貴子之頌詞。

〔六〕「照社」句：後漢書應劭傳：「應奉之子劭，字仲遠，少篤學，博覽多聞。……中興初，有應嫗者，生四子而寡，見神光照社，試探之，乃得黄金。自是諸子宦學並有才名。」

〔七〕掞文摛錦：此謂鋪張詞藻。文選左思蜀都賦：「幽思絢道德，摛藻掞天庭。」文選班固西都賦：「若摛錦布繡，燭耀乎其陂。」李善注引説文曰：「摛，舒也。」

〔八〕鵷行：唐杜甫至日遣興奉寄北省舊閣老兩院故人詩：「去歲茲辰捧御牀，五更三點入鵷行。」

〔九〕月旦：指月旦評。後漢書許劭傳：「初，劭與（從兄）靖俱有高名，好共覈論鄉黨人物，每月輒更其品題，故汝南俗有『月旦評』焉。」文選梁劉孝標廣絶交論：「近世有樂安任昉……雌黄出其唇吻，朱紫由其月旦。」

〔一〇〕九霞觴：此指酒杯。唐許碏醉吟詩：「閬苑花前是醉鄉，踏翻王母九霞觴。」

〔一一〕刀圭：政和證類本草卷一引陶弘景名醫别録：「凡散藥有云刀圭者，十分方寸匕之一，准如梧桐子大也。」北周庾信至老子廟應詔詩：「盛丹須竹節，量藥用刀圭。」

〔一二〕衮繡朝裳：詩經豳風九罭：「衮衣繡裳。」正義曰：「傳解詩言衮衣繡裳者，是所以見公之服也。畫龍於衣謂之衮，故云衮衣卷龍。」

望海潮　癸卯冬，爲建守趙季西賦碧雲樓〔一〕

蒼山煙澹，寒谿風定，玉簪羅帶綢繆〔二〕。輕靄暮飛，青冥遠浄，珠星璧月光浮。城際踴層樓。正翠簾高卷，緑瑣低鈎〔三〕。影落尊罍，氣和歌管共清遊。　使君冠世風流。擁香鬟凭檻，霧鬢凝眸。銀燭暖宵，花光照席，譙門莫報更籌〔四〕。逸興醉無休。賦探梅芳信，翻曲新謳。想見疏枝冷蕊〔五〕，春意到沙洲。

【校】

〔題〕歷代詩餘作「賦碧雲樓」。

【箋注】

〔一〕趙季西：生平事迹不詳。宋詩紀事卷四十一：「季西，宣和間人。」碧雲樓：宋王象之輿地紀勝卷一百二十九建寧府：「碧雲樓，在府治。」癸卯爲徽宗宣和五年（一一二三），詞蓋於是年冬在福建建安作。

〔二〕玉簪羅帶：唐韓愈送桂州嚴大夫詩：「江作青羅帶，山如碧玉簪。」綢繆：此指緊纏密繞。詩經唐風綢繆：「迨天之未陰雨，徹彼桑土，綢繆牖户。」疏：「鄭（玄）以爲鴟鴞及天之未陰雨之時，剥彼桑根，以纏綿其牖户，乃得有此室巢。」

〔三〕緑瑣：古時門窗上所雕繪之環形花紋，塗上青緑色。此作門之代稱。後漢書梁冀傳：「柱壁雕鏤，加以銅漆，窗牖皆有綺疏青瑣。」注：「青瑣爲刻瑣文，而以青飾之也。」

〔四〕譙門：史記卷四十八陳涉世家：「攻陳，陳守令皆不在，獨守臣與戰譙門中。」索隱：「蓋謂陳縣之城門，一名麗譙，故曰譙門中，非上譙縣之門也，譙縣守已下訖故也。」更籌：北周庾信奉和春夜應令詩：「燒香知夜漏，刻燭驗更籌。」謂古代夜間報時之更牌，此泛指時間。

〔五〕疏枝冷蕊：見前豆葉黄（疏枝冷蕊忽驚春）注〔二〕。

前調　爲富樞密生朝壽〔一〕

麒麟圖畫〔二〕，貂蟬冠冕，青氈自屬元勛〔三〕。緑野舊遊〔四〕，平泉雅詠〔五〕，霞舒煙卷朝昏。風月小陽春〔六〕。照玳筵珠履，公子王孫。雪度崧高〔七〕，影横伊水慶生申〔八〕。　早梅長醉芳尊。況中興盛際,有密宗臣〔九〕。琳館奉祠〔一〇〕,金甌覆字〔一一〕,和羹妙手還新〔一二〕。光射紫微垣〔一三〕。看五雲朝斗〔一四〕,千載逢辰。開取八荒壽域,一氣轉洪鈞〔一五〕。

【校】

〔題〕原無「密」字,據毛本補。

〔雪度〕歸來集作「雲度」。

【箋注】

〔一〕富樞密:即富直柔。歸來集卷十宣政間名賢題跋有洛陽富直柔於紹興癸亥(十三年)題跋,詞云:「況中興盛際,有密宗臣。」詞蓋作於是年。

〔二〕麒麟圖畫:見前水調歌頭(雨斷翻驚浪)注〔一五〕。

〔三〕青氈:晉書王獻之傳:「(獻之)夜卧齋中,而有人入其室,盜物都盡。獻之曰:『偷兒,青氈我家舊物,可特置之。』群偷驚走。」後以青氈爲儒素之代詞。

〔四〕緑野:即緑野堂,唐裴度之别墅。舊址在河南洛陽市南。新唐書裴度傳載:度以宦官擅權,時事已不大可爲,乃自請罷相,「於午橋創别墅,具燠館凉臺,號緑野堂」。

〔五〕平泉:見前寶鼎現(山莊圖畫)注〔八〕。

〔六〕小陽春：爾雅注疏卷六釋天：「十月爲小陽春。」

〔七〕崧高：即嵩高，指中嶽嵩山。在河南登封北。史記卷二十八封禪書：「中嶽，嵩高也。」

〔八〕慶生申：詩經大雅崧高：「維嶽降神，生甫及申。維申及甫，維周之翰。」鄭玄箋：「申，申伯也；甫，甫侯也。皆以賢知人爲周之楨幹之臣。」

〔九〕宥密：詩經周頌昊天有成命：「成王不敢康，夙夜基命宥密。」毛詩正義曰：「宥，寬也；密，寧也。」

〔一〇〕琳館奉祠：琳館，指宫觀。琳館奉祠，指富直柔提舉宫觀。宋史宰輔表紹興元年：「十一月，富直柔罷知樞密院事，以中大夫提舉臨安洞霄宫。」宋范祖禹送鄭閎中待制提舉洞霄宫詩：「琳館遥瞻霄漢外，秋風一鶴上空虚。」

〔一一〕金甌覆字：新唐書崔義玄傳附子琳：「初，玄宗每命相，皆先書其名。一日書琳等名，覆以金甌，會太子入，帝謂曰：『此宰相名，若自意之，誰乎？即中，且賜酒。』太子曰：『非崔琳、盧從愿乎？』帝曰：『然。』」

〔一二〕和羹：參見前水調歌頭（平日幾經過）注〔六〕。

〔一三〕紫微垣：宋史天文志：「紫微垣東蕃八星，西蕃七星，在北斗北，左右環列，翊衛之象也。」

〔一四〕五雲：見前風流子（飛觀插雕梁）注〔二〕。

〔一五〕「開取八荒」二句：唐杜甫上韋左相二十韻詩：「八荒開壽域，一氣轉洪鈞。」

十月桃〔一〕

年華催晚，聽尊前偏唱，銜暖欺寒。樂府誰知〔二〕，分付點化金丹〔三〕。中原舊遊何在？頻入夢、老眼空潸〔四〕。撩人冷蕊，渾似當時，無語低鬟。有多情多病文園〔五〕。向雪後尋春，醉裹凭闌。獨步群芳，此花風度天然。羅浮淡妝素質，呼翠鳳、飛舞斕斑。參横月落，留恨醒來，滿地香殘〔六〕。

【校】

〔題〕歷代詩餘調下有題「梅花」。

【箋注】

〔一〕本詞約紹興六年前作於福州。當時李彌遜同富直柔賦梅花，亦作十月桃二首。其二與此詞爲同調同韻，應屬一時之作。

〔二〕樂府：漢武帝時置樂府官署，采集詩歌，配以樂曲，稱「樂府歌辭」。此指詞，宋代詞集多有稱樂府者，如晏幾道詞集名小山樂府。

〔三〕金丹：抱朴子内篇卷四：「金丹之爲物，燒之愈久，變化愈妙。……服此二物，鍊入身體，故能令人不老不死。」

〔四〕「中原舊遊」三句：此乃作者身經離亂後對中原故土之深沉思念，詩中表露更多。歸來集卷三次友人寒食書懷韻二首詩：「往昔昇平客大梁，新煙燃燭九衢香。……陵邑只今稱虜地，衣冠誰復問唐裝。」同書卷三次友人書懷詩：「腸斷春風楊柳花，中原何日再京華？」卷三次韻陳德用明府贈別之什詩：「中原遺恨幾時休？」

〔五〕文園：漢文帝之墓所。史記司馬相如傳：「相如拜爲孝文園令。」後以文園指司馬相如。唐杜牧爲人題贈詩二首之一：「文園終病渴，休詠白頭吟。」

〔六〕「羅浮」五句：羅浮，即羅浮山。太平寰宇記卷一百五十七廣州：「羅浮山，本名蓬萊山，一峰在海中，與羅山合，因名之。」淡妝素質：據龍城録（説郛本）趙師雄醉憩梅花下條：「隋開皇中，趙師雄遊羅浮。一日，天寒日暮，在醉醒間，因憩僕車於松林間酒肆傍舍。見一女人，淡妝素服，出迓師雄。時已昏黑，殘雪對月色微明。師雄喜之，與之語，但覺芳香襲人，語言清麗，因與之扣酒家門，持杯相與飲。少頃，有一緑衣童來，笑歌戲舞，亦自可觀。頃醉寢，師雄亦懵然，但覺風寒相襲。久之，時東方已白，師雄起視，乃在大梅花樹下，上有翠羽，啾嘈相須，月落參橫，但惆悵而已。」宋蘇軾十一月二十六日松風亭下梅花盛開再用前韻詩：「羅浮山下梅花村，玉雪爲骨冰爲魂。紛紛初疑月挂樹，耿耿獨與參橫昏。」

【附録】

李彌遜十月桃詞：一枝三四，弄疏英秀色，特地生寒。刻楮三年，謾誇煮石成丹。梨花帶雨難並，似玉妃寂寞微潸。瑶臺空闊，露下星墜，零亂風鬟。記前回擁蓋西園。花信被山煙，著意邀闌。醼面横斜，大家月底頽然。如今萬點難綴，共蒼苔打合成斑。詩翁何似，勸春莫交，粉淡香殘。

前調　爲富樞密〔一〕

蟠桃三熟，正清霜吹冷，愛日烘香〔二〕。小試芳菲〔三〕，時候無限風光。洛濱老人星見〔四〕，□少室、雲物開祥〔五〕。丹青萬彙，熊兆崑臺〔六〕，鳳舉朝陽〔七〕。向元樞曾輔巖廊〔八〕。記名著金甌〔九〕，位入中堂。夢熟鈞天〔一〇〕，屢驚顛倒衣裳〔一一〕。黄髮更宜補衮〔一二〕，歸去定、軍國平章〔一三〕。管弦珠翠，蘭玉簪纓〔一四〕，歲歲稱觴。

【校】

〔□少室〕原無空格，此據毛本補。

【箋注】

〔一〕本詞紹興中居故里時作。富樞密，即富直柔。

〔二〕愛日：宋璟梅花賦：「愛日烘晴，明蟾凍夜。」

〔三〕小試芳菲：即「十月小陽春」之意，因富直柔生日在十月間，故云。

〔四〕洛濱老人星：洛濱，富直柔退隱後自號洛濱老人。宋向子諲水調歌頭詞序：「壓隱寄示與洛濱老人及筠翁過長樂堂醉中秋月，用鄙韻，有妙唱……」宋李彌遜水調歌頭詞：「嘗對洛濱仙伯，共説薌林佳致，魂夢與追遊。」老人星：即南極星。後漢書禮儀志：「仲秋之月……祀老人星于國都南郊老人廟。」唐杜甫泊松滋江亭詩：「今宵南極外，甘作老人星。」

〔五〕少室：元和郡縣圖志：「登封縣嵩高山，在縣北八里，東曰太室，西曰少室。嵩高總名，即中岳也。高二十里，周圍一百三十里。」嵩山、洛水爲洛陽的地理特徵。富直柔爲洛陽人。上句用洛濱語意雙關，既合地名，又切富直柔之别號，而與少室爲對。

〔六〕崑臺：見前醉花陰（紫樞澤笏趨龍尾）注〔六〕。

〔七〕鳳舉朝陽：即鳳鳴朝陽。詩經大雅卷阿：「鳳皇鳴矣，于彼高岡；梧桐生矣，于彼朝陽。」後以鳳鳴朝陽喻賢者遇治世乃出仕。世説新語賞譽：「張華見褚陶，語陸平原（機）曰：『君兄弟龍躍雲津，顧彦先（榮）鳳鳴朝陽，謂東南之寶已盡，不意復見褚生。』陸曰：『公未睹不鳴不躍者耳。』」

〔八〕巖廊：漢書卷五十六董仲舒傳：「蓋聞虞舜時，遊於巖郎之上，垂拱無爲，而天下太平。」廊，古作「郎」。後以喻朝廷或廟堂。桓寬鹽鐵論憂邊：「今九州同域，天下一統，陛下優遊巖廊，覽群臣極言。」

〔九〕金甌：見前望海潮（麒麟圖畫）注〔一一〕。

〔一〇〕鈞天：史記卷四十三趙世家：「我之帝所甚樂，與百神遊於鈞天，廣樂九奏萬舞，不類三代之樂，其聲動人心。」夢熟：用夢卜喻帝王之得賢相，傳説殷高宗以夢得傳説，周文王以卜得吕尚。唐杜牧上周相公啓：「是以傅、吕得於夢卜。」宋史富弼傳：「至和二年，召拜同中書門下平章事，集賢殿大學士，與文彦博並命。宣制之日，士大夫相慶於朝。帝微覘知之，以語學士歐陽修曰：『古之命相，或得諸夢卜，豈若今日人情如此哉？』修頓首賀。」富弼，即富直柔之祖。

〔一一〕顛倒衣裳：後漢書班固傳：「（班固）奏記説（東平王）蒼曰：『……竊見幕府新開，廣延群俊，四方之士，顛倒衣裳。』」李賢等注：「詩曰：『東方未明，顛倒衣裳。』言士争歸之忽遽也。」

〔一二〕黄髮：詩經魯頌閟宫：「黄髮台背，壽胥與試。」箋云：「黄髮、台背，皆壽徵也。」

〔一三〕軍國平章：即平章軍國事。宋史職官志：「平章軍國重事，元祐中置，以文彦博太師、吕公著守司空相繼爲之，序宰臣上。所以處老臣碩德，特命以寵之也。故或稱『平章軍國重事』，或稱『同平章軍國事』。五日或兩日一朝，非朝日不至都堂。」

〔一四〕蘭玉：見前醉花陰（紫樞澤芴趨龍尾）注〔八〕。簪纓：古時官吏冠飾，以喻顯貴。唐張説灉湖山寺詩：「若使巢由同此意，不將蘿薜易簪纓。」此言子弟皆著官服爲其祝壽。

感皇恩 壽〔一〕

緑髮照魁星，平康争看〔二〕。錦繡肝腸五千卷〔三〕。出逢熙運，早侍玉皇香案〔四〕。禁塗揚歷遍，紆宸眷。　安養老成〔五〕，十年蕭散。天要中興相公健。生朝開宴，長是通宵弦管。藕花香不斷，南風遠。

【箋注】

〔一〕本詞有「錦繡肝腸」、「藕花香不斷，南風遠」等句，與夏雲峰丙寅六月爲筠翁壽詞所云「錦腸珠唾」、「乍香泛水芝，空翠風迴」意亦相同，疑此詞壽李彌遜。詞中云：「安養老成，十年蕭散。」按彌遜於紹興十年歸隱，則此詞當作於紹興二十年後。

〔二〕平康：此指長安丹鳳街平康坊，也作平康里。清徐松唐兩京城坊考卷三引北里志：「平康里入北門東回三曲，即諸妓所居之聚也。」五代王定保唐摭言卷三：「裴思謙狀元及第後，作紅箋名紙十數詣平康里，因宿於里中。」

〔三〕錦繡肝腸：唐李白冬日於龍門送從弟京兆參軍令問之淮南覲省序：「紫雲仙季，有英風焉。……常醉目吾曰：『兄心肝五臟皆錦繡耶？不然，何開口成文，揮翰霧散。』吾因撫掌大笑。」五千卷：唐盧仝謝孟諫議寄新茶詩：「三碗搜枯腸，惟有文字五千卷。」

〔四〕玉皇香案：見前謁金門（風露底）注〔七〕。

〔五〕安養：佛家語。無量壽經：「諸佛告菩薩，令觀安養佛。」義寂疏：「安心養身，故曰安養。」

前調　壽〔一〕

年少太平時，名園甲第〔二〕。談笑雍容萬鍾貴〔三〕。姚黄重綻〔四〕，長對小春天氣。綺羅叢裏慣，今朝醉。　台衮象賢〔五〕，元樞虚位。壯歲青雲自曾致〔六〕。流霞麟脯〔七〕，難老洛濱風味〔八〕。謝公須再爲，蒼生起〔九〕。

【箋注】

〔一〕此詞中云：「難老洛濱風味。謝公須再爲，蒼生起。」則知本詞乃壽富直柔。詞蓋於紹興初歸故里後作。

〔二〕名園甲第：見前滿庭芳（韓國殊勛）注〔三〕。

〔三〕萬鍾：孟子告子上：「萬鍾則不辨禮義而受之，萬鍾於我何加焉？」趙岐注：「鍾，量器也。萬鍾於己身何加益哉？己身不能獨食萬鍾也。」

〔四〕姚黄：牡丹之別名。宋歐陽修牡丹記：「姚黄者，千葉黄花，出於民姚氏家。」宋時洛陽貢牡丹，宋江少虞宋朝事實類苑卷六〇洛陽貢花：「洛陽至京六驛，舊未嘗進花，李文定公留守，始以花進。……所進止姚黄、魏紫三四朵，用菜葉實籠中，籍覆上下，使馬上不動摇，亦所以禦日氣。」富直柔爲洛陽人，而洛陽盛産牡丹，故用「姚黄重綻」，語意雙關，以賀富直柔之壽辰。

〔五〕台衮：猶言台輔，三公宰相之位。北史尉遲迥傳論：「地則舅甥，職惟台衮，沐恩累葉，荷眷一時。」

〔六〕青雲自曾致：史記范雎傳：「須賈頓首言死罪，曰：『賈不意君能自致於青雲之上。』」

〔七〕流霞：此泛指美酒。北周庾信衛王贈桑落酒奉答詩：「愁人坐狹邪，喜得送流霞。」麟脯：晉葛洪神仙傳卷三王遠：「擘脯而食之，云麟脯。」

〔八〕洛濱：富直柔之别號。

〔九〕「謝公」二句：世説新語排調：「謝公在東山，朝命屢降而不動。後出爲桓宣武司馬。將發新亭，朝士咸出瞻送。高靈時爲中丞，亦往相祖。……戲曰：『卿屢違朝旨，高卧東山。諸人每相與言，安石不肯出，將如蒼生何？今亦蒼生將如卿何？』謝笑而不答。」

前調　壽〔一〕

茘子著花繁，清微庭院。賀厦雙飛畫梁燕〔二〕。綺羅叢裏，百和爐煙祝願。願從今日去，身長健〔三〕。　檀板競催，榕陰初轉。　舞袖風前翠翹顫。　明年開府〔四〕，錫宴金鍾宣勸。　壽星朝北斗〔五〕，君王眷。

【箋注】

〔一〕本詞有「賀廈雙飛畫梁燕」、「壽星朝北斗，君王眷」等語，與青玉案燕趙端禮堂成所云「老去堂成更情重」及同調再和「燕子入簾飛畫棟」詞意相切近，疑爲趙端禮堂成後逢壽辰作。

〔二〕「賀廈」句：淮南子説林：「大廈成而燕雀相賀。」

〔三〕「願從」二句：馮延巳長命女詞：「二願妾身長健。」

〔四〕開府：宋高承事物紀原卷四：「蓋漢制唯三公開府，至魏以餘官，其儀同三公，故以爲號。由此歷代以名官。」此指督撫爲開府。

〔五〕壽星：宋史禮志：「景德三年，詔定壽星之祀。……按月令：『八月命有司享壽星於南郊。』注云：『秋分日，祭壽星於南郊。壽星，南極老人星也。』」

前調　壽〔一〕

豹尾引黄旛〔二〕，宣麻金殿〔三〕。　雨露恩濃自天遣。　搢紳交譽，最樂至誠爲善。　信知宗姓喜〔四〕，君王眷。　寶炬密香，玉卮波灧〔五〕。　醉擁笙歌夜深院。　西清班近〔六〕，雅稱元戎同燕。要看茅土相〔七〕，貂蟬面〔八〕。

【校】

〔茅土〕毛本作「茅王」，非。

【箋注】

〔一〕此首壽張浚作。張浚，字德遠，號紫巖，漢州綿竹（在今四川）人。宋史卷三百六十一有傳。張浚爲南宋抗金名將。靖康初，爲太常簿。建炎三年，自尚書禮部侍郎除知樞密院事，後宣撫陝、蜀。紹興四年罷知樞密院事，五年授右僕射、同平章事兼知樞密院都督諸路軍馬。七年，以浚却敵之功，制除特進。未幾，加金紫光禄大夫。後罷右相。紹興九年，自提舉洞霄宫復資政殿大學士知福州。十六年，上疏忤秦檜，以特進提舉江州太平興國宫，居連州。三十一年，復觀文殿大學士判建康府。隆興元年，除樞密使，都督江、淮東西路軍馬，進封魏國公。符離戰敗後，浚罷右相，除少師保信軍節度判福州。卒贈太保，後加贈太師，謚忠獻。歸來集卷一紫巖九章章八句上壽張丞相序：「公（張浚）帥閩之二年（紹興十一年），歲在作噩秋九月中浣，有客作是詩以獻焉。」卷二有上張丞相十首代上張丞相生朝四首、張丞相生朝二十韻。卷八有賀張丞相浚復特進啓等。詞蓋作於紹興十一、十二年間。

〔二〕豹尾：宋岳珂愧郯録卷十旌節：「皇朝凡命節度使，有司給門旗二，龍虎旗一，節一，麾槍二，豹尾二。……豹尾制，以赤黄布畫豹尾文。」晉書沈充傳：「率兵臨發，謂其妻曰：『男兒不豎豹尾，終不還也。』」歸來集卷二上張丞相十首詩：「豹尾遥臨鎮，蟬冠暫祝厘。」此爲將帥之旌節。

〔三〕宣麻：見前醉花陰（紫樞澤笏趨龍尾）注〔四〕。

〔四〕宗姓：北齊書元文遥傳：「魏之將季，宗姓被侮，有人冒相侵奪，文遥即以與之。」此謂張浚乃同姓同族。

〔五〕玉卮：漢書高帝紀下：「上奉玉卮，爲太上皇壽。」注引應劭曰：「（玉卮），飲酒禮器也。古以角作，受四升。」按，古卮字作「觗」。此爲玉製酒杯。

〔六〕西清：漢書司馬相如傳：「象輿婉僤於西清。」注云：「西清者，西箱清净之處也。」後稱爲宫禁之地。徐鉉奉御札賦茱萸詩：「長和菊花酒，高宴奉西清。」

〔七〕茅土：尚書禹貢第一：「厥貢惟土五色。」孔穎達疏：「王者封五色土以爲社，若封建諸侯則各割其方色土與之，使歸國立社。……其割土與之時，苴以白茅，用白茅裹土與之。必用白茅者，取其絜清也。」後稱封諸侯謂之授茅土。唐杜甫投哥舒開府翰三十韻詩：「茅土加名數，山河誓始終。」

〔八〕貂蟬：見前青玉案（花王獨佔春風遠）注〔五〕。

夏雲峰 丙寅六月爲筠翁壽〔一〕

湧冰輪，飛沆瀣，霄漢萬里雲開。南極瑞占象緯〔二〕，壽應三台〔三〕。錦腸珠唾〔四〕，鍾間氣、卓犖天才〔五〕。正暑，有祥光照社，玉燕投懷〔六〕。　　新堂深處捧杯。乍香泛水芝，空翠風迴。凉送艷歌緩舞，醉買瑤釵。長生難老，都道是、柏葉仙堦〔七〕。笑傲〔八〕，且山中宰相〔九〕，平地蓬萊。

【校】

〔醉買〕毛本、作「醉墮」。

【箋注】

〔一〕本詞紹興十六年（一一四六）夏作於福州。筠翁，即李彌遜。

〔二〕南極：亦稱南極老人星。見前感皇恩（荔子著花繁）注〔五〕。象緯，指星象。唐杜甫遊龍門奉先寺詩：「天闕象緯逼，雲卧衣裳冷。」

〔三〕三台：晉書天文志上：「三台六星，兩兩而居，起文昌，列抵太微。……在人曰三公，在天曰三台。」唐張九齡故刑部李尚書挽歌詞：「宿昔三台踐，榮華駟馬蹄。」

〔四〕珠唾：晉書夏侯湛傳：「咳唾成珠玉，揮袂出風雲。」

〔五〕間氣：見前瑶臺第一層（江左風流鍾間氣）注〔一〕。

〔六〕玉燕投懷：見前瑶臺第一層（江左風流鍾間氣）注〔五〕。

〔七〕柏葉：即柏葉酒，亦稱柏酒。荆楚歲時記正月一日云：「長幼悉正衣冠，以次拜賀，進椒、柏酒，飲桃湯。」南梁庾肩吾歲盡詩：「聊開柏葉酒，試奠五辛盤。」古時風俗，因柏樹常青，故取其葉浸酒，元旦共飲，以祝長壽。

〔八〕笑傲：詩經邶風終風：「謔浪笑敖。」箋云：「言戲謔不敬。」敖，同傲。李彌遜水調歌頭詞：「十年笑傲，真是騎鶴上揚州。」

〔九〕山中宰相：南史陶弘景傳：「陶弘景，字通明，丹陽秣陵人。……自號華陽陶隱居。……國家每有吉凶征討大事，無不前以諮詢。月中常有數信，時人謂爲山中宰相。」時李彌遜已歸隱福建連江之西山，故以此相比。

千秋歲　壽〔一〕

相門出相〔二〕，和氣濃春釀。傳家冠珮雲臺上〔三〕。龐眉扶壽杖。緑髮披仙氅。星兩兩，泰階已應昇平象〔四〕。　玉砌蘭芽長〔五〕，定向東風賞。添綵袖，褰羅幌。絲簧俱妙手，珠翠争宫様。江海量，年年醉裏翻新唱。

【校】

〔題〕歷代詩餘無。

【箋注】

〔一〕本詞首云「相門出相」，當爲南渡後壽富直柔作。

〔二〕相門出相：宋史宰輔表：「建炎四年十一月，富直柔自御史中丞除簽書樞密院事。」其祖父富弼，北宋時宰相，宋史有傳。故謂宰相後代必有宰相才者。史記孟嘗君傳：「文聞將門必有將，相門必有相。」

〔三〕雲臺：後漢書馬武傳論：「永平（漢明帝年號）中，顯宗追感前世功臣，乃圖畫二十八將於南宫雲臺。」即指漢洛陽宫中高臺。

〔四〕泰階：星名，即上台、中台、下台。三台共六星，兩兩並排而斜上，形如階梯，故以爲名。史記天官書：「魁下六星，兩兩相比者，名曰三能（音台）。三能色齊，君臣和；不齊，爲乖戾。」索隱引孟康曰：「泰階，三台也。凡六星。六符，六星之符驗也。……三階平則陰陽和，風雨時。不平則稼穡不成，冬雷夏霜，天行暴令，好興甲兵，修宫榭，廣苑囿，則上階爲之坼也。」

〔五〕「玉砌」句：見前醉花陰（紫樞澤笏趨龍尾）注〔八〕。

水龍吟　周總領生朝〔一〕

水晶宫映長城〔二〕，藕花萬頃開浮蕊。紅妝翠蓋〔三〕，生朝時候，湖山搖曳。珠露争圓，香風不斷，普熏沈水。似瑶池侍女，霞裾緩步，壽煙光裏。　霖雨已沾千里〔四〕，兆豐年、十分和氣。星郎緑鬢〔五〕，錦波春釀，碧筩宜醉〔六〕。荷橐還朝，青氈奕世〔七〕，除書將至。看巢龜戲葉〔八〕，蟠桃著子，祝三千歲。

【箋注】

〔一〕本詞作年未詳。周總領疑指周介卿，見前菩薩蠻(拍堤緑漲桃花水)注〔一〕。

〔二〕水晶宫：見前浣溪沙(山繞平湖波撼城)注〔三〕。

〔三〕紅妝翠蓋：見前如夢令(卧看西湖煙渚)注〔二〕。

〔四〕霖雨：尚書説命上：「若歲大旱，用汝作霖雨。」傳：「霖三日雨，霖以救旱。」

〔五〕星郎：後漢書孝明帝紀：「館陶公主爲子求郎，不許，而賜錢千萬。謂群臣曰：『郎官上應列宿，出宰百里，有非其人，則民受其殃，是以難之。』」後稱郎官爲星郎。唐岑參送李别將還伊吾令充使赴武威便寄崔員外詩：「遥知竹林下，星使對星郎。」

〔六〕碧筩：即碧筩杯。唐段成式酉陽雜俎前集卷七酒食：「歷城北有使君林，魏正始中，鄭公慤三伏之際，每率賓僚避暑於此。取大蓮葉置硯格上，盛酒二升，以簪刺葉，令與柄通，屈莖上輪菌如象鼻，傳噏之，名爲碧筩杯。」

〔七〕青氈：見前望海潮（麒麟圖畫）注〔三〕。

〔八〕巢龜戲葉：宋蘇軾菡萏亭詩：「若爲化作龜千歲，巢向田田亂葉中。」集注引史記褚先生言，余至江南，長老云：「龜千歲，乃遊蓮葉之上。」宋向子諲西江月老妻生日因取薌林中所産異物作是詞以侑觴詞：「白鶴雲間翔舞，緑龜葉上遊戲。」

南鄉子 壽〔一〕

山寺輞川圖〔二〕，霜葉雲林錦繡居。壽斝浮春珠翠擁，歡娛。滿院流泉繞綺疏〔三〕。　道氣自膚腴，几席輕塵一點無。天要耆英修相業〔四〕，清都〔五〕。已有泥書降玉除〔六〕。

【箋注】

〔一〕本詞云：「天要耆英修相業，清都。已有泥書降玉除。」當指富直柔。據宋史本傳，謂富直柔於建炎四年十月除端明殿學士簽書樞密院事。紹興六年，丁所生母憂。後起復資政殿學士、知鎮江府，辭不起。則此詞約在富直柔未再起時作於故里。

〔二〕輞川圖：見前水調歌頭（放浪形骸外）注〔一二〕。

〔三〕綺疏：後漢書梁冀傳：「柱壁雕鏤，加以銅漆，窗牖皆有綺疏青瑣，圖以雲氣仙靈。」指雕飾花紋之窗户。

〔四〕耆英修相業：見前點絳唇（嵩洛雲煙）注〔二〕。

〔五〕清都：列子周穆王：「王實以爲清都紫微，鈞天廣樂，帝之所居。」此指帝王所居之都城。文選顔延年宋文元皇后哀策文：「減綵清都，夷體壽原。」

〔六〕泥書：指泥封書函。東觀漢記卷八鄧訓：「故吏……知訓好以青泥封書，從黎陽步推鹿車于洛陽市藥……並載青泥一襆，至上谷遺訓。」案，詔書則用紫泥封。玉除，文選曹子建贈丁儀詩：「凝霜依玉除，清風飄飛閣。」指玉階，宮中殿階。

卷珠簾　壽〔一〕

祥景飛光盈衮繡。流慶崑臺，自是神仙胄〔二〕。誰遣陽和放春透〔三〕。化工重入丹青手。　雲璈錦瑟争爲壽〔四〕。玉帶金魚〔五〕，共願人長久〔六〕。偷取蟠桃薦芳酒，更看南極星朝斗。

【校】

〔盈〕原缺，據毛本補。

【箋注】

〔一〕本詞有「流慶崑臺，自是神仙冑。誰遣陽和放春透」等語，與前醉花陰詞「崑臺宜有神仙裔，奕世貂蟬貴」語意相同，當爲壽富直柔一時之作。

〔二〕流慶：指發祥流慶。宋史樂志：「國初，始改崇德之舞曰文德……其發祥流慶、降真觀德則祥符所製。」或可釋爲祖父積慶流傳於子孫。

〔三〕陽和：史記秦始皇紀：「時在中春，陽和方起。」富直柔壽辰在十月。十月爲小陽春，故以此稱之。

〔四〕雲璈：弦樂器。漢武帝内傳：「（上元）夫人自彈雲林之璈，歌步玄之曲。」雲笈七籤卷九十七太微玄清左夫人歌：「西庭命長歌，雲璈乘虚彈。」

〔五〕玉帶金魚：宋趙與時賓退録卷一：「熙寧間，賜岐王顥、嘉王頵玉帶各一。二王固辭，不聽。請加佩金魚以别嫌，詔並以玉魚賜之。王仲言明清揮麈録謂：『玉帶爲朝儀始此。其後嘗賜王安石，王安石力辭，不從，不得已受詔，次日即釋去。至徽宗朝，以賜蔡京，京請佩金魚以自别于諸王，從之。自是何執中、鄭居中、王黼、蔡攸、童貫皆受賜。』余案，唐永徽二年敕：『開府儀同三司及京官文武職事四品五品，並給隨身魚。』上元初敕：『文武官三品以上服金玉帶。』……史傳載賜玉帶，及臣下私以玉帶相贈遺者，班班可考。韓文公詩亦云：『不知官高卑，玉帶懸金魚。』則知唐已然矣。」

〔六〕共願人長久：宋蘇軾水調歌頭詞：「但願人長久，千里共嬋娟。」

醉蓬萊　壽〔一〕

對小春桃艷，曲室爐紅，乍寒天氣。七葉蓂開，應金章通貴〔二〕。蓂草銀鈎〔三〕，燦花珠唾，是素來風味。滿腹經綸〔四〕，回天議論〔五〕，崑臺仙裔。

秘殿陞華〔六〕，紫樞勛舊，退步真祠〔七〕，簡心端扆。迎日天元，聽正衙宣制〔八〕。盡洗中原，遍爲霖雨〔九〕，宴後堂歌吹。柏子千秋，丹砂九轉〔一〇〕，今宵長醉。

【校】

〔金章〕歸來集作「金張」。

【箋注】

〔一〕本詞約紹興九年至十一年間於福州爲張浚壽辰作。張浚，詳見前感皇恩(豹尾引黄旛)詞注〔一〕。宋史張浚傳：「(紹興)九年，(浚)以赦復官，提舉臨安府洞霄宫。未幾，除資政殿大學士、知福州兼福建安撫大使。」歸來集卷一紫巖九章章八句上壽張丞相(浚)序：「紫巖，大丞相張公生朝善頌也。公帥閩之二年，歲在作噩秋九月中浣，有客作是詩以獻焉。」詞亦爲一時之作。

〔二〕蓂：經籍纂詁卷二十四：「蓂，草之實也。」文選張平子東京賦：「蓋蓂莢爲難莳也。」注：「蓂莢，瑞應之草。王者賢聖，太平和氣之所生。」金章，唐孫逖故陳州刺史贈兵部尚書韋公挽詞：「奕葉金章貴，連枝鼎位尊。」或作「金張」，指金日磾、張安世，漢宣帝時並爲顯官，累世榮貴。晉左思詠史詩：「金張籍舊業，七葉珥漢貂。」

〔三〕夢草銀鈎：此謂書法筆力遒勁。書苑云：「晉索靖草書絶代，名曰銀鈎蠆尾。」唐白居易雞距筆賦：「搦之而變成金距，書之而化爲銀鈎。」

〔四〕經綸：此引申爲籌劃治理國家大事。周易屯：「象曰雲雷屯，君子以經綸。」孔穎達正義曰：「經謂經緯，綸謂綱綸。言君子法此屯。象有爲之時以經綸天下，約束於物，故云『君子以經綸也』。」歸來集卷八賀張丞相浚復特進啓：「恭以某官，經綸密勿，早感遇於風雲。」

〔五〕回天：古代以皇帝爲天，凡能諫止皇帝的某種行動以挽回極端困難局勢者，稱爲回天。貞觀政要卷二納諫：「貞觀四年，詔發卒修洛陽之乾元殿以備巡狩。給事中張玄素上書諫曰：『……方今承百王之末，屬凋弊之餘，必欲節之以禮制，陛下宜以身爲先。……』太宗嘆曰：『我不思量，遂至於此。』……魏徵嘆曰：『張公遂有回天之力，可謂仁人之言，其利溥。』」歸來集卷二李丞相（綱）生朝詩：「割地争三鎮，回天定兩宫。」

〔六〕陞華：即升華。梁沈約奏彈秘書郎蕭遥昌文：「盛戚茂年，升華秘館。」宋史張浚傳：「（紹興）七年，以浚却敵功，制除特進。未幾，加金紫光禄大夫。……浚總中外之政，幾事叢委，以一身任之。……劉光世在淮西，軍無紀律，浚奏罷光世，以其兵屬督府，命參謀兵部尚書吕祉往廬州節制。……未至，瓊等舉軍叛，執吕祉以歸劉豫。祉不行，詈瓊等，碎齒折首而死。浚引咎求去位……浚以觀文殿大學士提舉江州太平興國宫。」此可爲「秘殿陞華」三句之注脚。歸來集卷八賀張丞相浚復特進啓：「申命九年，升華一品。」

〔七〕退步真祠：此指張浚任提舉臨安洞霄宫事。宋史職官志十宫觀：「宋制，設祠禄之官，以佚老優賢。」宫觀之任，同於投閒置散，故云「退步」。真，即仙道。楚辭九思守志洪興祖補注：「真，仙人也。」

〔八〕正衙：唐宋時期，大臣朝見或陛辭皇帝之前殿。宋正衙常朝在文德殿。歸來集卷二代上張丞相生朝四首之二：「賓日扶神器，回天坐正衙。」又，卷一紫巖九章章八句上壽張丞相詩：「明明天子，坐於正衙。」

〔九〕霖雨：見前水龍吟（水晶宫映長城）注〔四〕。

〔一〇〕丹砂九轉：抱朴子内篇卷四：「神丹：一轉之丹，服之三年得僊；二轉之丹，服之二年得僊；三轉之丹，服之一年得僊；四轉之丹，服之半年得僊；五轉之丹，服之百日得僊……八轉之丹，服之十日得僊；九轉之丹，服之三日得僊。」歸來集卷一東平劉左車坎止春歌詩：

「養生妙處本無説，我輩豈解燒丹砂。」

隴頭泉〔一〕

少年時，壯懷誰與重論？視文章、真成小技，要知吾道稱尊〔二〕。奏公車、治安秘計〔三〕，樂油幕、談笑從軍〔四〕。百鎰黄金，一雙白璧〔五〕，坐看同輩上青雲〔六〕。事大謬〔七〕，轉頭流落，徒走出修門〔八〕。三十載，黄粱未熟〔九〕，滄海揚塵〔一〇〕。念向來、浩歌獨往，故園松菊猶存〔一一〕。送飛鴻、五弦寓目〔一二〕，望爽氣、西山忘言〔一三〕。整頓乾坤〔一四〕，廓清宇宙〔一五〕，男兒此志會須伸〔一六〕。更有幾、渭川垂釣〔一七〕，投老策奇勛〔一八〕。天難問〔一九〕，何妨袖手，且作閑人。

【箋注】

〔一〕本詞有「徒走出修門。三十載，黄粱未熟，滄海揚塵」等語，當作於紹興末年重來臨安期間。

〔二〕「視文章」二句：漢揚雄法言吾子：「或問吾子少而好賦？曰：『然。童子雕蟲篆刻。』俄而曰：『壯夫不爲也。』」唐杜甫貽華陽柳少府詩：「文章一小技，於道未爲尊。」

〔三〕公車：史記滑稽列傳：東方朔「初入長安，至公車上書，凡用三千奏牘」。注引漢官儀：「公車司馬掌殿司馬門，夜徼宫，天下上事及闕下，凡所徵召皆總領之。」

〔四〕「樂油幕」句：唐韓愈、李正封晚秋郾城夜會聯句：「從軍古云樂，談笑青油幕。」廖瑩中注：「青油幕，謂將軍幕也，以青油縑爲之。」

〔五〕一雙白璧：戰國策燕策：「臣請獻白璧一雙，黄金千鎰，以爲馬食。」

〔六〕青雲：比喻高位。史記范雎傳：「須賈頓首言死罪，曰：『賈不意君能自致於青雲之上。』」

〔七〕事大謬：司馬遷報任安書：「事乃有大謬不然。」謂事與願違。此指北宋末年，金兵進逼汴京，宋廷割三鎮(太原、中山、河間)以議和，後北宋王朝被金滅亡。歸來集卷一建炎感事詩：「議和其禍胎，割地亦覆轍。倘從种將軍，用武寨再劫。不放匹馬回，安得兩宫説？」指議和事乃大謬。

〔八〕修門：韓詩外傳卷一：「荆伐陳。陳西門壞，因其降民使修之。孔子過而不式，子貢執轡而問曰：『禮過三人則下，二人則式。今陳之修門者衆矣。夫子不式，何也？』」後指國都城門。此指汴京。歸來集卷三宫使樞密富丈和篇高妙……謹用前韻叙謝詩：「修門一出十經春，相業時來自奮身。」

〔九〕黄粱未熟：見前永遇樂(月仄金盆)注〔八〕。

〔一〇〕滄海揚塵：葛洪神仙傳：「麻姑自説云：『接待以來，已見東海三爲桑田。向到蓬萊，又水淺于往日，會時略半耳。豈將復爲陵陸乎？』王遠嘆曰：『聖人皆言海中行復揚塵也。』」

〔一二〕「故園」句：晉陶潛歸去來兮辭：「三逕就荒，松菊猶存。」

〔一三〕「送飛鴻」句：魏嵇康贈秀才入軍詩：「目送歸鴻，手揮五弦。」五弦，五弦琴。太平御覽卷五八四五弦引音律圖：「五弦不知誰作也，今世有之，比琵琶稍小，蓋北國所出也。」

〔一三〕「望爽氣」句：世説新語簡傲：「王子猷作桓車騎參軍。桓謂王曰：『卿在府久，比當相料理。』初不答，直高視，以手版拄頰云：『西山朝來，致有爽氣。』」

〔一四〕整頓乾坤：唐杜甫洗兵馬詩：「二三豪俊爲時出，整頓乾坤濟時了。」

〔一五〕廓清宇宙：宋書王僧達傳：「幸屬聖武，尅復大業，宇宙廓清，四表靖晏。」

〔一六〕會須：詩詞曲語辭匯釋卷一：「會，猶當也；應也。……有作會須者。唐李白將進酒詩：『烹羊宰牛且爲樂，會須一飲三百杯。』此猶云應須。」

〔一七〕渭川垂釣：水經注卷十七渭水：「渭水之右，磻溪水注之……注於溪中，溪中有泉，謂之兹泉。泉水潭積，自成淵渚，即吕氏春秋所謂太公釣兹泉也。……東南隅有一石室，蓋太公所居也。水次平石釣處，即太公垂釣之所也。」

〔一八〕投老策奇勛：史記齊太公世家：「吕尚蓋嘗窮困，年老矣，以漁釣奸周西伯。……後佐武王滅殷，封於齊。」

〔一九〕天難問：見前賀新郎（夢繞神州路）注〔六〕。

天仙子

三月十二日,奉同蘇子陪富丈訪筠翁於舊居,遂爲杏花留飲,懽甚。命賦長短句,乃得天仙子,寫呈兩公,末章併發一笑〔一〕

樓外輕陰春澹佇,數點杏梢寒食雨。少年油壁記尋芳〔二〕,梁苑路〔三〕,今何處。千樹紅雲空夢去。　驚見此花須折取,明日滿城傳侍女。情知醉裏惜花深,留春住。聽鶯語,一段風流天賦與。

【校】

〔題〕歷代詩餘作「杏花留飲」。

〔佇〕歷代詩餘作「泞」。

【箋注】

〔一〕本詞約紹興十六年至十八年間作於福州。蘇子,即蘇粹中;富丈,即富直柔;筠翁,即李彌遜。蘇粹中爲元幹舊交,生平事迹不詳。歸來集卷二有蘭溪舟中寄蘇粹中詩。卷九跋江天暮雨圖云:「頗憶丙午之冬,吾三人者,蘇粹中在焉。情文投合,皆親友好兄弟。」李彌遜作和詩仲宗訪我筠溪出陪富丈粹之遊天宫詩見索屬和次韻云:「作伴仙翁覓轉春,净坊俱現宰官身。蘭亭夢想如三月，蓮社追遊少一人。……應憐野老聞韶後，旋來蔬腸學練津。」李彌遜又作天仙子次富季申韻詞：「飛蓋追春約伫，繁杏枝頭紅未雨。小樓翠幕不禁風，芳草路，無塵處。明月滿庭人欲去。　一醉鄰翁須記取，見説新妝桃葉女。明年却對此花時，留不住。花前語，總向似花人付與。」此與本詞同調同韻，當爲一時之作。

〔二〕油壁：見前蘭陵王（卷珠箔）注〔七〕。

〔三〕梁苑：見前滿庭芳（梁苑春歸）注〔二〕。

鵲橋仙〔一〕

靚妝艷態〔二〕，嬌波流盼〔三〕，雙靨横渦半笑。尊前燭畔粉生光，更低唱、新翻轉調〔四〕。　花房結子〔五〕，冰枝清瘦，醉倚香濃寒峭。雛鶯新囀上林聲〔六〕，驚夢斷、池塘春草〔七〕。

【箋注】

〔一〕本詞具體寫作年代不詳，據詞意約在政和、宣和年間汴京時作。

〔二〕靚妝：文選司馬長卿上林賦：「靚妝刻飾，便嬛綽約。」注引郭璞曰：「靚妝，粉白黛黑也。」

〔三〕流盼：流轉目光觀看。唐白行簡望夫化爲石賦：「念遠增懷，憑高流盼。」

〔四〕轉調：即一調樂曲原屬宮調，忽轉入商調，忽又轉入角調。在宋詞中常有調名上加「轉調」二字者，如李清照有轉調滿庭芳，沈蔚有轉調蝶戀花。詞譜卷十三注沈蔚詞云：「樂府雅詞名轉調蝶戀花。轉調者，移宫换羽，轉入别調也。字句雖同，音律自異，故另分列。」又同卷釋踏莎行云：「轉調者，攤破句法，添入襯字，轉换宫調，自成新聲耳。」宋王灼碧雞漫志卷五：「今大石調念奴嬌，世以爲天寶間所製曲，予固疑之。然唐中葉漸有今體慢曲子，而近世有填連昌詞入此曲者，後復轉此曲入道調宫，又轉入高宫大石調。」

〔五〕花房：此謂花冠。宋楊萬里紅白二蓮詩：「揀得新開便折將，忽然到晚斂花房。」

〔六〕上林：見前蘭陵王(卷珠箔)注〔九〕。

〔七〕池塘春草：此借用謝靈運登池上樓詩「池塘生春草，園柳變鳴禽」詩句。

漁父家風〔一〕

八年不見荔枝紅〔二〕，腸斷故園東。風枝露葉新采，悵望冷香濃。　冰透骨，玉開容，想筠籠〔三〕。今宵歸去，滿頰天漿〔四〕，更御泠風〔五〕。

【校】

〔調〕歷代詩餘謂「即訴衷情之又一體也」。詞律杜文瀾案：「張元幹『八年不見荔枝紅』一首，本名漁父家風，萬氏以句法與訴衷情相近，謂是一調，並以『風枝露葉誰新采』句多一『新』字爲羨。秦氏玉生校本則謂確是另調，不應强合。兩説皆無所據。」

〔新采〕毛本、歷代詩餘、詞律均作「誰新采」。

〔開容〕歷代詩餘作「爲容」。

〔歸去〕歷代詩餘作「歸夢」。

【箋注】

〔一〕本詞與訴衷情（兒時初未識方紅）爲同韻同題，當爲一時之作。

〔二〕荔枝：唐杜牧過華清宫絶句：「一騎紅塵妃子笑，無人知是荔枝來。」

〔三〕想筠籠：唐杜甫野人送朱櫻詩：「西蜀櫻桃也自紅，野人相贈滿筠籠。」

〔四〕天漿：此言荔枝漿汁甜美。唐韓愈調張籍詩：「刺手拔鯨牙，舉瓢酌天漿。」

〔五〕御泠風：莊子内篇逍遥遊：「夫列子御風而行，泠然善也。」

生查子

天生幾種香，風味因花見。旖旎透香肌，髣髴飛花片。　雨潤惜餘熏，煙斷猶相戀。不似薄情人〔一〕，濃淡分深淺。

【箋注】

〔一〕薄情人：古詩詞中常用以指久别之夫婿。宋李獻民雲齋廣録一：進士丁渥在太學，夢歸家見妻於燈下，披箋握管，爲書寄生。……又見詩一首云：「淚濕香羅帕，臨風不肯乾；欲憑西去雁，寄與薄情看。」

減字木蘭花〔一〕

客亭小會〔二〕，可惜無歡容易醉。歸去更闌，細雨鳴窗一夜寒。　昏然獨坐，舉世疏狂誰似我〔三〕。强撥爐煙，也道今宵是上元〔四〕。

【箋注】

〔一〕詞中云「舉世疏狂誰似我」，當爲南渡後所作。

〔二〕客亭：指驛亭。唐杜甫哭李尚書詩：「客亭鞍馬絶，旅櫬網蟲懸。」

〔三〕疏狂：謂狂放不羈。唐白居易代書詩一百韻寄微之詩：「疏狂屬年少，閑散爲官卑。」

〔四〕上元：正月十五日爲元宵，亦稱上元節。舊唐書中宗紀：「景龍四年正月……丙寅上元夜，帝與皇后微行觀燈。」宋蔡絛鐵圍山叢談卷五：「宣和六年春正月甲子，實上元節。故事，天子御樓觀燈。」

眼兒媚 秋閨

蕭蕭疏雨滴梧桐〔一〕，人在綺窗中〔二〕。離愁遍繞，天涯不盡，却在眉峰〔三〕。嬌波暗落相思淚，流破臉邊紅。可憐瘦似，一枝春柳，不奈東風。

【校】

〔不奈〕毛本作「不禁」。

【箋注】

〔一〕疏雨滴梧桐：清沈德潛唐詩別裁集卷一云：孟浩然『微雲淡河漢，疏雨滴梧桐』句，一時嘆爲清絶」。

〔二〕綺窗：有彩繪雕飾之窗户。文選左太沖蜀都賦：「開高軒以臨山，列綺窗而瞰江。」

〔三〕眉峰：猶眉山，形容女子眉毛。宋黄庭堅歸田樂引：「看承幸廝句，又是尊前眉峰皺。」

昭君怨 春晚

春院深深鶯語，花怨一簾煙雨。禁火已銷魂〔一〕，更黄昏。衾暖麝燈落炧〔二〕，雨過重門深夜。枕上百般猜，未歸來。

【校】

〔題〕原無，據歸來集補。

〔花怨〕毛本作「花愁」。

【箋注】

〔一〕禁火：即禁煙。見前憶秦娥（桃花萼）注〔五〕。

〔二〕炧：亦作「灺」，謂燈燭灰燼。唐元稹通州丁溪館夜别李景信詩：「離牀别臉睡還開，燈炧暗飄珠蔌蔌。」

夜遊宫

半吐寒梅未拆，雙魚洗、冰澌初結。户外明簾風任揭。擁紅爐，灑窗間，聞霰雪。

比去年時節。這心事，有人忻説。斗帳重熏鴛被疊。酒微醺，管燈花，今夜别。

【校】

〔拆〕詞品作「折」。

〔灑窗間〕原無「間」字，據毛本補。

〔聞霰〕毛本作「惟稷」，注云：「稷，一作霰。」

〔比去年時節〕詞品作「此日去年時節」。「比」，毛本注云：「一作『此日』。」

【彙評】

詞品卷三：張仲宗夜遊宮詞云（略）。雙魚洗，盥手之器，見博古圖。稷雪，霰也，形如米粒，能穿瓦透牖，見毛詩疏。

楊柳枝 席上次韻曾穎士〔一〕

深院今宵枕簟涼，燭花光。更籌何事促行觴，惱剛腸〔二〕。老去一蓑煙雨裏〔三〕，釣滄浪〔四〕。看君鳴鳳向朝陽〔五〕，且腰黄〔六〕。

【箋注】

〔一〕曾穎士，生平事迹不詳。詞中云「老去一蓑煙雨裏」，當爲歸里後作。

〔二〕剛腸：剛直之性格。文選嵇叔夜與山巨源絶交書：「剛腸嫉惡，輕肆直言，遇事便發。」歸來集卷二漫興詩：「未能忘壯志，遽肯變剛腸？」

〔三〕一蓑煙雨：宋蘇軾定風波詞：「一蓑煙雨任平生。」

〔四〕滄浪：文選陸士衡塘上行：「發藻玉臺下，垂影滄浪泉。」李善注：「孟子曰：『滄浪之水清。』滄浪，水色也。」唐杜甫解悶十二首詩之三：「獨當省署開文苑，兼泛滄浪學釣翁。」

〔五〕鳴鳳：詩經大雅卷阿：「鳳皇鳴矣，于彼高岡。」箋云：「鳳皇鳴于山脊之上者，居高視下，觀可集止，喻賢者待禮乃行，翔而後集。」

〔六〕腰黄：指繫金帶與佩金魚。宋江少虞宋朝事實類苑卷二十五賜金帶引倦遊雜録：「國朝翰林學士得服金紫，朱衣吏一人前導，兩府則朱衣吏兩人，金笏頭帶佩金魚。居兩制久者，則曰：『眼前何日赤？腰下甚時黄？』處内廷久者，又曰：『眼赤何時兩？腰金甚日重？』」

綵鸞歸令　爲張子安舞姬作〔一〕

珠履争圍，小立春風趁拍低。態閑不管樂催伊，整銖衣〔二〕。　粉融香潤隨人勸，玉困花嬌越樣宜。鳳城燈夜舊家時〔三〕，數他誰。

【校】

〔題〕歷代詩餘無。

〔銖衣〕毛本、歷代詩餘作「朱衣」，朱居易毛刻六十家詞勘誤改作「銖衣」。

〔香潤〕歷代詩餘作「香汗」。

【箋注】

〔一〕張子安：生平事迹不詳。李彌遜有春日奉陪子安諸公遊石門詩，王以寧有臨江仙（和子安詞），可知張子安與李彌遜、王以寧亦爲相交。本詞云「鳳城燈夜舊家時」，應是早年在汴京所作。

〔二〕銖衣：衣之至輕者，此指舞衫。唐賈至贈薛瑶英詩：「舞怯銖衣重，笑疑桃臉開。」

〔三〕鳳城：唐杜甫夜詩：「步簷倚杖看牛斗，銀漢遥應接鳳城。」清楊倫杜詩鏡銓卷十三引趙次公曰：「秦穆公女吹簫，鳳降其城，因號『丹鳳城』，其後言京城曰鳳城。」

【彙評】

本事詞卷下：張元幹仲宗，善詞翰。……然小詞每寄閑情，如爲張子安舞姬製綵鸞歸令。

江神子〔一〕

夢中北去又南來。飽風埃，鬢華衰。浮木飛蓬〔二〕，蹤迹爲誰催？自笑自悲還自語，一杯酒，鼻如雷〔三〕。　曉輿行處覺春回。屑瓊瑰，糝莓苔。病眼衝寒，欲閉又還開。水近人家籬落畔，遥認得，一枝梅〔四〕。

【校】

〔調〕全宋詞案：此首又見李彌遜筠溪樂府。

〔浮木〕毛本、歷代詩餘作「浮水」，朱居易毛刻六十家詞勘誤作「浮木」。

【箋注】

〔一〕本詞有「夢中北去又南來。飽風埃，鬢華衰」等語，當爲晚年里居時作。

〔二〕飛蓬：詩經衛風伯兮：「自伯之東，首如飛蓬。」此喻飄蕩無定。

〔三〕鼻如雷：宋蘇軾臨江仙詞：「家童鼻息已雷鳴。」

〔四〕「水近」三句：宋林逋梅花詩：「雪後園林纔半樹，水邊籬落忽横枝。」

西江月　和蘇庭藻〔一〕

小閣劣容老子〔二〕，北窗仍遞南風。維摩丈室久空空〔三〕，不與散花同夢〔四〕。

且作太真遊戲〔五〕，未甘金粟龍鍾〔六〕。憐君病後頰顴隆，識取小兒戲弄〔七〕。

【校】

〔太真〕原作「大真」，據歸來集、毛本改。

【箋注】

〔一〕紹興二十七年丁丑夏日，元幹曾應蘇庭藻之請爲其堂祖父蘇庠（養直）詩文遺稿作題跋。見歸來集卷九跋蘇詔君贈王道士詩後、跋蘇詔君楚語後。此和詞或亦作於同時。庭藻名著，丹陽人。蘇堅（伯固）曾孫。父字從周，爲蘇庠侄，早年曾與陳與義、吕本中及張元幹等交遊唱和，故庭藻爲元幹後輩。有志古學，又善書法，元幹稱其隸字氣象奇古。同時所作跋蘇庭藻隸書後二篇並勉其「能痛除傲慢，善擇交友，涵養器業」。宋張孝祥于湖居士文集卷八有即事簡蘇庭藻著詩，卷二十八有題蘇庭藻所作張漢陽傳。蘇廷藻原詞已佚。

〔二〕劣容：詩詞曲語辭匯釋卷二：「劣，指示限度之辭，其義須隨文而定。有可作僅字解。」宋楊萬里入陂子逕詩：「兩山如壁岸如削，一逕緣空劣容脚。」

〔三〕維摩：即「維摩詰」，也作「毗摩羅詰」。與釋迦爲同時人，曾向佛弟子講説大乘教義。維摩丈室，法苑珠林卷三十八感通篇聖迹部：「西域傳曰：『寺東北四里許有塔，是維摩故宅基，尚多靈神。其舍壘磚，傳云積石，即是説法現疾處也。於大唐顯慶年中，敕使衛長史王玄策因向印度，過净名宅，以笏量基，止有十笏，故號方丈之室也。』」净名即維摩詰。維摩詰所説經文殊問疾品：「爾時長者維摩詰心念，今文殊師利與大衆俱來，即以神力空其室内，除去所有及諸侍者，唯置一牀，以疾而卧。」此以喻自己居室之窄小與陳設之簡單。

〔四〕散花：指佛教故事天女散花。維摩詰經觀衆生品：「時維摩詰室有一天女，見諸大人聞所説法，便現其身，即以天華（花）散諸菩薩大弟子身上，華至諸菩薩即皆墮落，至大弟子便著不墮。」

〔五〕太真：亦作泰真。文選傅毅舞賦：「啓泰真之否隔兮，超遺物而度俗。」李善注：「太真，太極真氣也。」

〔六〕金粟：即金粟如來。傳説維摩居士之前身爲金粟如來，然佛經無此記載。王屮頭陀寺碑文：「金粟來儀，文殊戾止。」唐李白答湖州迦葉司馬白是何人詩：「湖州司馬何須問，金粟如來是後身。」

〔七〕小兒：即「造化小兒」，對命運神之戲稱。新唐書杜審言傳：「審言病甚，宋之問、武平一等省候何如，答曰：『甚爲造化小兒所苦，尚何言！』」

訴衷情

予兒時不知有荔子，自呼爲紅蕊。父母賞其名新，昔所未聞，殊盡形似之美。久欲記之而因循。比與諸公和長短句，故及之以訴衷情。蓋里中推星毬紅、鶴頂紅，皆佳品。海舶便風，數日可到〔一〕。

兒時初未識方紅〔二〕，學語問西東。對客呼爲紅蕊，此興已偏濃。　嗟白首，抗塵容〔三〕，費牢籠〔四〕。星毬何在，鶴頂長丹，誰寄南風？

【箋注】

〔一〕本詞與漁父家風同調同韻，詞序有云故鄉佳品「海舶便風，數日可到」。當爲同時之作。

〔二〕方紅：宋蔡襄荔枝譜：「方家紅，可徑二寸，色味俱美，言荔枝之大者，皆莫敢擬，歲生一二百顆，人罕得之。」宋洪邁容齋四筆卷八莆田荔枝：「初，方氏有樹，結實數千顆，欲重其名，以二百顆送蔡忠惠公（襄），紿以常歲所産止此。公爲目之曰『方家紅』，著之於譜。」

〔三〕抗塵容：指在名利場中奔走。南齊孔稚珪北山移文：「焚芰製而裂荷衣，抗塵容而走俗狀。」宋陸游劍南詩稿卷二十九與子坦子聿遊明覺十四韻：「而況我輩人，生世本不逢。胡不安汝分，終年抗塵容？」

〔四〕牢籠：指包括一切，比喻束縛人之事物。淮南子卷八本經訓：「牢籠天地，彈壓山川。」

采桑子 奉和秦楚材使君荔枝詞〔一〕

華堂清暑榕陰重，夢裏江寒。火齊星繁〔二〕，興在冰壺玉井闌〔三〕。　風枝露葉誰新采？欲飽防慳。遺恨空槃〔四〕，留取香紅滿地看。

【校】

〔題〕「楚材」,毛本作「楚村」,朱居易毛刻宋六十家詞勘誤改作「楚材」。

【箋注】

〔一〕秦梓,字楚材,秦檜兄。少以布衣遊太學。宣和六年進士,曾奉使高麗。紹興十二年以敷文閣直學士兼權直院,後知宣州。建炎以來繫年要録卷一百五十五紹興十六年:「端明殿學士知宣州秦梓移知湖州,未上,卒于建康。」洪邁夷堅丁志卷十秦楚材條謂卒于宣城。張守毘陵集卷十一有秦楚材易書序、卷十六有送秦楚材使高麗二首。此詞中有「風枝露葉誰新采」句,與漁父家風詞句相同,詞蓋於北宋宣和末作。

〔二〕火齊:文選班孟堅西都賦:「翡翠火齊,流耀含英。」李善注:「火齊,珠也。」

〔三〕玉井闌:三國志魏明帝紀青龍三年大治洛陽宫注引魏略曰:「引穀水過九龍殿前,爲玉井綺闌,蟾蜍含受,神龍吐出。」唐李白長相思:「絡緯秋啼金井闌。」此謂玉製井闌。

〔四〕空槃:槃,通「盤」。藝文類聚卷八十六櫻桃:後漢明帝於月夜宴群臣於照園。太官進櫻桃,以赤瑛爲盤,賜群臣,月下視之,盤與桃同色。群臣皆笑,云是空盤。

菩薩蠻　送友人還富沙〔一〕

山城何歲無風雨,樓臺底事隨波去。歸棹望譙門,沙痕炯斷雲。詩成空吊古，想像經行處。陵谷有餘悲〔二〕，舉觴澆別離。

【校】

〔何歲〕歸來集作「何處」。

【箋注】

〔一〕本詞題中友人，疑指袁復一，字太初。紹興十九年爲福建轉運判官。據鼓山志卷十四：「錫山袁復一太初，自富沙如温陵，道晉安東山，登白雲峰，訪臨滄亭，盡覽海山之勝。郡人張元幹仲宗、安國邱鐸文時、莆陽余祉中錫、晉陵孫軒子輿同來，太初仲子嘉猷侍。紹興己巳十月。」送友人指袁復一或其他同遊還富沙者，果爾，則此詞當爲紹興十九年（一一四九）十月後作。富沙：在福建，舊屬崇安縣，今屬武夷山市。宋胡仔苕溪漁隱叢話前集卷四十六：「余至富沙，按其地里，武夷在富沙之西，隸崇安縣。」

〔二〕陵谷：見前虞美人（菊坡九日登高路）注〔三〕。

前調〔一〕

微雲紅襯餘霞綺〔二〕，明星碧浸銀河水。欹枕畫簷風，愁生草際蛩。雁行離塞晚，不道衡陽遠〔三〕。歸恨隔重山，樓高莫凭闌〔四〕。

【箋注】

〔一〕詞中云：「歸恨隔重山，樓高莫凭闌。」當爲客居異鄉之作，年代不詳。

〔二〕餘霞綺：見前蘭陵王（綺霞散）注〔二〕。

〔三〕「雁行」二句：衡陽，湖南衡陽縣。縣南衡山有回雁峰，相傳雁到此峰不再南飛，遇春即北回。宋范仲淹漁家傲詞：「塞下秋來風景異，衡陽雁去無留意。」

〔四〕「歸恨」二句：南唐李煜浪淘沙令詞：「獨自莫凭闌。無限關山，別時容易見時難。」宋范仲淹蘇幕遮詞：「明月樓高休獨倚。」

浣溪沙　詠木香〔一〕

睡起中庭月未蹉，繁星隨影上輕羅。多情肯放一春過？　比似雪時猶帶韻，不如梅處却緣多。酒邊枕畔奈愁何！

【箋注】

〔一〕木香：酴醿花之別名，春末開花。宋張邦基墨莊漫録卷九：「酴醿花，或作荼蘼，一名木香。有二品：一種花大而棘，長條而紫心者爲酴醿。一品花小而繁，小枝而檀心者爲木香。」

好事近

華燭炯離觴，山吐四更寒月〔一〕。公子唾花枝玉〔二〕，盡一時豪傑。三冬蘭若讀書燈〔三〕，想見太清絶。紙帳地爐香暖，傲一窗風月。

【箋注】

〔一〕「山吐」句：唐杜甫月詩：「四更山吐月，殘夜水明樓。」

〔二〕唾花枝玉：比喻談吐之美。漢趙壹刺世疾邪賦：「埶家多所宜，咳唾自成珠。」歸來集卷三才元思如湧泉愈和愈好……走筆再酬嚴韻詩：「公子唾珠無限思，更看鐵畫寫離堆。」

〔三〕三冬：指三年。漢書東方朔傳：「年十三，學書三冬，文史足用。」注：「貧子冬日乃得學書。」蘭若：指寺院，梵語阿蘭若之簡稱。唐上官儀酬薛舍人萬年宫晚景寓直懷友詩：「長嘯求煙霞，高步尋蘭若。」

南歌子〔一〕

玉斧修圓了，冰輪分外清〔二〕。共看星向繡衣明〔三〕，元是生朝爲壽，對難兄〔四〕。

鴻雁翻秋影，塤箎和笑聲〔五〕。他年中令綵衣榮〔六〕，記取今宵丹荔，醉瑶觥。

【箋注】

〔一〕本首壽詞，未題姓氏。詞中有「冰輪分外清」、「元是生朝爲壽，對難兄」、「塤箎和笑聲」等語，疑里居時壽李彌遜弟彌正作。李彌正，見前浣溪沙（燕掠風檣款款飛）注〔一〕。

〔二〕「玉斧」二句：化用杜甫一百五日夜對月「斫却月中桂，清光應更多」詩意。參見前念奴嬌（吴淞初冷）注〔五〕。

〔三〕共看：詩詞曲語辭匯釋卷二：「共，甚辭，猶極也；苦也；深也；細也。與共人之義異。……共看，猶云細看也。」宋陳師道九月十三日出善利門詩：「去國吾何意，歸田病不關。共看霜白髮，似得半生閑。」　繡衣：漢書百官公卿表：「侍御史有繡衣直指，出討姦猾，治大獄，武帝所制，不常置。」顏師古曰：「衣以繡者，尊寵之也。」唐韋應物早春對寄前殿中元侍御詩：「聞閑且共賞，莫待繡衣新。」

〔四〕難兄：見前滿庭芳（梁苑春歸）注〔九〕。

〔五〕塤箎：即壎篪，兩種古樂器。詩經小雅何人斯：「伯氏吹壎，仲氏吹篪。」箋云：「伯仲，喻兄弟也。」此當指李彌遜與弟彌正。

〔六〕中令：中書令之省稱。宋史職官志：「中書省：令，掌佐天子議大政，授所行命令而宣之。……中興後，置左、右丞相，省令不置。」

醉花陰 詠木犀

紫菊紅萸開犯早，獨佔秋光老。醞造一般清，比著芝蘭，猶自争多少〔一〕。霜刀剪葉呈纖巧，手撚迎人笑。雲鬢一枝斜，小閣幽窗，是處都香了〔二〕。

【校】

〔調〕本首與李彌遜醉花陰木犀詞文字全同，全宋詞兩收，疑元幹詞混入者。

〔紫菊紅萸〕歷代詩餘作「紅萸紫菊」。

〔犯早〕歷代詩餘作「還早」。

【箋注】

〔一〕争多少：差多少，即不甚差也。宋晏幾道蝶戀花詞：「三月露桃芳草早。細看花枝，人面争多少？」

〔二〕是處：詩詞曲語辭匯釋卷一：「是處，猶云到處或處處也。」宋柳永八聲甘州詞：「是處紅衰翠減，冉冉物華休。」

點絳唇

小雨恢晴，坐來池上荷珠碎〔一〕。倬眉濃翠，怎不教人醉。　美盼流觴〔二〕，白鷺窺秋水。天然媚。大家休睡，笑倚西風裏。

【校】

〔倬眉〕毛本、歸來集作「掉眉」。朱居易毛刻六十家詞勘誤作「倬眉」。

【箋注】

〔一〕坐來：詩詞曲語辭匯釋卷四：「坐來，猶云適纔或正當其時也；亦猶云登時或一時也。」李白單父東樓秋夜送族弟沈之秦詩：「坐來黄葉落四五，北斗已挂西城樓。」

〔二〕流觴：古代風俗每逢三月上旬巳日（後爲三月三日）於上流置酒杯，任其飄浮，流止于某地，此地之人即取而飲，稱「流觴」，也叫「流杯」。晉王羲之蘭亭集序：「此地有崇山峻嶺，茂林修竹，又有清流激湍，映帶左右，引以爲流觴曲水。」後世仿之，春秋佳日均可於水邊流觴宴飲。

花心動　七夕〔一〕

水館風亭，晚香濃、一番芰荷新雨。簟枕乍閑，襟裾初試，散盡滿天袢暑〔二〕。斷雲却送輕雷去。疏林外、玉鈎微吐。夜漸永、秋驚敗葉，涼生亭户。天上佳期久阻。銀河畔、仙車縹緲雲路〔三〕。舊怨未平，幽歡難駐，恨入半天風露。綺羅人散金猊冷，醉魂到、華胥深處〔四〕。洞户悄、南樓畫角自語。

【校】

〔亭户〕毛本、歸來集作「庭户」。

〔幽歡難駐〕原無「難」字，據李彌遜筠溪樂府花心動七夕補。

【箋注】

〔一〕本詞與李彌遜花心動七夕詞相同，僅個別字句有出入，疑混入筠溪樂府者。詞蓋於里居時作。

〔二〕袢暑：謂蒸熱、炎暑。宋范成大夔門即事詩：「峽行風物不堪論，袢暑驕陽雜瘴氛。」

〔三〕「天上佳期」二句：宗懔荊楚歲時記：「七月七日世謂織女、牽牛聚會之日。」宋陳元靚歲時廣記卷二十六引吳均齊諧記：「桂陽成武丁有仙道，常在人間，忽謂其弟曰：『七月七日織女渡河，諸仙悉還宫。吾向已被召，不得暫停，與爾別矣。』」

〔四〕華胥深處：列子黄帝：「(帝)晝寢，而夢遊于華胥氏之國。華胥氏之國在弇州之西，台州之北。不知斯齊國幾千萬里。蓋非舟車足力之所及，神遊而已。」此用以指夢境。

【附録】

李彌遜花心動（七夕）詞：水館風亭，晚香濃、一番荷芰經雨。簟枕乍閑，襟裾初試，散盡滿軒袢暑。斷雲却送輕雷去，疏林外、玉鈎微吐。夜未闌、秋生敗葉，暗摧庭樹。　天上佳期久阻。星河畔、仙車縹緲雲路。舊恨未平，幽歡難駐，灑落半天風露。綺羅人散金猊冷，醉魂到、華胥深處。洞户悄、南樓畫角自語。

驀山溪〔一〕

一番小雨，陡覺添秋色。桐葉下銀牀〔二〕，又送箇、淒凉消息。故鄉何處？搔首對西風，衣線斷，帶圍寬〔三〕，衰鬢添新白。　錢塘江上，冠蓋如雲積〔四〕。騎馬傍朱門，誰肯念、塵埃墨客？佳人信杳，日暮碧雲深〔五〕，樓獨倚，鏡頻看，此意無人識。

【校】

〔雲積〕歷代詩餘作「雲集」。

〔騎馬〕歷代詩餘作「駿馬」。

〔墨客〕歷代詩餘作「倦客」。

【箋注】

〔一〕詞云：「衰鬢添新白。錢塘江上，冠蓋如雲積。」「誰肯念、塵埃墨客？」知是晚年重來臨安時作。據歸來集卷九蘇養直詩帖跋尾六篇稱：「予華髮蒼顔，羈寓西湖之上，始及識德友，一日出示養直翰墨，凡六大軸，各索題跋。」宋張孝祥跋周德友所藏後湖帖末署「紹興二十八年三月」。詞蓋作於是年秋。

〔二〕銀牀：有銀飾之井闌。晉書樂志下淮南王篇：「淮南王，自言尊，百尺高樓與天連。後園鑿井銀作牀，金瓶素綆汲寒漿。」梁庾肩吾侍宴九日詩：「玉醴吹巖菊，銀牀落井桐。」

〔三〕帶圍寬：梁書昭明太子傳：「體素壯，腰帶十圍，至是減削過半。」唐杜甫傷秋詩：「懶慢頭時櫛，艱難帶減圍。」

〔四〕「冠蓋」句：文選班孟堅西都賦：「冠蓋如雲，七相五公。」唐杜甫夢李白詩之二：「冠蓋滿京華，斯人獨顦顇。」

〔五〕「佳人」二句：梁江淹休上人怨别詩：「日暮碧雲合，佳人殊未來。」

西樓月

瑶軒倚檻春風度〔一〕。柳垂煙，花帶露。半閑鴛被怯餘寒〔二〕，燕子時來窺繡户。

【校】

〔調〕歷代詩餘作「春曉曲」，誤此首爲張元祥詞。

〔露〕歷代詩餘作「霧」。

【箋注】

〔一〕倚檻春風度：唐李白清平調：「春風拂檻露華濃。」

〔二〕鴛被：文選古詩十九首之十八：「文綵雙鴛鴦，裁爲合歡被。」唐駱賓王軍中行路難詩：「雁門迢遞尺書稀，鴛被相思雙帶緩。」

踏莎行　别意

芳草平沙，斜陽遠樹，無情桃葉江頭渡。醉來扶上木蘭舟，將愁不去將人去。

薄劣東風，夭斜飛絮，明朝重覓吹笙路。碧雲香雨小樓空，春光已到銷魂處。

案：此首毛本及明楊慎詞品卷三均作張元幹詞，實乃元人張翥詞，故存而不注。

附録一　傳記序跋及書目提要

中興以來絶妙詞選小傳

宋　黄昇

張仲宗，三山人。紹興戊午之和，胡澹庵上書乞斬時相，坐謫新州。仲宗以詞送行，後併得罪。

陳與義簡齋詩集箋注小傳

宋　胡穉

仲宗，名元幹，閩人。以將作監丞致仕，年四十餘，自號蘆川老隱。

詞綜小傳

清　朱彝尊等

張元幹，字仲宗。紹興中，坐送胡銓及寄李綱詞除名。有歸來集蘆川詞一卷。

歷代詩餘詞人姓氏小傳

清　沈辰垣等

張元幹,字仲宗,三山人。太學上舍。紹興中,坐送胡銓及寄李綱詞除名。自號蘆川居士,有歸來集蘆川詞一卷。

宋詩紀事小傳

清　厲鶚等

元幹,字仲宗,長樂人,向伯恭之甥。紹興中,坐送胡邦衡詞,得罪除名。有蘆川歸來集。

(詞林紀事卷十張元幹小傳與此同,不復録)

宋詩鈔蘆川歸來集鈔小傳

清　吴之振等

張元幹,字仲宗,永福人。太學上舍,歷官至大監,所與遊皆偉人賢士。嘗哀其亡友唐慤生詩帖,縹軸璀粲,如訣達人貴公得氣時,人嘉其朋友之義。又於亂紙中得其祖文靖手澤,知祖未第時,婿於劉氏。劉無出,葬於福清。元幹求之榛莽中,割牲釃酒,爲文刻石,以傳子孫,作幽巖尊祖録。宣、政間,游定夫、楊龜山、陳了翁、朱喬年、李伯紀、洪駒父、徐師川、吕居仁,名賢三十餘家,咸題跋嘆美之。有蘆川歸來集十卷,得之書肆,廢帙逸其大半,詩止近體六、七二卷,清新而有法度，蔚然出塵，觀其序王承可詩云：「初從徐東湖指授句法。」知淵源有自也。

詞律詞人姓氏録小傳

清　杜文瀾

張元幹，字仲宗，三山人。太學上舍。紹興中，坐送胡銓及寄李綱詞除名，自號蘆川居士，有歸來集及蘆川詞一卷。

宋史翼

清　陸心源

張元幹，字仲宗，長樂人，自號蘆川居士。在政、宣間以樂府擅名。胡銓貶新州，元幹作賀新郎一闋送之，詞極悲憤，坐是除名。

全宋詞小傳

唐圭璋

元幹字仲宗，長樂人。自號蘆川居士。向子諲之甥。生於元祐六年（一〇九一）。曾爲李綱行營屬官。官至將作少監。四十一歲致仕。紹興中，坐以詞送胡銓，得罪除名。紹興末尚在，約壽七十餘。有蘆川歸來集。

蘆川歸來集原序

宋　張廣

叔祖蘆川老人張公仲宗，諱元幹，以文章學問馳譽宣、政間，官將作大匠，志尚林壑。方少壯時，挂冠謝事。靖康之元，上却敵書，見了翁談世事於廬山之上。了翁曰：「猶有李伯紀在，子擇而交之。」公敬受教，從之遊，激昂奮發，作爲歌詞，有「人間鼻息鳴鼉鼓，遺恨琵琶舊語」之句。此志耿耿，殊非苟竊禄養阿附時好者之比。逮紹興末，忤時相意，語及譏刺者悉搜去，掇拾其餘，得二百餘首。先叔提舉鋟木於家。廣追念先志之不可不述，因得私識其略。尚有文集數百篇，姑俟作者併爲之序云。紹熙甲寅侄孫朝議大夫端溪張廣謹序。

文淵閣四庫全書本

蘆川居士詞序

宋　蔡戡

少監張公，早歲問道於了齋先生，學詩於東湖居士，凡所遊從，皆名公勝流。年未强仕，挂神武冠，徜徉泉石，浮湛詩酒。又喜作長短句，其憂國憂君之心，憤世嫉邪之氣，間寓於歌詠。紹興議和，今端明胡公銓上書請劍，欲斬議者，得罪權臣，竄謫嶺海，平生親黨，避嫌畏禍，唯恐去之不速。公作長短句送之，微而顯，哀而不傷，深得三百篇諷刺之義。非若後世靡麗之詞，狎邪之語，適足勸淫，不可以訓。公博覽群書，尤好韓集、杜詩，手之不釋，故文詞雄健，氣格豪邁，有唐人風。公之子靖，哀公長短句篇，屬予爲序。余某晚出，恨不及見前輩。然誦公詩文久矣，竊喜載名于右，因請以送別之詞，冠諸篇首，庶幾後之人嘗鼎一臠，知公此詞不爲無補於世，又豈與柳、晏輩争衡哉？公諱元幹，字仲宗，自號蘆川居士云。

定齋集卷十三

蘆川歸來集原序

宋 曾噩

士君子處世，不以富貴貧賤累其心者，其所養可知也。所養既厚，則所言者必勁正清峭，而無輕懦衰憊之氣，前哲之士以文詞鳴者，此也。孟子曰：「我知言，我善養吾浩然之氣。」孟子之知言，自其所養之充也。韓子曰：「氣，水也；言，浮物也。水大，而物之浮者大小畢浮。」韓子所學，一獨以孟子之傳得其宗者，蓋謂是也。故直而不倔，曲而不屈。孟子之書，可與風、雅並傳。而「汗瀾、卓灼、漪瀶、澄深」，李氏之以大振頽風序韓文，後之學者蔑以加於此矣。

蘆川老隱之爲文也，蓋得江西師友之傳，其氣之所養，實與孟、韓同一本也。自其爲太學生也，嘗哀其亡友唐慤生詩帖，軸而藏之，則公之氣概，固已蜚揚於學校中矣。及其仕於朝也，又以幽巖尊祖一節，直述其忠厚悃愊之誠，公之孝友性成，皆是氣之所形見也。宣和諸公，或言其所作殊有老成之風，無復少年書生之氣；或言其平昔絶俗之文，今又見高世之行。是猶未睹其全集也。

公以强仕之年，遂挂冠之請，兹蓋不以富貴貧賤累其心者。所養者大，所言者真，表裏相符，聲實相應，夫豈以嘲風咏月者所可同日語？宜乎近世名公，勉其孫以文集行於世，欲以見公之大節也。即公之文，驗公之行，其作也古，其傳也宜。

噩，里人也。敬慕三張之聲價久矣。館寓家塾，復得斂衽以受教於公之文集，凡哀集書啓、古詩、律詩、贊、序等作，共十五卷。幽巖尊祖録一卷，附於其後。樂府二卷，見於別集，於是乎有考焉。公諱元幹，字仲宗，任將作監，年方四十一已致仕，後贈正議大夫。邑人曾噩序。

文淵閣四庫全書本

蘆川詞一卷

宋　陳振孫

三山張元幹仲宗撰。坐送胡邦衡詞得罪秦相者也。

直齋書録解題卷二十一

唐宋名賢百家詞蘆川詞

明　吴訥

張元幹，長樂人，或云永福人，字仲宗，號真隱山人，又號蘆川老隱，又號蘆川居士。紹興中坐胡銓及寄李綱詞除名，著有蘆川歸來集。

商務印書館排印本

宋六十名家詞蘆川詞跋

明　毛晉

仲宗，别號蘆川居士，三山人。平生忠義自矢，不屑與奸佞同朝，飄然挂冠。紹興辛酉（應作戊午），胡澹庵上書乞斬秦檜被謫，作賀新郎一闋送之，坐是與作詩王民瞻同除名。兹集以此壓卷，其旨微矣。人稱其長于悲憤，及讀花菴、草堂所選，又極嫵秀之致，真堪與片玉、白石並垂不朽。凡用字多有出處，如「灑窗間，惟稷雪」云云，見毛詩疏：「稷，雪霰也；形如米粒，能穿窗透瓦。」今本改霰雪。又如「薄劣東風，夭斜飛絮」云云，見白香山詩：「錢塘蘇小小，人道最夭斜。」自注：「夭，音歪。」是刻改作「顛斜」，便無韻味。姑記之，以爲妄改古人句戒之。古虞毛晉識。

明汲古閣刊本

蘆川詞一卷

宋張元幹撰。元幹有蘆川歸來集，已著録。宋史藝文志載其詞二卷。陳振孫書録解題則作一卷,與此本合。案紹興八年十一月,待制胡銓謫新州,元幹作賀新郎詞以送,坐是除名。(考宋史胡銓傳,其上書乞斬秦檜在戊午十一月,則元幹除名自屬此時。毛晉跋以爲辛酉,殊爲未審。謹附訂於此)又李綱疏諫和議,亦在是年十一月,綱斯時已提舉洞霄宫,元幹又有寄詞一闋。今觀此集,即以二闋壓卷,蓋有深意。其詞慷慨悲涼,數百年後,尚想其抑塞磊落之氣。然其他作,則多清麗婉轉,與秦觀、周邦彦可以肩隨。毛晉跋曰:「人稱其長於悲憤,及讀花庵、草堂所選,又極嫵秀之致。」可謂知言。至稱其「灑窗間,惟稷雪」句,引毛詩疏爲證,謂用字多有出處,則其説似是而實非。詞曲以本色爲最難,不尚新僻之字,亦不尚典重之字。「稷雪」二字,拈以入詞,究爲别格,未可以之立制也。又卷内鶴沖天調本當作喜遷鶯。晉乃注云:「向作喜遷鶯,誤,今改作鶴沖天。」不知喜遷鶯之亦稱鶴沖天,乃後人因韋莊喜遷鶯詞有「争看鶴沖天」句而名,調止四十九字。元幹正用其體,晉乃執後起之新名,反以原名爲誤,尤疏於考證矣。

四庫全書總目卷一九八

蘆川詞一卷

余嘉錫

宋張元幹撰。元幹有蘆川歸來集,已著録。宋史藝文志載其詞二卷,陳振孫書録解題則作一卷,與此本合。案紹興八年十一月待制胡銓謫新州,元幹作賀新郎詞以送,坐是除名。原注云：「考宋史胡銓傳，其上書乞斬秦檜在戊午十一月，則元幹除名自屬此時，毛晉跋以爲辛酉，殊爲未審，謹附訂於此。」又李綱疏諫和議，亦在是年十一月，綱斯時已提舉洞霄宫，元幹又有寄詞一闋。今觀此集，即以此二闋壓卷，蓋有深意。

嘉錫案：揮麈後録卷十云：「紹興戊午，秦會之再入相，遣王正道爲計議使，以修和盟。十一月，樞密院編修官胡邦衡上書云云。疏入，責爲昭州鹽倉，而改送吏部，與合入差遣，注福州簽判，蓋上初無深怒之意也。至壬午歲，慈寧歸養，奉諷臺臣論其前言弗效，（銓前疏曾言梓宫決不可還，太后決不可復，淵聖決不可歸，中原決不可得云云，故因梓宫、太后之復還，論其言弗效）詔除名，勒停送新州編管。張仲宗元幹寓居三山（謂福州也），以長短句送其行。邦衡在新興（州），嘗賦詞云：『欲駕巾車歸去，有豺狼當轍。』郡守張棣繳上之，以謂譏訕。秦愈怒，移送吉陽軍編管。又數年，秦始聞仲宗之詞，仲宗挂冠已久，追赴大理，削籍焉。」明清自注云：「此一段皆邦衡之子澥手爲删定。」夫以人子叙其父事，並及其同時知己之共患難者，則其年月出處，必無舛誤，然則胡銓之謫新州，乃其上書後之第四年；及銓再移吉陽軍，又經數年，元幹始被除名，皆非紹興戊午一年間之事也。今考宋史高宗紀云：「紹興八年（是爲戊午）十一月辛亥，以樞密院編修官胡銓上書直諫，斥和議除名，昭州編管，壬子改差監廣州都鹽倉。十二年壬戌秋七月壬辰，朔，福州簽判胡銓除名，新州編管。十八年戊辰十一月己亥，胡銓移吉陽軍編管。」銓本傳卷三百七十四與紀並同，但有年而無月日耳。至其事之曲折，則建炎以來繫年要録敍之爲詳。（上書事見卷一百二十三，謫新州事見卷一百四十六，移吉陽軍事見卷一百五十八）以揮麈録所記推之，則元幹之被除名，似當在紹興二十年以後。毛晉以爲紹興辛酉者，既不知其所據，提要引胡銓傳謂在戊午十一月者，尤無稽之言也。蘆川歸來集條下，提要謂銓貶於紹興戊午，誤與此同。

四庫提要辨證卷二十四

胡玉縉撰　王欣夫輯

蘆川詞一卷

宋史藝文志載其詞二卷，陳振孫書録解題則作一卷，與此本合。至稱其「灑窗間，惟稷雪」句，引毛詩疏爲證，謂用字多有出處。

瞿氏目録有宋刊本二卷，云：「舊不題名，亦無序跋，案直齋書録謂三山張元幹仲宗撰，作一卷，此分上下二卷，每葉板心有『功甫』二大字，疑是仲宗別字，何義門但見影鈔本，仞爲錢功甫録本，謬矣。朱氏詞綜所選，據毛氏所刻六十家本，故多訛字，如賀新郎：『況人情老易悲如許』，『如許』訛作『難訴』；『涼生岸柳催殘暑』，『催』訛作『摧』。石州慢：『到得却相逢』，『却』訛作『再』。怨王孫：『樓外柳暗誰家』，『柳暗』二字訛倒，遂不成句；『小研魚箋』，『研』訛『硯』，毛刻次序亦異，并羨幾首，不知出何本也？」丁氏藏書志有明鈔本一卷，云：「此本仍作喜遷鶯，至

『灑窗間，惟稷雪』，此本仍作『霰雪』。」

玉縉案：近吴氏雙照樓景宋本二卷，與瞿本悉合，至「灑窗聞霰雪」，衹五字，非六字，與丁本微異。後有壬子繆荃孫跋云：讀書敏求記舊鈔足本詞曲類末條云：「張元幹蘆川詞二卷，匏庵先生手書，詞中多呼『不』字爲『府』字，與『府』字同押，蓋閩音也。」然則此書爲吴文定公手書，拈出愈爲是書增重。宋本仍在瞿氏，此書亦從瞿氏流出，書後有恬裕齋印。首闋賀新郎：「過苕溪，尚許垂綸否？風浩蕩，欲飛舉。」上闋末三字「醉中舞」，即敏求記所謂閩音也。宋人彙刻，如江西詩派之節操集署「倚松」，三公類稿之署「南塘、梅亭」，皆口上特標兩字，又何疑乎功甫？

鄭翼謹案：書録解題作倚松集，饒節德操撰，今本沈氏仿宋刻江西詩派，作倚松老人集。

四庫全書總目提要補正卷六十

何焯跋

周益公云：「長樂張元幹字仲宗，在政和、宣（和）間已有能樂府聲。今行於世，號蘆川集，凡百六十篇。以賀新郎二篇爲首，其前□（遺）李伯紀丞相，此其□□□（後即送）胡邦衡貶新州詞，以賀新郎□（爲）題，□□□（其意若）曰：『失位不足吊，得名爲不負（可賀）也。』康熙乙酉心友得此册於錢曾（遵）王家，乃錢功甫舊傳本而不著作者姓氏。」録益公語於卷末。戊子十月焯記。（原注：「此跋在詞前。」）（空格缺字，據益公題跋補於括弧内。）

吴昌綬雙照樓景刊宋元本詞景宋本蘆川詞附

黄丕烈跋八則

前年玄妙觀西有骨董鋪某，收得宋版蘆川詞及殘宋本禮記，欲歸余，而爲他姓豪奪以去。既物主因曾許余，故假蘆川詞一閱，謂畢余讀未見書之願。然余見之而欲得之願益深，屢托親友之與他姓熟識者往商之，卒不果，遂置之矣。今夏，從友易得舊鈔本蘆川詞，行款與宋版同。因重憶宋版，思得一校，余願粗了。復托蔣丈硯香請假之，竟以書來，喜甚，取對兩書而喜愈甚。蓋舊鈔本係影宋，每葉板心有「功甫」二字者，其字形之欹斜，筆畫之殘缺，纖悉不訛，可謂神似。而中有補鈔一十八番，不特無「功甫」字樣，且行款間有移易，無論字形筆畫也。因倩善書者影宋補全，撤舊鈔非影宋者附於後，以存其舊。再舊鈔本有何義門先生跋，謂此是錢功甫舊傳本。義門但見功甫字樣，故以錢功甫當之。豈知功甫亦宋版原有，豈係傳録人所記耶？惟是宋版款式，向無記人名字於卷第下方者，即有書寫刊刻人姓氏，皆刻於版心最下處，此僅見，故義門不計及此。此「功甫」二字，或當時刊諸家詞，以此作記耶？蘆川詞作者姓張，名元幹，字仲宗。「功甫」或其别一字耶？俟博考之。此書宋版，余雖未得，得此影鈔本，又得宋版影鈔舊所缺葉，并一一手補其蠹蝕痕。宋版而外，此爲近真之本。昔人買王得羊，庶幾似之。他姓雖豪奪於前，而仍慨借於後，余始甚之，終德之，不敢没其惠。藏此書宋版者，爲北街九如堂陳竹厂云。

嘉慶庚午七月，立秋後一日，黄氏仲子丕烈識於求古居。

陳氏於去冬負逋數萬，毁家以償，凡而器用財賄償之，不足，一切書畫骨董亦舉而償人，未識此宋本猶在否也。復翁記。丙子閏夏。

昨歲陳竹厂介友人以此書宋刻示余，索直百番，且詭言余曾許過朱提五十金，余以一笑謝之。

乙卯秋復翁又記。

宋刻本蘆川詞卷上，首葉有藏書人家舊印，原截去其半，釘入線縫中。兹摹諸影抄首葉上，故印文不全，其聯珠小方印未損，或當日一人所鈐，惜無從考其人。宋本每葉紙背，大半有字迹，蓋宋時廢紙多直錢也。此詞用廢紙刷印，審是册籍，偶閲之，知是宋時收糧檔案，故有更幾石，需幾石，下注秀才、進士、官户等字。又有縣丞、提舉、鄉司等字，户籍官銜，略可考見。粳糯省文，皆從便易，雖無關典實，聊記於此，以見宋刻宋印，古書源流，多有如是者。紙角截殘，印文模糊，不可辨識矣。古色古香，不徒在本書楮墨間也。復翁記。

蘆川詞一卷，載諸書録解題。余向藏毛鈔却作一卷，與此多不同，即六十家詞本。雖作一卷，然不合於鈔本，而差近於宋刻本，惟序次先後，詞句歧異，并羨出幾首爲不同耳。余佞宋者也，且驗宋刻，卷分上下。且毛鈔及六十家詞本，皆不言所據何本，則宋刻爲可信矣。余藏詞本甚富，宋刻差少，此影鈔宋本，悉從宋刻目驗，而或鈔或校，幾無厘毫之失，信稱善本，書此誌幸。後之讀是書者，勿輕視之。　堯圃。

壬申春二日，因坊友携示王蓮涇家鈔本藏春集，遂檢閲孝慈堂書目，適於目上見有蘆川歸來集六卷，宋版四册襯訂，原本不全，知張仲宗所著全集宋版本尚留天壤間也。蓮涇藏書在國朝康熙間，所居在郡之鄉僻，故身後往往有流傳者。未識此詞本在全集否，抑别刊行？余留心古籍，既遇蘆川詞，安知日後不復遇蘆川歸來集耶？書此爲券。春社戊申日，陰晦殊甚，雷雨交作，坐百宋一廛中，無聊之至，出此録所見古書源流如是。　半恕道人筆。

余於姜白石詞中，知同時有張功甫其人，喜甚，謂即是仲宗别一字。既又見陽春白雪中得張功甫詞二調，一係鷓鴣天，一係八聲甘州，然檢其詞句，與此詞中所載無合者，是又不得以仲宗、功甫比而同之矣。且陽春白雪亦選張仲宗詞，似不應一稱功甫，一稱仲宗。事之無可發明者，有如此種是已。壬申春三月望日，小病初愈，今纔下樓，晨起書此，以消悶懷。　半恕道人筆。

此舊鈔非影宋之蘆川詞殘本，乃余以影宋補其闕而撤之者也。是書不知何時闕失，以此補之。在當日未見宋刻，無從影寫，亦事之無可如何者。兹幸有宋可影，遂以彼易此，非特余之幸，即當日鈔補之人，何獨不幸耶？留此以見購書之苦，如是如是。

同上

繆荃孫跋

明鈔蘆川詞二卷，黄蕘圃先生藏。每半葉七行，行十三字，字大如錢。前有何義門跋。蕘圃先得鈔本，後得宋本，撤去補寫之葉，而影宋本以補，加跋至八段，並識兩詩，亦可云愛之至矣。宋藝文志作一卷，書録解題作一卷，宋時本自兩行，此與宋本由黄歸菰里瞿氏，由瞿氏歸豐順丁氏，今歸吾友張菊生，假我録副。校訖讀何跋，言心友得此册於錢遵王家。因檢讀書敏求記舊鈔本詞曲類，末條云：「張元幹蘆川詞二卷，匏庵先生手書，詞中多呼『不』字爲『府』字，與『府』同押，蓋閩音也。」然則此書爲吴文定公手書，其板心無「功甫」字者，爲後人所補，字迹迴不合。蕘圃未檢敏求記，一經拈出，愈爲是書增重。宋本仍在瞿氏，此書亦從瞿氏流出。書後有恬裕齋印，朱文方印，鐵琴銅劍樓舊名也。　壬子九秋，江陰繆荃孫跋。

同上

蘆川詞一卷

宋張元幹撰。元幹以作詞送胡銓除名，此集即冠以是篇，而次以寄李綱一篇，並慷慨悲歌，聲動簡外。然其他作則清新婉麗，與秦觀、周邦彦可以肩隨。

四庫全書簡明目録卷二十

蘆川詞二卷宋刊本

宋版書紙背多字迹，蓋宋時廢紙，亦貴也。此册宋刊固不待言，而紙背皆宋時册籍，朱墨之字，古拙可愛，並間有殘印記文，惜已裝成，莫可辨認，附著之以待藏是書留意焉。復翁又記。

瞿良士　輯

此書出玄妙觀前骨董鋪中，余聞之，欲往觀，而主人已許歸竹厂陳君，僅一寓目焉而已。頃從他處買得影鈔舊本，識是刻本行款，讐校之私，卒未能忘情於前所見者，遂托蔣大硯香假之，而竟獲焉，許以十日之期，校補影寫失真處，何幸如之。庚午七月丕烈記。

鐵琴銅劍樓藏書題跋集録卷四

蘆川詞二卷

傅增湘

宋刊本，半葉七行，行十三字，白口，左右雙闌，版心上魚尾下記「功甫」二字，下魚尾下記葉數。白皮紙印，紙背爲宋時册籍。版匡高五寸六分，闊四寸。有黄丕烈跋二則。（常熟瞿氏藏書，癸丑南遊訪書，見于罟里瞿宅）

又蘆川詞二卷

傅增湘

明吴匏庵寬手抄，見讀書敏求記。上卷四十五番，下卷四十七番。影寫宋刊本，七行十三字。黄蕘圃假陳竹厂藏宋本補抄十八番。有何義門焯跋。又黄蕘圃丕烈跋八段。

鈐印録左：「絜園主人」朱方、「求古居」朱方、「瞿氏鑒藏金石記」白長文、「恬裕齋藏」朱方、「求古居」朱長、「蕘圃過眼」白方、「黄丕烈」白方、「蕘言」「老蕘」白方。

以上見藏園群書經眼録卷十九

蘆川詞二卷

唐圭璋

雙照樓景宋本蘆川詞二卷，共一百八十五首。其間沁園春（欹枕深軒）一首，醉花陰（翠箔陰陰）一首，並李彌遜詞。江神子（銀濤無際）一首，鷓鴣天（不怕微霜）一首，並葉石林詞。實得一百八十一首。黄蕘圃謂向藏毛鈔本蘆川詞作一卷，與此本多不同。但汲古閣所刊蘆川詞一卷，差近於此本，僅毛氏羼入張翥踏莎行（芳草平沙）一首、吕渭老豆葉黄（輕羅團扇）一首。茲取景宋本一百八十一首。又花草粹編卷四載蘆川阮郎歸（長楊風軟）一首，乃王之道。茲並删去不録。

全宋詞跋尾，原載江蘇省立國學圖書館年刊（一九三五年），一九八三年略作修改

鄺承銓

蘆川詞

六月望後二日校。甲寅五月十八日讀訖。

戊午閏三月初八日從舊録本校一過。汲古後人扆。

銓案：此本校引錢本顧本多處，錢本者即指何義門所謂錢功甫本。蓋宋刊本中縫原有「功甫」二字，義門所見乃景寫本，以爲出錢功甫家，故有此誤。想斧季所見亦景宋寫本，故沿義門之誤也。吴氏雙照樓已仿宋本刊行，曾用比勘異文，已備載矣。顧本未詳何人，俟更考。

顧堂讀書記：六十家詞，國立北平圖書館館刊第八卷第一號（一九三四年）

附録二　張元幹年譜簡編

曹濟平

張元幹字仲宗，自號真隱山人、蘆川居士、蘆川老隱、蘆川老人。祖籍福建永福縣（今永泰縣）。

蘆川歸來集卷十附録宣政間名賢題跋王浚明：「永福張仲宗，國士也。」周必大跋張仲宗送胡邦衡詞稱：「長樂張元幹字仲宗。」陳振孫直齋書録解題云：「三山張元幹。」黄昇花庵詞選亦稱：「張仲宗，三山人。」胡穉增廣箋注簡齋詩集卷四送張仲宗押戟歸閩中題注謂：「仲宗，名元幹，閩人，以將作監丞致仕。」以上宋人記載，説法頗不一致。據歸來集卷十附録宣政間名賢題跋李易「殿撰張公深道……公之猶子元幹仲宗所立復如此」，則知元幹乃張勵深道之侄，張肩孟之孫，其祖籍乃永福縣人。詳見拙文關於張元幹的籍貫問題，載文學評論一九八〇年第二期。

祖父張肩孟，永福縣人。

南宋梁克家纂淳熙三山志卷二十六：「皇祐五年，癸巳，鄭獬榜（進士）張肩孟，字醇叟，永福人，終朝散郎，通判歙州。」永福縣志（乾隆刊本）卷一：「半月洲在蟄龍潭之旁，形如半月，宋張肩孟居此。」

伯父張勵，字深道，進士出身。工詩。宋史藝文志著録其詩二十卷，今佚。

淳熙三山志卷二十六：「熙寧六年，癸丑，余中榜（進士）張勵，肩孟之子，字深道，以集賢殿修撰知本州，移知廣州，加集英殿修撰知洪州、建州，終中大夫。」王明清揮麈録後録卷七有「米元章崇寧初爲江淮制置發運司勾當直達綱運，置司真州。大漕張勵深道見其滑稽玩世」云云。宋詩紀事卷二十九：「張勵，字深道，長樂人。官江淮制置發運使。」

伯父張勔，字臻道，進士出身。工詩，然不見容於季世。

淳熙三山志卷二十六：「熙寧九年，丁巳，徐鐸榜（進士）張勔，肩孟之子，勵之弟，字臻道，終朝散郎。」

伯父張勸，字閎道，進士出身。工詩，宋史藝文志著録其詩一卷，今佚。

淳熙三山志卷二十七：「元符三年，庚辰，李釜榜（進士）張勸，肩孟之子，勵、勔之弟，字閎道。歷中書舍人、給事中、御史中丞，除述古殿學士，知本州，陛辭，除工部尚書，終大中大夫。」三朝北盟會編靖康元年：「張勸、衛仲達、何大圭等棄官而逃」，特除名勒停。宋詩紀事卷三十五：

「張勸，字閎道，永福人。元符三年進士，歷中書舍人、給事中、御史中丞、述古殿學士，知本州，陛辭，除工部尚書。靖康初避去，除名勒停。」

父張動，字安道，進士出身，官至少卿。靖康後避亂南方。

歸來集卷十附録宣政間名賢題跋歐陽懋：「余崇寧間，與安道少卿同仕於鄞。」歸來集（振綺堂舊鈔本）家公生朝設醮青詞：「伏念臣父子俱塵於仕籍，閩、吴並脱於賊兵。」

宋哲宗元祐六年辛未（一〇九一）　一歲

正月初一日生於福建永福縣。歸來集卷十附録其孫張欽臣跋：「誦甲戌自贊，而知蘆川初度之年在辛未。」歸來集（鈔本）正旦本命青詞：「伏念臣甘心貧病，匿迹埃塵……太歲丙寅，衝對長生之運；元日辛未，首臨本命之辰。」

元祐七年壬申（一〇九二）　二歲

元祐八年癸酉（一〇九三）　三歲

元祐九年甲戌（一〇九四）　四月改年號爲紹聖元年　四歲

紹聖二年乙亥（一〇九五）　五歲

幼年喪母。歸來集卷十蘆川豫章觀音觀書：「蓋余母亡時，元幹方丱角。」

紹聖三年丙子（一〇九六）　六歲

紹聖四年丁丑(一〇九七)　七歲

紹聖五年戊寅(一〇九八)六月改年號爲元符元年　八歲

元符二年己卯(一〇九九)　九歲

元符三年庚辰(一一〇〇)　十歲

宋徽宗建中靖國元年辛巳(一一〇一)　十一歲

崇寧元年壬午(一一〇二)　十二歲

崇寧二年癸未(一一〇三)　十三歲

崇寧三年甲申(一一〇四)　十四歲

隨父至河北臨漳官廨。去家時僅有一弟,三歲亡。歸來集卷十附録宣政間名賢題跋歐陽懋:「余崇寧間,與安道少卿同仕於鄴,公餘把酒以詩相屬,時仲宗年未及冠,往來屏間,亦與座客賡唱。」歸來集卷十蘆川豫章觀音觀書:「元幹平生坎壈,屢遘手足之釁,去家時僅存一弟,甫三歲,又夭折。」

崇寧四年乙酉(一一〇五)　十五歲

崇寧五年丙戌(一一〇六)　十六歲

少時在江西,學詩於徐俯師川。歸來集卷九亦樂居士序:「予晚生,雖不及見東坡、山谷,而少時在江西，實從東湖徐公師川授以句法。東湖，山谷甥也。」蔡戡蘆川居士詞序：「少監張公，早歲問道於了齋先生（陳瓘），學詩於東湖居士（徐俯）。」

大觀元年丁亥（一一〇七）　十七歲

大觀二年戊子（一一〇八）　十八歲

大觀三年己丑（一一〇九）　十九歲

大觀四年庚寅（一一一〇）　二十歲

在豫章，參與洪芻、蘇堅、潘淳、吕本中等人所結之詩社，飲酒賦詩唱和。　歸來集卷九蘇養直詩帖跋尾六篇云：「往在豫章，問句法於東湖先生徐師川，是時洪芻駒父、弟炎玉父、蘇堅伯固、子庠養直、潘淳子真、吕本中居仁、汪藻彦章、向子諲伯恭，爲同社詩酒之樂。予既冠矣，亦獲攘臂其間，大觀庚寅辛卯歲也。」

政和元年辛卯（一一一一）　二十一歲

在汴京，爲太學上舍生，與何桌文縝同舍。　歸來集卷十附録宣政間名賢題跋何桌：「仲宗，昔予太學同舍郎。」宋詩鈔蘆川歸來集鈔：「張元幹，字仲宗，永福人，太學上舍。」

政和二年壬辰（一一一二）　二十二歲

春正月在汴京，賦菩薩蠻（政和壬辰東都作）。　宋史卷一百五十七選舉志：崇寧五年，「著名：……太學試上舍生，本處與科舉相并，試以間歲。今既罷科舉，又諸州歲貢士，其改用歲試。……凡上等上舍生暨特舉孝弟行能之士，不待廷試推恩者，許即引見釋褐」。案元幹釋褐授官之年不詳。

夏，在許州，晤識蘇轍。歸來集卷九跋蘇黄門帖：「蘇黄門頃自海康歸許下，安居云久，政和二年，晚生猶及識之。衣冠儼古，語簡而色莊，真元祐巨公也。」宋徐度却掃編卷十：「蘇黄門子由，南遷既還，居許下，多杜門不通賓客。」案四庫全書蘆川歸來集提要謂「元幹及識蘇軾，見所作蘇黄門帖跋」。乃誤蘇黄門轍子由爲蘇軾。

政和三年癸巳（一一一三）　二十三歲

政和四年甲午（一一一四）　二十四歲

政和五年乙未（一一一五）　二十五歲

在此期間，元幹曾回福建延平，賦風流子（政和間過延平雙谿閣落成席上賦）詞。後在澶淵，與蘇轍外孫文驥相遇。見跋蘇黄門帖。時文驥任開德府主簿。元幹任職未詳。案陳與義字去非，政和三年八月，授開德府教授，有次韻謝文驥主簿見寄兼示劉宣叔詩。政和六年八月，解官歸京師。元幹宣和六年作詩（詳見後譜），稱陳與義爲「澶淵舊僚友」，可知元幹是年已在澶淵任上。

政和六年丙申（一一一六）　二十六歲

在澶淵。

政和七年丁酉（一一一七）　二十七歲

在澶淵。

政和八年戊戌（一一一八）　重和元年　二十八歲

離任至汴京。

宣和元年己亥（一一一九）　二十九歲

三月，緣職事出京師返鄉。

自豫章下白沙，阻風吴城山，賦滿江紅（春水迷天）詞。

六月至鄉里，滯留數月，至十一月始行。　其時行踪可考見者有如下數事：一、在外孫陳氏家亂紙堆中，得先祖文靖公張肩孟於熙寧八年十二月出錢置田地舍入福清縣幽巖院手寫文字憑據。二、上仙宇觀東先祖墓地祭掃，又祭拜祖母劉氏之墳，爲文刻石，以傳子孫。三、枉道信陽，拜見姨母。四、謁鄉先生鄭俠介夫。以上據歸來集卷十祭祖母彭城郡夫人劉氏墓文、蘆川豫章觀音觀書。　案陳與義有送張仲宗押戟歸閩中詩。「押戟歸閩」，即祭祖母彭城郡夫人劉氏墓文中所謂「緣職事」也，然不詳其職事。

宣和二年庚子（一一二〇）　三十歲

正月十四日，在豫章作蘆川豫章觀音觀書。

二月二十七日，豫章洪芻駒父爲元幹祖父手澤題跋。

春，元幹在南康（今江西南康）拜謁陳瓘，留山中累月，並蒙其爲元幹祖父手澤題跋。歸來集卷四上平江陳侍郎十絶並序云：「宣和庚子年，獲拜先生于南康，留山中者久之，蒙跋大父手澤。」同書卷九跋了堂先生文集：「宣和庚子春，拜忠肅公（陳瓘）于廬山之南。陪侍杖履，幽尋雲煙水石間者累月，與聞前言往行，商榷古今治亂成敗，夜分乃就寐。」

是年，建安游酢爲元幹祖父手澤題跋。其後徐俯師川亦有題跋。

宣和三年辛丑（一一二一）　三十一歲

在汴京。

宣和四年壬寅（一一二二）　三十二歲

在汴京。是年，劉路斯川爲元幹祖父手澤題跋。

宣和五年癸卯（一一二三）　三十三歲

在汴京。

夏，與陳與義、吕本中等十四人，同避暑於資聖閣，分韻賦詩。歸來集卷九跋蘇詔君楚語後：「頃在東都，一日，陳去非、吕居仁諸公，同予避暑資聖閣，以『二儀清濁還高下，三伏炎蒸定有無』分韻賦詩，會者適十四人。從周詩頗佳，爲諸公印可。」陳與義簡齋詩集卷十一有遊慧林寺以三伏炎蒸定有無爲韻得定字是日欲逃暑閣下而守閣童子持不可詩。案慧林寺在相國寺內。孟元老東京夢華録卷三：「相國寺每月五次開放。……寺三門閣上並資聖門。」並謂「寺內有智海、惠（慧）林……東西塔院」。李濂汴京遺迹志卷十：「相國寺在縣治東，本北齊建國寺……唐睿宗以舊封相王初即位，因賜額爲相國寺。玄宗天寶四載，建資聖閣。」

五月晦，何㮚文縝爲元幹祖父手澤題跋。

六月二日，吕本中爲元幹祖父手澤題跋。

冬，在福建建安，作望海潮（癸卯冬，爲建守趙季西賦碧雲樓）詞。

宣和六年甲辰（一一二四）　三十四歲

春，自閩中北返經梁溪訪李綱。　歸來集卷十附録宣政間名賢題跋宣和甲辰孟夏晦，李綱伯紀書云：「予昔與安道少卿遊，聞仲宗有聲庠序間籍甚，恨未之識。今年春，仲宗還自閩中，訪予梁溪之濱。……別未幾，仲宗復貽書勤勤，以其大父手澤諸公所跋示予，且求一言。」

夏，李綱爲元幹祖父手澤題跋。

四月，在汴京，楊時爲元幹祖父手澤題跋。

四月六日，汪藻爲元幹祖父手澤題跋。

四月十九日，蘇庠爲元幹祖父手澤題跋。

中秋，五峰翁挺爲元幹祖父手澤題跋。

九月一日,王以寧爲元幹祖父手澤題跋(王生平詳見紹興五年譜文)。

十月二十八日,劉安世觀賞元幹祖父手澤。

宣和七年乙巳(一一二五)　三十五歲

二月,汝陰王銍爲元幹祖父手澤題跋。其後眉山蘇迨、譙郡張棫亦有題跋。

中秋後二日,山陰李光爲元幹祖父手澤題跋。

秋後至陳留,任陳留縣丞。案陳與義宣和六年冬十二月,坐王黼累,自符寶郎謫監陳留酒税。七年春至陳留,是年冬,作入城詩,云:「竹輿聲伊鴉,路轉登古原。孟冬郊澤曠,細水鳴蘆根。霧收浮屠立,天闊鴻雁奔。平生厭喧鬧,快意三家村。思生長林内,故園歸不存。欲爲唐衢哭,聲出且復吞。」見簡齋詩集卷十四。冬,作和陳與義入城詩。歸來集卷一洛陽陳去非自符寶郎謫陳留酒官予時作丞澶淵舊僚友也有詩次韻:「寒水繞近郭,棲鴉蔽高原。映帶幽人居,暝色起草根。衡門東南開,濁河日夜奔。所喜古堤月,初出煙江村。不入城市久,懶訪亡與存。羨子了萬事,坐以一氣吞。」歲暮,陳與義又作招張仲宗詩,云:「亦有張侯能共此,焚香相待莫徐驅。」見簡齋詩集卷十四。

欽宗靖康元年丙午(一一二六)　三十六歲

春正月,在汴京爲李綱行營使僚屬。宋史卷二十三欽宗本紀:「靖康元年春正月……金人破相州。戊辰,破濬州。……以綱爲尚書右丞。辛未,以李綱爲親征行營使。」胡仔苕溪漁隱叢話後集卷三十六引詩説雋永云：「李伯紀爲行營使，時王仲時、張仲宗俱爲屬，王頎長，張短小，白事相隨。一館職同在幕下，戲云：『啓行營：大雞昂然來，小雞竦而待。』」

汴京解圍，元幹作詩。歸來集卷二丙午春京城圍解口號詩：「胡馬來何速，春壕緑自深。要知龍虎踞，不受犬羊侵。九廟安全日，三軍死守心。倘爲襄漢幸，良復見於今。」

四月，任兵房。靖康要録卷五：「(靖康)元年四月九日，少宰吴敏奏：『伏望明詔宰執，置司辟屬，遵上皇詔旨，取祖宗舊法，悉加討論，復其宜於今者。』奉聖旨：『依奏置司討論。』既而，詔少宰吴敏、太宰徐處仁各薦舊官十員，仍差宰臣充詳議提舉官。徐處仁踏逐到吕本中、范宗尹爲兵房……張元幹(叢書集成本作先幹，誤)爲兵房。」

九月，金兵攻陷太原。朝廷主和，貶逐李綱，元幹也隨之而獲罪。歸來集卷二上張丞相(浚)十首詩：「罪放丙午末。」

冬，元幹至淮上，賦感事四首丙午冬淮上作詩。

是年冬，自淮至鎮江，與劉質夫、蘇粹中同宿焦山。歸來集卷九跋江天暮雨圖云：「憶丙午之冬，吾三人者，蘇粹中在焉。情文投合，皆親友好兄弟。嘗絶江同宿焦山蘭若，夜濤澎湃聲入夢寐中。」

高宗建炎元年丁未(一一二七)　三十七歲

春，元幹在雲間(今松江)，後至杭州，寓居西湖之濱。歸來集卷九跋江天暮雨圖：「劉質夫，建炎初，與余別於雲間。」同書同卷跋少游帖：「建炎丁未，寓居西湖。秋八月，杭州兵亂，家藏秦少游手稿亡失。」歸來集卷九跋山居圖：「建炎初載，秋八月，錢塘營卒叟作亂。」同書同卷跋少游帖云：「吾家頃藏少游訪龍井辨才師行記手稿，字畫遒媚，深有二王楷法。建炎丁未，寓居西湖，秋八月，兵亂亡去。」

建炎二年戊申（一一二八）　三十八歲

夏，賦水調歌頭（同徐師川泛太湖舟中作）詞。

十一月十七日，江端友子我爲元幹祖父手澤題跋。其後睢陽王浚明亦有題跋。

仲冬，在無錫。李維仲輔、李經叔易兄弟在梁溪拙軒，同觀元幹祖父手澤名賢題跋。

建炎三年己酉（一一二九）　三十九歲

春，金兵破徐州，分兵攻揚州。十月，又大舉南侵，陷杭州、越州。

秋，元幹在湖州避亂，賦石州慢（己酉秋吳興舟中作）詞。

是年亂中與好友王銍性之在浙相逢，作喜王性之見過于金村詩。

建炎四年庚戌（一一三〇）　四十歲

在湖州避亂，作過白彪訪沈次律有感十六韻詩。案沈瑨，字次律，沈與求兄，湖州德清人。宣和間以學士奉使燕雲，金兵入侵，被拘留，後脫身南歸。在湖州德清縣東北之柯田山築新居歸隱，自號柯田山人。元幹賦送柯田山人歸隱詩（原詩已佚），又作冬夜懷柯田山人四首詩，其四有云：「自憐歸未得，不是白頭新。」沈與求龜谿集卷一有次韻張仲宗感事詩。該書同卷有和張仲宗送柯田山人歸隱詩五首，又有鄭維心用張仲宗韻見贈復次其韻奉酬詩五首。

秋，與趙次張相交，有詩唱和。歸來集卷二有過宿趙次張郊居二首、卷三有次趙次張見遺之什韻詩，首云：「海邊遊子日思歸，新句勞君更置規。」沈與求龜谿集卷三張仲宗有詩懷歸因次其韻勉之云：「相逢無日不懷歸，又是春山聽子規。休嘆豺狼迷道路，似聞貔虎仆旌旗。那從薄俗求青眼，還向高堂念白眉。南望孤雲應目斷，殊方歲月易推移。」所次韻即元幹次趙次張見遺之什韻詩。

是年，作建炎感事詩。有云：「作意海邊來，初非事干謁。責我賣屋金，流言尚爲孽。汪公德甚大，遊説情激烈。力救歸裝貧，一洗肝肺熱。如公趨急難，正似古豪俠。」

紹興元年辛亥（一一三一） 四十一歲

是年初，元幹辭官還鄉。歸來集卷二上張丞相十首詩：「歸來辛亥初。」歸來集曾噩原序：「年方四十一，已致任。」明毛晉蘆川詞跋：「仲宗……平生忠義自矢，不屑與奸佞同朝，飄然挂冠。」返閩後，吕本中有詩見寄。東萊先生詩集卷十八寄張仲宗詩云：「聞道張夫子，今年已定居。偶緣荔子績，遂絶古人書。歲月足可惜，溪山莫負渠。它年得相近，不必遠庖廚。」歸來集卷二次吕居仁見寄韻詩：「老去猶爲客，誰人念退居。相望千里路，賴有數行書。白䙌猶堪寄，烏牛正憶渠。何時聞枉駕，竹裏唤行廚。」

紹興二年壬子(一一三二)　四十二歲

在福州。

正月二十八日,里人辛炳爲元幹祖父手澤題跋。

春,鄧肅志宏爲元幹祖父手澤題跋。　案鄧肅,字志宏,沙縣人。元祐六年生。歷官高宗朝左正言,後罷,主管江州太平觀。紹興二年避寇福唐,病卒。别號栟櫚,著有栟櫚文集。見宋史卷三百七十五鄧肅傳。

五月,元幹與友人致祭鄧肅。　歸來集卷十諸公祭鄧正言文:「維紹興二年,歲次壬子五月庚申朔三十日己丑,友人宇文師瑗、張世才、王時、張宇林、楊休、王傳、蘇籀、余良弼、黄豐、洪拚、朱松、馮至游、吴叔虎、朱偁、李議之、張元幹等,謹以清酌素羞之奠,致祭于亡友正言鄧子志宏之靈。」

八月,李易爲元幹祖父手澤題跋。其後,李彌遜亦有題跋。

紹興三年癸丑(一一三三)　四十三歲

在福州。

紹興四年甲寅(一一三四)　四十四歲

在福州。

紹興五年乙卯(一一三五)　四十五歲

在福州。

秋,李綱舊屬官王以寧,本年特許自便居住,自貶所歸鼎州過福建,元幹賦詩送行。　案王以寧,字周士,湘潭人。宣和三年以成忠郎換文資爲從事郎。靖康初,以寧走鼎州乞師入援,解太原圍。建炎初,以樞密院編修官出守鼎州。後以宣撫司參謀兼襄、鄧制置使陞直顯謨閣。不久,落職降三官責監台州酒税。紹興二年責永州别駕。五年特許自便。十年,復右朝奉郎,知全州。直齋書録解題著録王周士詞一卷。歸來集卷一有乙卯秋奉送王周士龍閣自貶所歸鼎州太夫人侍下詩。

紹興六年丙辰(一一三六)　四十六歲

在福州。

四月,至永福縣崇光寺,作薦拔水陸功德疏。歸來集(鈔本)薦拔水陸功德疏文:「蘆川老隱紹興六年四月二十六日巳時,伏睹永福縣崇光寺前,溪流暴漲,渡船傾覆,士庶僧尼,若男若女等約三十餘人,並皆溺死。即時呼舟拯濟,共活五人。」

是年,吕本中自閩召赴行在,元幹賦水調歌頭(送吕居仁召赴行在)詞送行。

紹興七年丁巳(一一三七)　四十七歲

在福州。

春正月上元，奉同黄檗慧公諸老遊臨滄亭，賦詩。　案臨滄亭原名元公亭，北宋嘉祐間福州太守元絳建。紹興初鼓山僧本才重建，更名爲臨滄亭。見福州府志卷十七。歸來集卷一奉同黄檗慧公秀峰昌公丁巳上元日訪鼓山珪慧公遊臨滄亭爲賦十四韻。

五月，賦沁園春（紹興丁巳五月六夜，夢與一道人對歌數曲，遂成此詞）詞。

是年，元幹作李丞相（綱）生朝三首詩，有云：「十年門下士，方獻此詩篇。」

紹興八年戊午（一一三八）　四十八歲

三月，秦檜再入相，遣王倫爲計議使，如金和議。十一月，樞密院編修官胡銓上書請斬秦檜等主和者，後遭貶。　李綱亦反對議和，後罷居長樂。

元幹寓居福州，賦賀新郎（寄李伯紀丞相）詞。

冬，作跋米元章下蜀江山圖。

是年，作戊午歲醮詞。

紹興九年己未（一一三九）　四十九歲

在福州。

中秋前三日，作跋趙祖文貧士圖後。

中秋，作跋山居圖。

紹興十年庚申（一一四〇） 五十歲

正月十五日，李綱病逝於福州。

元幹在福州沉痛哀悼，作挽少師相國李公五首詩，後又作追薦李丞相設齋疏、祭李丞相文。

初夏，元幹作跋少游帖，又作跋蘇黄門帖。　歸來集卷九跋少游帖云：「建炎丁未，寓居西湖，秋八月，兵亂亡去。今逾一紀矣，忽見史侯持正所携帖，念之惘然！」末署爲紹興庚申。同書同卷跋蘇黄門帖中亦有「今觀史侯所藏數幅，蓋中年筆札」云云，當爲一時之作。

是年作庚申自贊。

紹興十一年辛酉（一一四一） 五十一歲

在福州。

春，送别楊聰父，有辛酉别楊聰父詩。

九月，張浚生朝，元幹作詩以獻。　歸來集卷一紫巖九章章八句上壽張丞相詩序云：「紫巖，大丞相張公生朝善頌也。公帥閩之二年，歲在作噩秋九月中浣，有客作是詩以獻焉。」　案宋史宰輔表：紹興七年「九月，張浚罷右相，以觀文殿大學士提舉江州太平觀」。紹興九年「二月，張浚自提舉洞霄宫詔復資政殿大學士知福州」。至是年正帥閩二年。太歲在酉曰作噩。

是年七月，徐俯卒于饒州。　見建炎以來繫年要録卷一百四十一。

紹興十二年壬戌（一一四二） 五十二歲

七月初一日，福州簽判胡銓被除名，送新州編管。元幹在福州賦賀新郎（送胡邦衡謫新州）詞送行。

十月七日，至連江玉泉寺，朱松觀其祖父手澤並題跋。

紹興十三年癸亥（一一四三） 五十三歲

二月二十二日，富直柔爲元幹祖父手澤題跋。

仲春，延平葉份爲元幹祖父手澤題跋。

六月，在福唐，葉夢得觀其祖父手澤並題跋于東野亭。案宋史卷四百四十五葉夢得傳：「（紹興）十三年，詔加觀文殿學士，移知福州，兼福建安撫使。」

紹興十四年甲子（一一四四） 五十四歲

在福州。

紹興十五年乙丑（一一四五） 五十五歲

在永福。

春二月，李文中置酒溪閣，元幹應邀入席，賦怨王孫（霽雨初晴）詞。

是年，作送李文中主簿受代歸庭闈詩。

紹興十六年丙寅（一一四六）　五十六歲

年初，元幹在福州作正旦本命青詞。

六月，元幹爲李彌遜壽辰，賦夏雲峰（丙寅六月，爲筠翁壽）詞。

秋，賦點絳脣（丙寅秋社前一日，溪光亭大雨作）詞。

是年，作丙寅自贊。歸來集卷十丙寅自贊云：「這癡漢，没思算。初乏田園，却懶仕宦。……只用兩僕肩輿，不羨儻來軒冕。」

紹興十七年丁卯（一一四七）　五十七歲

春三月，元幹在吴興，應葉夢得邀請，宴賞海棠，即席賦念奴嬌（丁卯上巳，燕集葉尚書蕊香堂賞海棠，即席賦之）詞。據淳熙三山志卷二十二葉夢得於「紹興十五年正月奉祠」。洪邁夷堅甲志卷八謂葉夢得「紹興十六年，年七十，上章請老，自觀文殿學士除崇慶軍節度使，致仕二年薨」。又葉夢得晚年撰巖下放言，其中晉古冢碑條有「至今紹興十六年」等語，則知其是年已退居吴興卞山。

紹興十八年戊辰（一一四八）　五十八歲

在福州。

春二月晦，同棲鸞子送所親過寶積，有題壁詩。案寶積，即寶積寺。福州府志卷十六連江縣：「寶積寺在二十七都，宋嘉祐二年建。」

夏四月，與友人富直柔、李彌遜等遊晉安郡西顯忠資福院而宿。歸來集(鈔本)精嚴寺化鐘疏：「晉安郡西南隅……有古道場，是名精嚴，今榜曰顯忠資福院。歲在戊辰，僧結制日，洛濱(富直柔)、最樂、普現(李彌遜)三居士，拉蘆川老隱過其所而宿焉。」

中秋，作水調歌頭(和薌林居士中秋)詞。案薌林居士即向子諲，字伯恭。宋史卷三百七十七有傳。元幹乃向子諲之甥。苕溪漁隱叢話前集卷五十四：「向伯恭，仲宗之舅也。」

是年，葉夢得卒于湖州，見宋史本傳。元幹作代祭石林文，又作追薦葉尚書疏文。

紹興十九年己巳(一一四九)　五十九歲

十月，同福建提舉常平官袁復一等自富沙之温陵，道晉安東山，登白雲峰，訪臨滄亭，盡覽海山之勝。後於鼓山石門，書留題名。見鼓山志卷六。

紹興二十年庚午(一一五〇)　六十歲

正月，在福州作本命日醮詞。歸來集(鈔本)本命日醮詞云：「去修門僅周二紀，歸故里殊乏一廛。」又云：「迨此建寅之日，適臨元命之年。」

紹興二十一年辛未(一一五一)　六十一歲

春正月，在福州作辛未本命歲生朝醮詞。是年，秦檜始聞元幹送胡銓詞作，立即興獄，逮捕至臨安審訊。王明清揮麈録後録卷十謂胡銓送新州編管時，「張仲宗元幹寓居三山，以長短句送其行……(後)移送吉陽軍編管。……又數年，秦(檜)始聞仲宗之詞。仲宗挂冠已久，以它事追赴大理削籍焉」。歸來集卷十甲戌自贊云：「胡爲元命年，輒下廷尉吏？葉風何見吹，逆境忽現示。」

紹興二十二年壬申（一一五二） 六十二歲

元幹被除名削籍。

三月十六日，元幹舅父向子諲卒。元幹至江西清江舅家吊喪。

紹興二十三年癸酉（一一五三） 六十三歲

中秋，在蘇州，遊虎丘，賦水調歌頭（癸酉虎丘中秋作）詞。

紹興二十四年甲戌（一一五四） 六十四歲

七月，元幹在鎮江鶴林山寺内賦詩，題爲：「祥符陵老許作先馳歸闔，因成伽陀贈別，紹興甲戌秋七月，書於鶴林山。」

九月，作亦樂居士集序。

是年，元幹在異鄉作甲戌自贊，云：「蘆川老居士，今春六十四；勇退急流中，畢竟只這是。」又云：「故山念欲歸，夙債尚留滯。」

紹興二十五年乙亥（一一五五） 六十五歲

在福州。

紹興二十六年丙子(一一五六)　六十六歲

在臨安與舊友劉質夫相遇，並作跋江天暮雨圖。有云：「劉質夫，建炎初與余别於雲間，今乃相遇臨安官舍，出此短軸求跋。頗憶丙午之冬，吾三人者，蘇粹中在焉。……回首垂三十年矣。」

是年十月，富直柔卒于建州。見建炎以來繫年要録卷一百七十五。

紹興二十七年丁丑(一一五七)　六十七歲

在臨安，與胡仔同館穀，從遊甚久。見苕溪漁隱叢話前集卷五十四。

春，與鍾離少翁、張元鑒登吴江垂虹亭，賦水調歌頭(拄策松江上)詞。

夏四月己未，作跋蘇庭藻隸書後二篇。

仲夏望日，在嘉興弭棹亭作跋蘇詔君楚語後。

夏至後七日，作跋蘇詔君贈王道士詩後。

紹興二十八年戊寅(一一五八)　六十八歲

春，元幹寓居臨安西湖，始與周德友相識，並題蘇養直詩帖跋尾六篇。案是年三月，張孝祥在臨安，亦作跋周德友所藏後湖帖，見于湖居士文集卷二十八。

紹興二十九年己卯(一一五九)　六十九歲

中秋，元幹在吴興，登垂虹橋，賦念奴嬌(己卯中秋和陳丈少卿韻)詞。

紹興三十年庚辰（一一六〇）　七十歲

是年，作上平江陳侍郎十絶，追述陳瓘平生言行，有序云：「辛亥休官，忽忽二十九載，行年七十矣，日暮途遠，恐懼失墜，輒追記平昔所得先生（陳瓘）話言，裁爲十絶句，書以獻於蘇州使君待制公克肖。」

紹興三十一年辛巳（一一六一）　七十一歲

是年，元幹在吴江等地。應陳正同之邀爲陳瓘了堂文集編次。

元幹後客死異地，疑病逝於吴江。寧宗嘉定己卯（一二一九），其孫欽臣刊其文集，有跋稱：「今蘆川歸葬閩之螺山。」見歸來集附録。子靖，有兄弟三人。靖編其詞集，蔡戡撰蘆川居士詞序。見定齋集卷十三。

元幹詞集，直齋書録解題著録有長沙本蘆川詞一卷、宋史藝文志著録爲二卷。今傳有雙照樓景宋本蘆川詞二卷、明吴訥唐宋名賢百家詞、毛晉宋六十名家詞一卷。

元幹詩文集蘆川歸來集，主要版本有四庫全書本十卷、國家圖書館藏清鈔殘本六卷、南京圖書館藏清鈔殘本六卷。

宋史藝文志還著録其三顧隱客文集十一卷、文選精理二十卷。

元幹行踪未入譜而見於歸來集和他人文集者尚有：王銍雪溪集送和斜川詩並序，序中亦和此詩,是日江子我居新市,招張仲宗同遊後山,雨止,云:「歲後五日,僕欲從西湖追和斜川詩,是日江子我居新市,招張仲宗同遊後山,雨止,亦和此詩見寄。」同書有洪駒父泛舟過潁同張仲宗出餞席間留詩爲别且邀用韻二首。其一:「已作分携計,尤傷送客歸。經行汝南郡,爲問漢陰機。晚菊饒秋色,丹楓帶恨飛。平生無别淚,相對倍霑衣。」其二:「晚岸雲低月,相隨照夢歸。行藏嘆人境,開闔在天機。身與江山遠,書尋鴻雁飛。薄情怨青女,偏解透征衣。」李彌遜筠溪文集中與元幹唱和詩有八首,題爲「和韻仲宗天寧見懷,月餘卧病横山,得其詩,頗念所以,末句見意」、「題張仲宗鷗盟軒」、「送仲宗之建安」、「仲宗過筠莊作詩見招有借庵之意次其韻」、「和張仲宗判監」、「與粹之遊交提九日仲宗以詩酒見寄次韻答之」等。今存歸來集中者僅四首,題爲「訪親於連江,因過筠溪,叩門循行,嘆其荒翳不治,有懷普現居士,口占此章」、「宮使樞密富丈和篇高妙,所謂壓倒元白,末句許予尤非敢承,謹用前韻叙謝」、「子立昆仲垂和遊天宮詩,既工且敏,義不虚辱,再此見意」、「與富樞密同集天宮寺」。

集中交遊,晚年尚有仲并、王嵎諸人,皆未入譜。按仲并,字彌性。著有浮山集。王嵎,字季夷,紹興、淳熙間名士,曾寓居吴興。淳熙九年(一一八二)卒。此對考證其晚年行踪,或能有所裨補。

附録三 諸家酬唱

沁園春 寄張仲宗

李彌遜

欹枕深軒，散帙虛堂，畏景屢移。漸披襟臨水，揞牀就月，蓮香拂面，竹色侵衣。壓玉爲醪，折荷當醆，卧看銀潢星四垂。人歸後，伴飢蟬自語，宿鳥相依。　癡兒，莫蹈危機。悟四十九年都盡非。任紆朱拖紫，圍金佩玉，青錢流地，白璧如坻。富貴浮雲，身名零露，事事無心歸便歸。秋風動，正吴淞月冷，蓴長鱸肥。

永遇樂 用前韻呈張仲宗、蘇粹中

李彌遜

五十勞生，紫髯霜換，白日駒過。閉户推愁，緣崖避俗，壁角團蒲坐。提壺人至，竹根同卧，醉帽儘從攲墮。驚夢回，滿身疏影，露滴月斜雲破。　無人自酌，有邀皆去，我笑兩翁多可。忍凍吟詩，典衣沽酒，二子應嗤我。兩忘一笑，調同今古，誰道郢歌無和。後之人，猶今視昔，有能繼麽。

鶴沖天　張仲宗以秋香酒見寄並詞，次其韻

李彌遜

篘玉液，釀花光。來趁北窗涼。爲君小摘蜀葵黄，一似嗅枝香。　飲中仙，山中相。也道十分宫樣。一般時候最宜嘗，竹院月侵牀。

以上見全宋詞第二册

送仲宗之建安

李彌遜

老翁更事幾何沙，苦愛溪頭管物華。種竹成林心未足，買船載月思無涯。　黄鶯喚友非多事，白鷺窺魚更可嗟。念子籃舁晚山裏，可能來共拾餘霞。

和仲宗判監

李彌遜

與世浮沉半醉醒，結廬人境晝長扃。微吟松竹風無定，着色峰巒雨乍經。　方簟北窗身是夢，瘦藤斜照影隨形。豈無曳尾泥中計，政恐腸刳不自靈。

仲宗許我甚久一見便有去意戲用春字韻留之

李彌遜

麥秋數盡稻花春，六尺茅茨百懶身。散策崎嶇聊永日，繫舟剥啄定幽人。關心有念真形漢，過眼無根俱客塵。肯着青鞵從我老，阿香徑遣斷歸津。

與粹之遊支提九日仲宗以詩酒見寄次韻答之

李彌遜

蛇徑回環織女機，足間欹石礙雲飛。西風短髮欺烏帽，落日清尊走白衣。病眼逢山寒水净，妄心更事遠煙微。掃除磊磈裝懷地，爲載千巖萬壑歸。

仲宗訪我筠溪出陪富丈粹之遊天宫詩見索屬和次韻

李彌遜

作伴仙翁覓轉春，净坊俱現宰官身。蘭亭夢想如三月，蓮社追遊少一人。雨磴勞君鳴屐齒，風軒爲我掃衣塵。應憐野老聞韶後，旋來蔬腸學練津。

和韻仲宗天寧見懷月餘病卧横山得其詩頗念所以末句見意

李彌遜

病逢木上座，携我曲闌行。遠去兼潮闊，層山帶角横。秋隨北雁到，愁向暮蛩生。正怯騷人句，詩壇莫浪盟。

以上見筠溪先生文集卷十四、十七、二十一

跋張仲宗先世聘書後

李彌遜

合姓古所重，必厚幣忱辭以先之，禮也。近時風俗靡薄，雖細大軸，飾以繡繪，徒爲兒女態，過目輒置不省。仲宗老而慕古，得先世聘書於六十年後，猶表綴以貽子孫，可謂孝而知禮矣。

跋張仲宗刻其祖手澤後

李彌遜

士而尊祖，所當爲也。今之學者類喜近名，而不知爲所當爲，於吾仲宗不得無愧。劉殷少孝于祖母，神賜之粟七年。吾仲宗行老矣，而方諱窮迫，造物其終報之耶？筠溪李彌遜書。

張仲宗研銘

李彌遜

清而不臞，其質也；温不不腴，其文也；歷萬險而不磨，閲世之久也；出衆巧於無盡，寫物之工也。誰其有之？張子仲宗也。而銘之者，筠溪老漁也。

以上見筠溪先生文集卷二十一、二十二

送張仲宗押戟歸閩中

陳與義

翩然鴻鵠本不群，亦復爲口長紛紛。去年弄影河北月，今年迎面江南雲。還家不比陶令冷，持節正效相如勤。青天白日映徒御，玄髪絳旆明江濆。舟前落花慰野老，浦口杜若愁湘君。遥知詩成寄驛使，萬里春色當見分。贈人以言予豈敢，不忍負子聊云云。舊山雖好慎勿過，恐有德璋能勒文。

招張仲宗

陳與義

北風日日吹茅屋，幽子朝朝只地爐。客裏賴詩增意氣，老來唯懶是工夫。空庭喬木無時事，殘雪疏籬當畫圖。亦有張侯能共此，焚香相待莫徐驅。

以上見簡齋集卷七、卷十四

渴雨簡張仲宗二首

呂本中

强讀文書不補饑，只今一飽尚難期。薄雲未肯蘇禾稼，細雨才堪濕荔枝。

雨濕平林松桂香，斷雲苒苒拂疏篁。江山故自可人意，從此歸休策最長。

再簡范信中兼呈張仲宗

呂本中

昨日之遊樂不樂，主人愛客客不惡。梅花遠近遍川谷，雨練風揉未全落。明日之遊復如何？城南城北梅更多。對酒我不飲，把盞君當歌。酒肉雖勤主人費，且幸吾黨頻相過。梅花縱落君莫嘆，與君同住海南岸。花開花落都幾時？君醉我醒人得知。相逢一笑俱有詩，如何不飲令君嗤。

以上見東萊先生詩集卷十五

和張仲宗送柯田山人歸隱五首

沈與求

我家洄潭上，卜鄰左顧黿。中有隱君子，孤風邈難追。玩世逐虎鬼，祈年訊蛇醫。籬根懸瓠壺，蔓野紛翠帷。客至勿遽迎，借問來者誰。

窮巷車馬絶，杖屨得往來。老農起招呼，情話真樂哉。意行忘早晏，佳處首重回。月出一犬吠，柴門風爲開。收還四方事，老子良足哀。

誰爲雙眼青，自失兩鬢黑。溪山招客子，估勝清凉國。古人如可作，晚歲意何及。是中但可飲，慎勿忘酒德。酒酣忿天驕，驚問兵誰勒。

往年城下盟，殺氣横九有。脱身賊中來，親戚驚老醜。抗言半渡擊，失計推禍首。誰能返秦璧，争欲仇魯酒。着鞭空浪忙，好語得鷄口。

有弟在一方，丹臆危涕横。念言還鄉夢，遥夜懷紫荆。忽與攬衣坐，孤燈耿青熒。雁奴信何功，捫心愧鴻冥。棄置復棄置，終尋白鷗盟。

贈張仲宗

徐俯

詩如雲態度，人似柳風流。

此二句見南宋曾季貍艇齋詩話

和張仲宗雪詩不用體物諸字

元好問

天人應卜歲，出此當佳占。舞巧穿幽隙，堆寒壓短簷。閑門誰擁篲，醉館自開簾。比興非無物，詩人正避嫌。

見中州集庚集第七

瓶水齋詩集	[清]舒位著　曹光甫點校
龔自珍全集	[清]龔自珍著　王佩諍校點
龔自珍詩集編年校注	[清]龔自珍著　劉逸生、周錫韚校注
水雲樓詩詞箋注	[清]蔣春霖著　劉勇剛箋注
人境廬詩草箋注	[清]黄遵憲著　錢仲聯箋注
嶺雲海日樓詩鈔	[清]丘逢甲著　丘鑄昌標點

安雅堂全集	[清]宋琬著　馬祖熙標校
龔鼎孳詞校注	[清]龔鼎孳著　孫克强、鄧妙慈校注
吴嘉紀詩箋校	[清]吴嘉紀著　楊積慶箋校
陳維崧集	[清]陳維崧著　陳振鵬標點 李學穎校補
屈大均詩詞編年校箋	[清]屈大均著　陳永正等校箋
屈大均詞箋注	[清]屈大均著　陳永正箋注
秋笳集	[清]吴兆騫撰　麻守中校點
漁洋精華録集釋	[清]王士禛著 李毓芙、牟通、李茂肅整理
聊齋志異會校會注會評本	[清]蒲松齡著　張友鶴輯校
敬業堂詩集	[清]查慎行著　周劭標點
納蘭詞箋注	[清]納蘭性德著　張草紉箋注
方苞集	[清]方苞著　劉季高校點
樊榭山房集	[清]厲鶚著　[清]董兆熊注 陳九思標校
劉大櫆集	[清]劉大櫆著　吴孟復標點
儒林外史彙校彙評(增訂版)	[清]吴敬梓著　李漢秋輯校
小倉山房詩文集	[清]袁枚著　周本淳標校
忠雅堂集校箋	[清]蔣士銓著　邵海清校 李夢生箋
甌北集	[清]趙翼著　李學穎、曹光甫校點
惜抱軒詩文集	[清]姚鼐著　劉季高標校
兩當軒集	[清]黄景仁著　李國章校點
惲敬集	[清]惲敬著　萬陸、謝珊珊、林振岳 標校　林振岳集評
茗柯文編	[清]張惠言著　黄立新校點

湯顯祖戲曲集	[明]湯顯祖著　錢南揚校點
白蘇齋類集	[明]袁宗道著　錢伯城校點
袁宏道集箋校	[明]袁宏道著　錢伯城箋校
珂雪齋集	[明]袁中道著　錢伯城點校
喻世明言會校本	[明]馮夢龍編著　李金泉點校
警世通言會校本	[明]馮夢龍編著　李金泉點校
醒世恒言會校本	[明]馮夢龍編著　李金泉點校
隱秀軒集	[明]鍾惺著　李先耕、崔重慶標校
譚元春集	[明]譚元春著　陳杏珍標校
張岱詩文集(增訂本)	[明]張岱著　夏咸淳輯校
陳子龍詩集	[明]陳子龍著 施蟄存、馬祖熙標校
夏完淳集箋校(修訂本)	[明]夏完淳著　白堅箋校
牧齋初學集	[清]錢謙益著　[清]錢曾箋注 錢仲聯標校
牧齋有學集	[清]錢謙益著　[清]錢曾箋注 錢仲聯標校
牧齋雜著	[清]錢謙益著　[清]錢曾箋注 錢仲聯標校
牧齋初學集詩注彙校	[清]錢謙益著　[清]錢曾箋注 卿朝暉輯校
李玉戲曲集	[清]李玉著 陳古虞、陳多、馬聖貴點校
吴梅村全集	[清]吴偉業著　李學穎集評標校
歸莊集	[清]歸莊著
顧亭林詩集彙注	[清]顧炎武著　王蘧常輯注 吴丕績標校

劍南詩稿校注	[宋]陸游著　錢仲聯校注
放翁詞編年箋注(增訂本)	[宋]陸游著　夏承燾、吴熊和箋注 陶然訂補
渭南文集箋校	[宋]陸游著　朱迎平箋校
范石湖集	[宋]范成大撰　富壽蓀標校
范成大集校箋	[宋]范成大撰　吴企明校箋
于湖居士文集	[宋]張孝祥著　徐鵬校點
稼軒詞編年箋注(定本)	[宋]辛棄疾撰　鄧廣銘箋注
辛棄疾詞校箋	[宋]辛棄疾著　吴企明校箋
姜白石詞編年箋校	[宋]姜夔著　夏承燾箋校
後村詞箋注	[宋]劉克莊著　錢仲聯箋注
劉辰翁詞校注	[宋]劉辰翁著　吴企明校注
瀛奎律髓彙評	[元]方回選評　李慶甲集評校點
雁門集	[元]薩都拉著 殷孟倫、朱廣祁校點
揭傒斯全集	[元]揭傒斯著　李夢生標校
高青丘集	[明]高啓著　[清]金檀注 徐澄宇、沈北宗校點
唐寅集	[明]唐寅著　周道振、張月尊輯校
文徵明集(增訂本)	[明]文徵明著　周道振輯校
震川先生集	[明]歸有光著　周本淳校點
海浮山堂詞稿	[明]馮惟敏著 凌景埏、謝伯陽標校
滄溟先生集	[明]李攀龍著　包敬第標校
梁辰魚集	[明]梁辰魚著　吴書蔭編集校點
沈璟集	[明]沈璟著　徐朔方輯校
湯顯祖詩文集	[明]湯顯祖著　徐朔方箋校

歐陽修詞校注	[宋]歐陽修著　胡可先、徐邁校注
蘇舜欽集	[宋]蘇舜欽著　沈文倬校點
嘉祐集箋注	[宋]蘇洵著　曾棗莊、金成禮箋注
王荆文公詩箋注(修訂版)	[宋]王安石著　[宋]李壁箋注　高克勤點校
王令集	[宋]王令著　沈文倬校點
蘇軾詩集合注	[宋]蘇軾著　[清]馮應榴注　黄任軻、朱懷春校點
東坡樂府箋	[宋]蘇軾著　[清]朱孝臧編年　龍榆生校箋
東坡詞傅幹注校證	[宋]蘇軾著　[宋]傅幹注　劉尚榮校證
欒城集	[宋]蘇轍著　曾棗莊、馬德富校點
山谷詩集注	[宋]黄庭堅著　[宋]任淵、史容、史季温注　黄寶華點校
山谷詩注續補	[宋]黄庭堅著　陳永正、何澤棠注
山谷詞校注	[宋]黄庭堅著　馬興榮、祝振玉校注
淮海集箋注(修訂本)	[宋]秦觀撰　徐培均箋注
淮海居士長短句箋注	[宋]秦觀著　徐培均箋注
賀鑄詞集校注	[宋]賀鑄著　鍾振振校注
清真集箋注	[宋]周邦彦著　羅忼烈箋注
石門文字禪校注	[宋]釋惠洪撰　周裕鍇校注
石林詞箋注	[宋]葉夢得著　蔣哲倫箋注
樵歌校注	[宋]朱敦儒著　鄧子勉校注
李清照集箋注(修訂本)	[宋]李清照著　徐培均箋注
吕本中詩集箋注	[宋]吕本中著　祝尚書箋注
陳與義集校箋(附年譜)	[宋]陳與義著　白敦仁校箋
蘆川詞箋注(修訂本)	[宋]張元幹著　曹濟平箋注

韓昌黎文集校注	[唐]韓愈著　馬其昶校注 馬茂元整理
劉禹錫集箋證	[唐]劉禹錫著　瞿蜕園箋證
白居易集箋校	[唐]白居易著　朱金城箋校
柳宗元詩箋釋	[唐]柳宗元著　王國安箋釋
柳河東集	[唐]柳宗元著　[宋]廖瑩中輯注
元稹集校注	[唐]元稹著　周相録校注
長江集新校	[唐]賈島著　李嘉言新校
張祜詩集校注	[唐]張祜著　尹占華校注
三家評注李長吉歌詩	[唐]李賀著　[清]王琦等評注 蔣凡校點
樊川文集	[唐]杜牧著　陳允吉校點
樊川詩集注	[唐]杜牧著　[清]馮集梧注
温飛卿詩集箋注	[唐]温庭筠著　[清]曾益等箋注
玉谿生詩集箋注	[唐]李商隱著　[清]馮浩箋注 蔣凡校點
樊南文集	[唐]李商隱著　[清]馮浩詳注 錢振倫、錢振常箋注
皮子文藪	[唐]皮日休著　蕭滌非、鄭慶篤整理
鄭谷詩集箋注	[唐]鄭谷著 嚴壽澂、黄明、趙昌平箋注
韋莊集箋注	[五代]韋莊著　聶安福箋注
李璟李煜詞校注	[南唐]李璟、李煜著　詹安泰校注
張先集編年校注	[宋]張先著　吴熊和、沈松勤校注
二晏詞箋注	[宋]晏殊、晏幾道著　張草紉箋注
樂章集校箋	[宋]柳永著　陶然、姚逸超校箋
梅堯臣集編年校注	[宋]梅堯臣著　朱東潤編年校注
歐陽修詩文集校箋	[宋]歐陽修著　洪本健校箋

蕭繹集校注	[南朝梁] 蕭繹著　陳志平、熊清元校注
玉臺新咏彙校	吴冠文、談蓓芳、章培恒彙校
王績集會校	[唐]王績著　韓理洲校點
王梵志詩校注(增訂本)	[唐]王梵志著　項楚校注
盧照鄰集箋注	[唐]盧照鄰著　祝尚書箋注
駱臨海集箋注	[唐]駱賓王著　[清]陳熙晉箋注
王子安集注	[唐]王勃著　[清]蔣清翊注
陳子昂集(修訂本)	[唐]陳子昂撰　徐鵬校點
孟浩然詩集箋注(增訂本)	[唐]孟浩然著　佟培基箋注
王右丞集箋注	[唐]王維著　[清]趙殿成箋注
李白集校注	[唐]李白著　瞿蜕園、朱金城校注
高適集校注(修訂本)	[唐]高適著　孫欽善校注
杜詩趙次公先後解輯校	[唐]杜甫著　[宋]趙次公注　林繼中輯校
新刊校定集注杜詩	[唐]杜甫著　[宋]郭知達輯注　聶巧平點校
新定杜工部草堂詩箋斠證	[唐]杜甫著　[宋]魯訔編　[宋]蔡夢弼會箋　曾祥波新定斠證
杜詩鏡銓	[唐]杜甫著　[清]楊倫箋注
錢注杜詩	[唐]杜甫著　[清]錢謙益箋注
杜甫集校注	[唐]杜甫著　謝思煒校注
岑參集校注	[唐]岑參著　陳鐵民、侯忠義校注
戴叔倫詩集校注	[唐]戴叔倫著　蔣寅校注
韋應物集校注(增訂本)	[唐]韋應物著　陶敏、王友勝校注
權德輿詩文集	[唐]權德輿撰　郭廣偉校點
王建詩集校注	[唐]王建著　尹占華校注
韓昌黎詩繫年集釋	[唐]韓愈著　錢仲聯集釋

《中國古典文學叢書》已出書目

詩經今注	高亨注
楚辭集注	[宋]朱熹撰　黄靈庚點校
楚辭今注	湯炳正、李大明、李誠、熊良智注
司馬相如集校注	[漢]司馬相如著　金國永校注
揚雄集校注	[漢]揚雄著　張震澤校注
張衡詩文集校注	[漢]張衡著　張震澤校注
阮籍集	[魏]阮籍著　李志鈞等校點
陸機集校箋	[晉]陸機著　楊明校箋
陶淵明集校箋(修訂本)	[晉]陶潛著　龔斌校箋
世説新語箋疏(修訂本)	[南朝宋]劉義慶撰　余嘉錫箋疏　周祖謨等整理
世説新語校釋(增訂本)	[南朝宋]劉義慶撰　[南朝梁]劉孝標注　龔斌校釋
鮑參軍集注	[南朝宋]鮑照著　錢仲聯增補集説校
謝宣城集校注	[南朝齊]謝朓著　曹融南校注集説
江文通集校注	[南朝梁]江淹著　丁福林、楊勝朋校注
文心雕龍義證	[南朝梁]劉勰著　詹鍈義證
詩品集注(增訂本)	[梁]鍾嶸著　曹旭集注
文選	[梁]蕭統編　[唐]李善注